汉民族的起源与形成

体质人类学的新视角

赵东月 著

上海古籍出版社

图书在版编目（CIP）数据

汉民族的起源与形成 : 体质人类学的新视角 / 赵东月著. -- 上海 : 上海古籍出版社，2024. 12. -- ISBN 978-7-5732-1407-2

Ⅰ. K281.1

中国国家版本馆CIP数据核字第2024RK8806号

汉民族的起源与形成——体质人类学的新视角

赵东月　著

上海古籍出版社出版发行

（上海市闵行区号景路 159 弄 1-5 号 A 座 5F　邮政编码 201101 ）

（1）网址：www. guji. com. cn

（2）E-mail：guji1 @ guji. com. cn

（3）易文网网址：www. ewen. co

上海盛通时代印刷有限公司印刷

开本 710×1000　1/16　印张 12　插页 16　字数 203,000

2024 年 12 月第 1 版　2024 年 12 月第 1 次印刷

ISBN 978-7-5732-1407-2

K·3744　定价：88.00 元

如有质量问题，请与承印公司联系

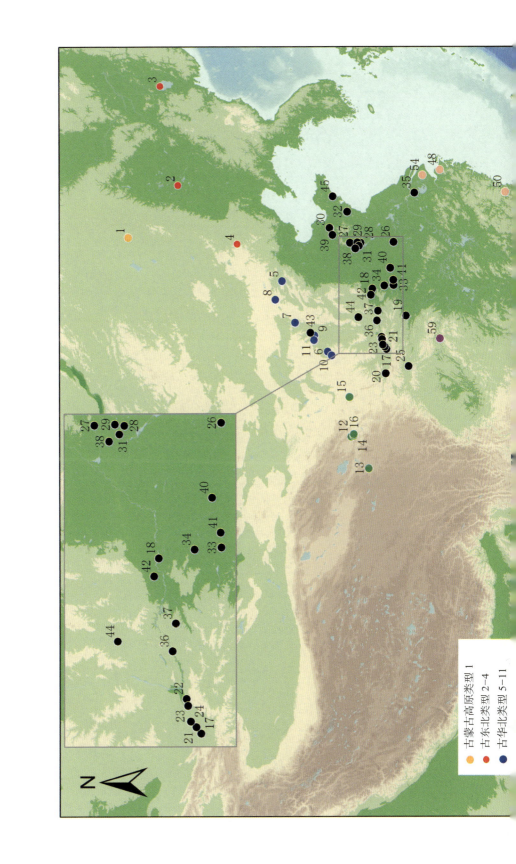

古蒙古高原类型 1
古东北类型 2–4
古华北类型 5–11

图版一 新石器时代古人种类型的分布示意图

古西北类型 12—16
古中原类型 17—45
古华南类型 46—55
古西南类型 56—59

注：1.哈克组；2.后套木嘎组；3.新开流组；4.大甸沟组；5.姜家梁组；6.五庄果墚组；7.西岔组；8.庙子沟组；9.石峁祭祀坑组；10.石峁后阳湾组；11.木柱柱梁组；12.柳湾合并组；13.宗日组；14.阳山组；15.莱园组；16.核桃庄组；17.半坡组；18.西山组；19.下王岗组；20.宝鸡组；21.姜寨组；22.横阵组；23.华县组；24.零口组；25.何家湾组；26.尉迟寺组；27.大汶口组；28.野店组；29.西夏侯组；30.广饶组和付家组；31.王因组；32.呈子一期组和呈子二期组；33.贾湖组；34.石固组；35.圩墩组；36.庙底沟二期组；37.笃忠组；38.西夏侯组；39.丁公组；40.平粮台组；41.郝家台组；42.徐堡组；43.寨卯组；44.陶寺组；45.北阡组；46.鲤鱼嘴组；47.甑皮岩组；48.河姆渡组；49.马湾组；50.昙石山组；51.金兰寺组；52.鱿鱼岗组；53.河宕组；54.广富林组；55.鲤鱼墩组；56.兴义组；57.白羊村组；58.盘盘山组；59.大溪组。

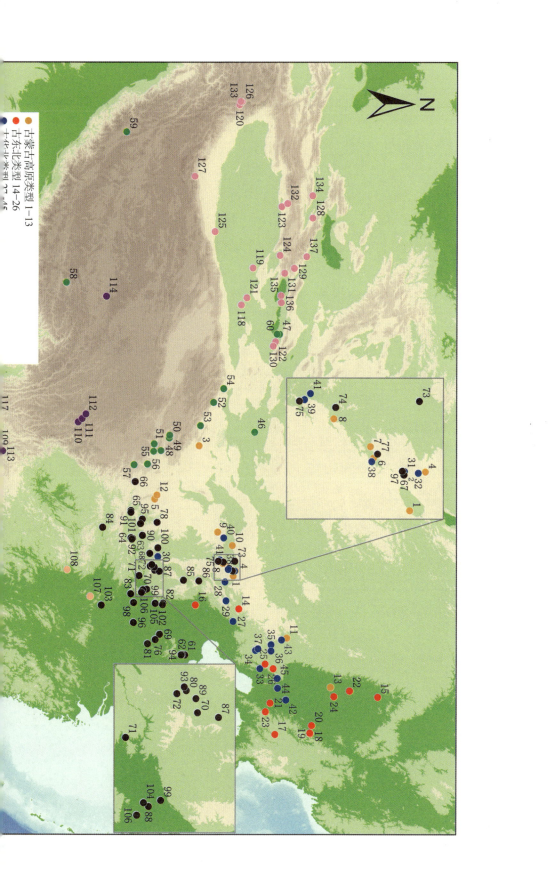

古蒙古高原类型 1-13
古东北类型 14-26
古华北类型 27-45

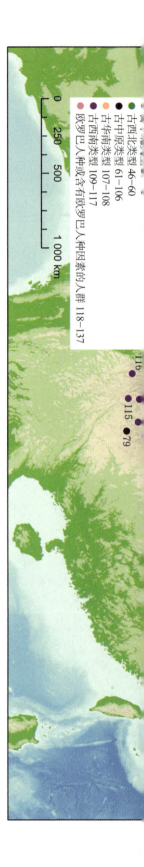

图版二　青铜—早期铁器时代各人种类型的分布示意图①

图例：
- 古西北类型 46—60
- 古中原类型 61—106
- 古华北类型 107—108
- 古西南类型 109—117
- 欧罗巴人种或含有欧罗巴人种因素的人群 118—137

0　250　500　1 000 km

注：1. 小双古城A类型（B组为古中原类型）；2. 板城A组（B组为古中原类型）；3. 三角城组；4. 峰县崇子组；5. 王大户村组；6. 新店子村组；7. 西嘴子组；8. 阳畔组；9. 桃红巴拉组；10. 西园组；11. 井沟子组；12. 毛庆沟组；13. 双塔组；14. 后庄Ⅱ组（Ⅰ组为古华北类型）；15. 大古堆组；16. 合西组；17. 万发拨子组；18. 西团山组；19. 骚达沟组；20. 关马山组；21. 希家洼子组；22. 平洋组；23. 本溪庙后山组；24. 后套木嘎青铜—早期铁器时代组；25. 水泉组（敖汉旗）；26. 大句子②组（①组为古华北类型）；27. 军都山组；28. 窑子坡组；29. 蔚县合并组；30. 内阳垣组；31. 饮牛沟A组（B组为古中原类型）；32. 毛庆沟A组（B组为古蒙古高原类型）；33. 柳城组；34. 小黑石沟组；35. 上机房营子组；36. 夏家店组；37. 南山根组；38. 大堡山组；39. 西崮遗址组；40. 朱开沟组；41. 寨子塔组；42. 顺山屯组；43. 龙头组；44. 平安堡组；45. 界力花组；46. 绿城组；47. 乌布拉格M组（C组为古欧洲人类型）；48. 核桃庄组；49. 上孙家寨卡约组；50. 季家山组；51. 阿哈特拉山组；52. 千甬崖组；53. 东灰山组；54. 火烧沟组；55. 嘲窝组；56. 鹿沟齐家寺洼组；57. 磨沟齐家寺洼组；58. 曲贡组；59. 格木赛卡约组；60. 五堡M组（A组为古蒙古高原类型）；61. 娘娘庙山组；62. 临淄组；63. 湾李奔组；64. 新丰组；65. 孙家南头组；66. 毛家坪沟东组；67. 忻州窑子B组（A组为古蒙古高原类型）；68. 莱蒂村组；69. 鸡系事组；70. 大河口组；71. 薛村组；72. 横水组；73. 土城子组；74. 后堡嘴组；75. 西麻青组；76. 邹县组；77. 将军沟组；78. 九站组；79. 幼镇山组；80. 乔村组；81. 前掌大A组（B组为古东北类型）；82. 殷墟中小墓②组③组；83. 后庄Ⅰ组；84. 马家营组；85. 匀城组；86. 勾燕组；87. 桥北组；88. 大司马组；89. 曲村组；90. 瓦窑沟组；91. 西周组；92. 零口苏家组；93. 上马组；94. 长春音组；95. 磔子坡组；96. 商高洪组；97. 泾阳组；98. 新庄组；99. 裂村组；100. 虫坪塬组；101. 孙家组；102. 杨河固组；103. 城阳组；104. 南平寨组；105. 宋庄组；106. 晋侯乙墓组；107. 曾侯乙墓组；108. 长阳组；109. 司马台组；110. 哑拉宗组；111. 安东龙组；112. 卡莎湖组；113. 段家坪子组；114. 布塔雄曲组；115. 红土坡组；116. 石岭岗②组（混合古蒙古高原类型）；117. 排子村组（混合古蒙古高原类型）；118. 古墓沟组；119. 小河墓地组；120. 干沟组；121. 棒兰铁板河组；122. 天山北路组；123. 拜城克孜尔组；124. 察吾呼四号墓地组；125. 加瓦艾日克组；126. 吉尔赞喀勒组；127. 流水组；128. 吉林台组；129. 萨恩萨伊组；130. 寒气沟组；131. 阿迪拉组；132. 拜城多岗组；133. 春宝宝组；134. 索墩布拉克组；135. 洋海组；136. 苏贝希组；137. 南山石堆组。

① 这里古人种类型划分是一种理想型。因为到了青铜—早期铁器时代，人口增多，人群之间的互动益加频繁，很多划归为同一古人种类型的所属组，他们的体质特征并不是完全相同的，彼此之间尚存在差异，只是这种差异尚在同一古人种类型范围之内。

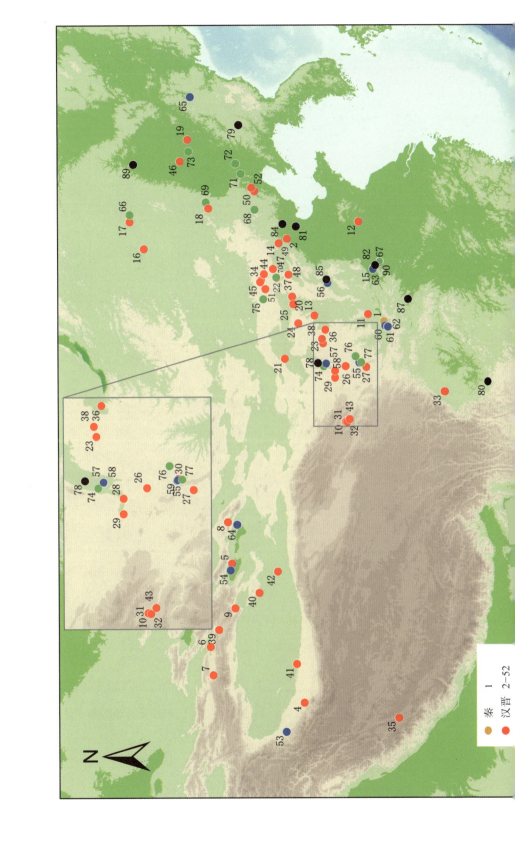

秦 1
汉晋 2–52

图版三 秦汉—明清时期古代人群分布示意图

隋唐 53-65
宋元 66-77
明清 78-90

注：1. 山山任组；2. 老山汉墓组；3. 罗泊湾组；4. 山普拉组；5. 胜金店组；6. 恰甫其海组；7. 昭苏组；8. 黑沟梁组；9. 察吾呼三号墓地组；10. 大通匈奴组；11. 良辅组；12. 济宁潘庙组；13. 大保当组；14. 西屯汉代组；15. 郑州汉代组；16. 乞贵诺尔组；17. 完工组；18. 南杨家营子组；19. 邢家营子组；20. 姑姑庵组；21. 纳林套海组；22. 呼和乌素组；23. 查干陶勒盖组；24. 敖包吃台组；25. 西黑岱组；26. 石砚子组；27. 周家嘴头组；28. 中宁一长乐汉代组；29. 宣河一长乐汉代组；30. 九龙山一南源组；31. 上孙家寨汉代组；32. 陶家寨组；33. 老营山组；34. 旗杆山组；35. 故如甲木组；36. 统万城组；37. 星港城组；38. 巴音哈达组；39. 西布鲁克北机场组；40. 营盘墓地组；41. 尼雅古城组；42. 楼兰城郊组；43. 大槽子组；44. 东大井组；45. 三道湾组；46. 大安渔场组；47. 以沟组；48. 大同组；49. 西屯北朝组；50. 朔阳组；51. 七郎山组；52. 喇嘛洞组；53. 喀什晋唐组；54. 交河故城组；55. 田弘墓组；56. 虞弘墓组；57. 吴忠西郊组；58. 吴忠明珠园组；59. 史道洛墓组；60. 安伽组；61. 紫薇组；62. 西大新校区组；63. 郑州大唐代组；64. 喆甫却克组；65. 三灵组；66. 谢尔塔拉组；67. 郑州宋代组；68. 山嘴子组；69. 耶律羽之组；70. 豪欠营组；71. 萧氏后族组；72. 叶茂台七号组；73. 查干吐未组；74. 邻岗组；75. 城卜子组；76. 张湾组；77. 开城组；78. 银川沙滩组；79. 万发拨子明代组；80. 樊人墓棺组；81. 北辰张湾组；82. 周岱王墓及祔葬墓；83. 执信中学组；84. 桃花园组；85. 榆次园组；86. 东山组；87. 郾县组；88. 顺德组；89. 尼尔基组；90. 郑韩故城组。

序

　　2012年东月考入吉林大学跟随我攻读博士学位，在此之前她在西北大学钱耀鹏教授的指导下学习新石器时代考古。因为有着扎实的考古学功底和对人类骨骼考古的热忱，跨方向的研究没有给她带来太多的障碍，而是开阔了她的学术视野，拓展了她的学术深度。入学之初，我们就她的学位论文选题进行了多次讨论。按照最早的计划，也是准备做一批地下新出土的古人骨资料的全面研究。后来随着东月学习的不断深入，加之我当时承担了一个国家社科基金重大项目《汉民族历史形成过程的生物考古学考察》，我建议东月更换选题，针对汉民族的起源和形成问题进行深入的体质人类学研究。考虑到论文的写作难度，她没有马上同意我的建议，而是经过一段时间的思考和准备，最终确认了博士毕业论文的主攻方向。本书就是她在博士论文基础上，进一步修订、增删之后的成果。

　　这部专著从体质人类学的角度，采用古人种学的研究方法，结合考古学、分子生物学资料，对汉民族的起源和形成进行了深入、系统的探索。精彩创新之处有以下几点。

　　首先，要想讨论汉民族这样一个庞大族群的体质特征及其形成问题，无论是纵向的历史长度还是横向的地理广度，所涉及古代人群和现代人群的资料是纷繁复杂的。作者对数据的收集非常全面，对资料的理解和运用得心应手。她在研究核心问题的同时，对近几十年来古人种学的研究成果进行了系统的梳理和总结，完全可以作为后续该项研究的资料索引。

　　其次，在掌握大量数据资料的基础上，对汉民族体质特征的起源和形成问题，作者提出了深刻、独到的见解。人群交流融合是现代汉民族体质特征形成的关键，古中原类型先民是现代汉族体质特征形成的源头，古西北类型和古华北类型先民是另外两支重要来源。她在探讨现代汉族体质特征形成过程时，创造性地提出了青铜—早期铁器时代人群互动的两个层次和三种模式，将这一问题的讨论上升到了理论层次。

第三，此次修订除增加了部分新发表的数据，还融入了作者近年来的新成果和新思考。2013 年，我受当时云南省文物考古研究所刘旭所长的委托，派东月到云南永胜开展堆子遗址出土人骨的整理工作，从此她和云南结下了不解之缘。经过十余年的深耕，她首次提出了"古西南人种类型"的概念，进一步完善了我国先秦时期古人种类型的框架体系。另外，作者在西北地区的工作，也使人们对甘青地区东部先民与仰韶文化先民之间密切关系的认识更加清晰，为探讨古西北类型的来源提供了新的线索。

通过作者的研究，我们可以确认汉民族体质特征的形成晚于"汉族"这一称谓的出现。直至宋代，我国北方汉族的体质特征在西北地区已经基本形成了，但在中原地区还在形成过程中。而隋唐时期，作为汉民族体质类型和中华民族共同体意识形成的重要阶段，由于发表材料有限，作者着墨不多，稍显遗憾。望未来相关古人骨资料丰富之后，再对这一时期人群进行更多的探讨。

朱　泓

2024 年 7 月 29 日于长春怡众名城寓所

目　录

第一章
绪　论

第一节　民族的概念及其变迁

一、汉语中"民族"一词的源流

在讨论本书的主题——汉民族如何形成之前，我们应先对两个概念有所认识，即何谓民族，又何谓汉民族。

我国学界对民族问题的研究，始于民族危亡之际。初时，学者多认为"民""族"二字在我国商周时期的文献中即已出现，然"民族"合为一词是约19世纪末20世纪初由日本传入[①]。1985年，彭英明先生提出了不同的看法，认为最早使用"民族"一词的是资产阶级早期改良主义思想家王韬，见于其1874年前后撰写的文章《洋务在用其所长》中。王韬"1867年去美国译书，并游历过法、俄等国"，因此"其名词来源，也不会引自日文，可能来自英语"[②]。黄兴涛先生根据1837年《东西洋考每月统计传》所载的《论约书亚降迦南国》一文及1872年《申报》中《论治上海事宜》一文，考证"民族"一词最晚到1837年就已经出现了，到1872年，"已有华人在现代意义上加以使用"[③]。因为在日本，"民族"一词是1873年加藤弘之翻译伯伦知理（J. K. Bluntschli）的《国家论》（*Theory of the State*）时，由德文的nation所译[④]。所以汉语中的

[①] 林耀华. 关于"民族"一词的使用和译名的问题 [J]. 历史研究，1963（2）：171-190；金天明，王庆仁. "民族"一词在我国的出现及其使用问题 [J]. 社会科学辑刊，1981（4）：87-92；韩锦春，李毅夫. 汉文"民族"一词的出现及其初期使用情况 [J]. 民族研究，1984（2）：36-43.

[②] 彭英明. 关于我国民族概念历史的初步考察——兼谈对斯大林民族定义的辩证理解 [J]. 民族研究，1985（2）：5-11.

[③] 黄兴涛. "民族"一词究竟何时在中文里出现？ [J]. 浙江学刊，2002（1）：168-170.

[④] 姜义华，吴根梁，马学新编. 港台及海外学者论近代中国文化 [M]. 重庆：重庆出版社，1987：423.

"民族"的最初使用"与日本毫无关系",应是 19 世纪初期东西方文化交流的产物,但是它在 20 世纪初的中国的广泛流行,确实受到日本"直接而强烈的影响"①。

近年来,几位学者陆续在卷帙浩繁的中国古代典籍中,发现了"民族"一词的使用,并将其使用时间不断向前推进。最早的年代自唐代李筌所著兵书《太白阴经》序②至南朝宋齐时期道士顾欢的《夷夏论》③和《南齐书》的《高逸传·顾欢传》④。李超根据出土于北京西郊一座西晋砖室墓的墓志,将"民族"一词的出现追溯到西晋永嘉元年(公元 307 年)⑤。这也是目前为止"民族"一词在我国出现的最早时间。

随着对古代文献的进一步研究和对考古出土资料的解读,"民族"一词的使用可能会追溯到更早的时期。然以上诸位学者的研究,足可证明汉语"民族"一词自古有之,并非由日本或西方传入。只是在近代以前,并没有得到普遍的使用,含义也略有不同。现代意义上的"民族"一词的出现,是 19 世纪东西方文化交流的结果,同时也是"传统族类意识面临西方观念时实现转换变化的结果"⑥。20 世纪"民族"一词的广泛流行,主要是受日本翻译的西学著作的影响。原本日语中的"民族"一词来自古汉语,只是"对应了西学概念,被赋予了新的意义"⑦。

二、民族的概念及其变迁

汉语中"民族"一词出现虽早,但与我们现今所用的"民族"含义有所不同,例如目前已知最早使用"民族"一词的西晋幽州刺史王浚妻华芳墓志有"夫人华氏,平原高唐人也。其民族繁茂,中外隆盛,列爵显号,已具之铭表"句⑧,此处"民族"应指华氏一族之意。

---

① 黄兴涛."民族"一词究竟何时在中文里出现?[J].浙江学刊,2002(1):168-170.
② 茹莹.汉语"民族"一词在我国的最早出现[J].世界民族,2001(6):1.
③ 郝时远.中文"民族"一词源流考辨[J].民族研究,2004(6):60-69.
④ 邸永君."民族"一词非舶来[N].中国民族报,2004-2-20.
⑤ 李超.汉语"民族"一词见于西晋永嘉年间[J].世界民族,2011(4):95-96.
⑥ 黄兴涛."民族"一词究竟何时在中文里出现?[J].浙江学刊,2002(1):168-170.
⑦ 郝时远.中文"民族"一词源流考辨[J].民族研究,2004(6):60-69.
⑧ 北京市文物工作队.北京西郊西晋王浚妻华芳墓清理简报[J].文物,1965(12):21-24.

郝时远先生梳理了我国古代文献中自南北朝至清代 1000 多年间"民族"一词的使用，罗列 10 余条例证，大致包含了以下几个意思[①]：

与现代汉语"民族"含义相近，表示人们的共同体，如"今诸华士女，民族弗革，而露首偏踞，滥用夷礼……"（南齐《夷夏论》），此处"民族"用于强调华、夷之分，应是华夏之意；"上自太古，粤有民族，颛若混命，愚如视肉"（唐《忧赋》），此处民族应指南方少数民族。

宗族之属，如"历汉魏以后，虽间有重民族、争门户、立庙院、修宗会等事斑斑见于史册……"（宋《鹤山集》）。

黎民百姓，如"民族虽散居，然多者千烟、少者百室，又少者不下数十户"。（清《农桑易知录》）。

可以看出"民族"一词在我国古代使用虽不甚广泛，但却具有较多层次的含义，且含义多与今不同。然中国古籍文献中却有其他的词汇包含了民族的要素，实质上代表了中国古代的民族概念[②]。

1985 年，韩锦春、李毅夫两位先生在《汉文"民族"一词考源资料》里整理了我国古籍中用来表达民族概念和民族单位的词语，记述如下：族、族类、氏族、部族、国族、邦族、宗族；民、民户；人、种人、国人、土人、中华人；种、种族、族种、种众、种类、种姓；类、类种、种类、族类、部类；部、部落、部族；落、部落、种落、附落、聚落[③]。

及至近代，随着东西方文化的碰撞，民族一词的含义也发生了变化，古典的本土民族观开始向现代民族观转化。现代意义上的"民族"概念，"是在 18 世纪伴随着现代意义上的'国家'概念、在近代世界特殊的历史背景下凸现的"[④]，梁启超是我国在学术意义上阐释"民族"概念的先行者[⑤]。

梁启超从日语中借用了"民族"一词并在一系列文章中［《论民族竞争之大势》（1902）、《新民说》（1902）、《论国民与民族之差别及其关系》（1903）、

① 郝时远.中文"民族"一词源流考辨［J］.民族研究，2004（6）：60-69.
② 彭英明.关于我国民族概念历史的初步考察——兼谈对斯大林民族定义的辩证理解［J］.民族研究，1985（2）：5-11.
③ 韩锦春，李毅夫编.汉文"民族"一词考源资料［M］.民族理论研究室，1985：5-14.
④ 蒋海升.意识形态概念与学术生长——以"民族"为例［J］.山东社会科学，2007，144（8）：5-11.
⑤ 周传斌.1900—2000：中国民族理论的一个世纪［J］.中南民族大学学报（人文社会科学版），2004，24（1）：66-70.

《历史上中国民族之观察》（1905）等〕谈到了"民族""民族主义"等概念[1]。在《政治学大家伯伦知理之学说》（1903）一文中，梁启超介绍了伯伦知理的民族定义[2]："民族者，民俗沿革所生之结果也。民族最要之特质有八：（一）其始也同居一地；（二）其始也同一血统；（三）同其肢体形状；（四）同其语言；（五）同其文字；（六）同其宗教；（七）同其风俗；（八）同其生计。有此八者，则不识不知之间，自与他族日相隔阂，造成一特别之团体之固有之特质，是之谓民族。"

柳亚子认为"凡是血裔、风俗、言语同的，是同民族；血裔、风俗、言语不同的，就是不同民族"[3]。

梁启超在《中国历史上民族之研究》一文中，提出了自己的看法，认为"血缘、语言、信仰，皆为民族成立之有力条件，然断不能以此三者之分野径指为民族之分野，民族成立之唯一的要素，在'民族意识'之发现与确立"[4]。他对民族自我意识的强调，是非常有见地的。

1949年以前，最有影响的民族定义来自孙中山先生，早在1905年的《民报发刊词》中，他就提出了"民族""民权""民生"的三民主义，及至1924年，更为明确地提出了民族是由血统、生活、语言、宗教、风俗习惯等五种力结合而成[5]。

自现代意义上的民族概念传入，尤其是20世纪初期，社会激烈动荡之时，关于民族、国家的讨论非常之多，在此不能一一列举。总体看来，20世纪初至1949年，这一时期的民族概念有其鲜明的特质。

首先，"民族"一词在20世纪初期能够迅速普及开来，有其深刻的社会背景。彼时整个中国面临亡国灭种的危险，处于内外交困的境地：对内要反对清王朝的统治，对外要反抗列强的入侵，包括后来"二战"时期日本的侵略。因此整个20世纪上半叶对"民族"概念的认识和关于民族问题的讨论，都具有

　① 彭英明. 关于我国民族概念历史的初步考察——兼谈对斯大林民族定义的辩证理解［J］. 民族研究，1985（2）：5-11.

　② 梁启超. 政治学大家伯伦知理之学说［M］// 饮冰室合集（第2册）·文集之十三. 北京：中华书局，1989：71-74.

　③ 柳亚子. 民权主义、民族主义［N］. 复报，1907（9）. 转引自蒋海升. 意识形态概念与学术生长——以"民族"为例［J］. 山东社会科学，2007，144（8）：5-11.

　④ 梁启超. 中国历史上民族之研究［M］// 梁任公近著第一辑. 上海：商务印书馆，1923：43.

　⑤ 孙中山. 孙中山选集（卷一）［M］. 北京：中华书局，1981：620-621.

浓厚的救亡图强的政治意味，很多时候体现了讨论者们的政治理想。

其次，这一时期关于"民族"的定义讨论众多，但是"民族"的具体含义并不明确，民族、种族、汉族、中华民族的概念经常是混淆的，在20世纪初期尤为明显。例如梁启超在1903年发表的《新民说》中将"地球民族"分为"黑色民族、红色民族、棕色民族、黄色民族、白色民族"，这里的民族指的应该是种族[①]。1924年孙中山在演讲中说"我说民族就是国族"[②]，其实，这里说的民族所指应为汉族。

另外，随着政治和军事的入侵，风雨飘摇中西方的近代科学也开始传入中国，包括体质人类学和文化人类学。在20世纪前半期的中国，文化人类学也可称为"民族学"。最初主要是由外国学者开展教学和研究活动的，及至1928年"中研院"社会科学研究所民族学组、1934年"中研院"历史语言研究所人类学组的建立，标志着中国民族学和体质人类学的正式诞生。20世纪前50年间，中国的人类学研究取得了很大的成绩，开展了大量的田野调查，为研究各民族的体质和文化特征积累了数据和资料。出版了专著，培养了人才，也为民族学和体质人类学学科的发展奠定了坚实的基础[③]。

1949年中华人民共和国成立，马克思主义和苏联模式成为中国大陆的主流意识形态，斯大林的民族定义也成为这一时期的主流定义。

事实上，早在1929年6月，郭真（高尔柏）在《现代民族问题》一书中即翻译和论述了斯大林的民族定义："民族是历史所形成的'常住的人类共同体'，而且是由于有'共通的言语'，'共通的居住地域'，'共通的经济生活'，以及于共通文化中所发现的共通的'心理的能力'而结合的人类共同体。"[④] 同年9月，李达在《民族问题》一书中也谈及了这一定义[⑤]。这可能是目前所知的最早的对斯大林民族定义的介绍。

起初，斯大林的民族定义只是众多民族概念中的一种，但是新中国成立

①　梁启超 . 新民说［M］. 北京：朝华出版社，2017.

②　孙中山 . 三民主义［M］. 长沙：岳麓书社，2000：2.

③　周传斌 . 1900—2000：中国民族理论的一个世纪［J］. 中南民族大学学报（人文社会科学版），2004，24（1）：66-70；杜靖 . 1895—1950年间的中国体质人类学研究与教学活动述略［J］. 人类学学报，2008，27（2）：180-188.

④　郭真编 . 现代民族问题［M］. 上海：上海现代书局，1929：1-7.

⑤　李达 . 民族问题［M］. 上海：上海南强书局，1929.

后，斯大林的民族定义就占有了绝对的主流地位。围绕着斯大林的民族定义，20 世纪 50 年代和 60 年代出现了关于民族概念的两次大讨论，即民族的形成问题① 和民族的译名问题②。

虽然如此，坚持民族是资本主义时代的产物且包含了四个基本特征的斯大林民族定义却在我国的实践工作中遇到了困难。20 世纪 50 年代我国开始了民族识别工作，按照斯大林的民族定义，我国的少数民族都不能称之为"民族"而是"部族"。面对这一问题，毛泽东强调"名从主人""尊重民族意愿"的原则③，我国的学者在实践工作的基础上也发展了自己的观点。1956 年，费孝通、林耀华两位先生发文指出，我国的少数民族"不能简单地用近代民族的特征来作为族别的标志"，因为"复杂的历史条件，有时若干特征的萌芽被遏制而得不到发展的机会，因此任何一个或几个特征上表现了显著的共同性就值得我们的注意"④。此后，相继有学者表达了近似的看法⑤。

自 20 世纪 80 年代开始，我国学界开始对斯大林的民族定义进行反思，

---

① 关于民族的形成问题源于 1953 年苏联学者格·叶菲莫夫发表的《论中国民族的形成》一文，该文以列宁、斯大林关于民族问题的理论为依据，认为汉族是在 19 世纪以后随着外国资本主义的入侵和中国资本主义的发展形成的，在此之前中国只有"部族"。此文汉译一经发表（《民族问题译丛》1954 年第 2 辑），范文澜旋即撰文《自秦汉以来中国成为统一国家的原因》对叶菲莫夫的观点进行了回应，认为汉族在秦汉时期已经形成，由此掀起了汉民族形成问题的论战。《历史研究》编辑部将有代表性的论文辑为《汉民族形成问题讨论集》一书，1957 年由三联书店出版。

② 关于民族译名问题的讨论是关于经典著作中民族一词的译法，认为"民族"与"部族"之争主要是翻译引起的问题。可参考论文有：牙含章 . 关于"民族"一词的使用和翻译情况 [N] . 人民日报，1962-6-14；林耀华 . 关于"民族"一词的使用和译名的问题 [J] . 历史研究，1963（2）：171-190。20 世纪 80 年代以后，仍有学者讨论关于民族的译名问题，如敬东 . 关于"民族"一词的概念问题 [J] . 民族研究，1980（4）：7-12；马寅 . 关于民族定义的几个问题——民族的译名、形成、特征和对我国少数民族的称呼 [J] . 中央民族大学学报（哲学社会科学版），1983（3）：3-11；徐鲁亚 . 关于"民族"一词的译法 [J] . 民族翻译，2009（1）：56-59，等等。20 世纪 80 年代关于民族译名问题的研究与 60 年代有所不同，已经不是民族概念的主要研究方面，而是倾向于反思译名问题是否能解决民族的形成和概念问题。而到了 21 世纪，则主要考察英文中 nation/nationality/ethnic group/ethnicity 等概念的翻译问题，与 20 世纪的讨论又有不同，也侧面反映出关于民族的概念及理论研究方法，由早期的西方模式经过苏联模式，在 21 世纪又转向了西方模式。

③ 布赫，赛福鼎·艾则孜等 . 毛泽东解决民族问题的伟大贡献 [M] . 北京：民族出版社，1993：183.

④ 费孝通，林耀华 . 关于少数民族族别问题的研究 [N] . 人民日报，1956-8-10.

⑤ 南川 . 也谈族别问题 [N] . 光明日报，1956-8-24；思明 . 识别民族成分应该根据的主要原则 [N] . 光明日报，1957-2-15；缪鸾和，马曜，王叔武 . 不能用近代民族的特征去衡量前资本主义时期的民族 [N] . 光明日报，1957-2-15.

主要有三种倾向：第一种认为斯大林民族定义是一个比较完整和科学的概念①；第二种主张部分修正斯大林的民族定义②；第三种认为斯大林民族定义具有很强的政治目的，应该摆脱斯大林的民族定义③。不论是主张部分修正还是完全否定，很多学者都提出了民族自我意识在界定民族概念中的重要性，如李振锡（1986）、吴金（1986）、贺国安（1989）、张达明（1996）、何润（1998）等。

在反思的过程中，一些学者提出了非常有启发性的观点，比如马戎从主体认知条件的角度谈及了斯大林民族定义产生的历史背景，他认为斯大林民族定义的提出"多少带有与当时俄国政治形势有关的政治性的考虑"，为了冲淡民族主义思潮带来的民族文化自治和以民族划分来分裂无产阶级政党的威胁，以及维护苏联广阔领土的稳定统治，斯大林特别强调共同地域的重要性，"实际上淡化了文化因素和心理意识因素在民族形成和延续中的重要作用"④。郝时远结合苏联民族国家的建国实践，从国家层面对斯大林的民族定义进行了解读。他认为人们对斯大林定义中的"民族"理解有误，斯大林所论证的民族是"民族国家形成后体现在国家层面的民族，其最重要特征之一是不分部落、不分种族的全体居民构成了一个民族"⑤。

---

① 廖振安.民族的形成、发展和消亡［J］.内蒙古社会科学，1982（5）：45-48；邬剑.民族形成上限问题之再探讨［J］.内蒙古社会科学，1983（3）：11-17；孙青.对斯大林民族定义的再认识［J］.民族研究，1986（2）：4-12；熊锡元.对斯大林民族定义的一点看法［J］.民族研究，1986（4）：17-18；金炳镐.试论斯大林民族定义的特点［J］.广西民族研究，1987（1）：95-98.

② 彭英明.关于我国民族概念历史的初步考察——兼谈对斯大林民族定义的辩证理解［J］.民族研究，1985（2）：5-11；李振锡.论斯大林民族定义的重新认识和修改［J］.民族研究，1986（5）：4-12；吴金.我对民族概念问题的一些理解和意见［J］.民族研究，1986（5）：16-17；杨堃.关于民族和民族问题的几点意见［J］.民族研究，1986（4）：11-12；陈克进.关于"民族"定义的新思考［J］.云南社会科学，1992（6）：65-69；张达明.论斯大林民族定义的历史地位、局限性及其修改问题［J］.东北师范大学学报，1996（5）：45-50；何润.论斯大林的民族定义［J］.民族研究，1998（6）：4-12；熊坤新.斯大林民族定义之我见［J］.世界民族，1998（2）：8-16.

③ 蔡富有.斯大林的нация定义评析［J］.中国社会科学，1986（1）：193-203；贺国安.斯大林民族理论模式驳议［J］.民族研究，1989（4）：1-13；华辛芝.斯大林民族理论评析［J］.世界民族，1996（4）：1-11.

④ 马戎.关于"民族"定义［J］.云南民族学院学报（哲学社会科学版），2000，17（1）：5-13.

⑤ 郝时远.重读斯大林民族（нация）定义——读书笔记之一：斯大林民族定义及其理论来源［J］.世界民族，2003（4）：1-8；重读斯大林民族（нация）定义——读书笔记之二：苏联民族国家体系的构建与斯大林对民族定义的再阐发［J］.世界民族，2003（5）：1-9；重读斯大林民族（нация）定义——读书笔记之三：苏联多民族国家模式中的国家与民族［J］.世界民族，2003（6）：1-11.

20 世纪前期，由于社会动荡、民族危亡，"民族"一词是与民族主义、国家—民族，与独立、解放等概念联系在一起的。1949 年新中国成立后，外部的压力消失，社会趋于稳定，"民族"一词更多地开始转向内部，与国内的民族调查、民族识别等联系到一起。

20 世纪上半叶，关于民族的定义层见迭出，很多学者表明了自己的观点和抱负。但是 20 世纪下半叶，除去最后的十年，关于民族概念的讨论基本都是围绕斯大林的民族定义进行的。言必称马列经典著作是该时期的一大特色，当然这并不仅限于民族学或人类学，而是所有的学科都留下了这样的时代烙印。虽然斯大林的民族定义与我国的民族工作实践产生了很大的矛盾，我们也想到了一些方法调节这些矛盾，但是当时的社会和政治环境导致中国的学术研究严重缺乏独立性，从来没有人敢质疑或挑战斯大林民族定义的理论地位。20 世纪 80 年代开始反思斯大林民族定义的过程，也是我国学界逐渐挣脱思想禁锢的过程。直到 90 年代，中国的民族定义研究才开始摆脱政治色彩，进入一个学术化的阶段[①]。

实际上从 20 世纪 80 年代就有学者试图提出新的民族定义，但基本上都是在斯大林民族定义的基础上进行的简单变化。20 世纪 90 年代开始，陆续有学者提出了不同的定义，例如：

纳日碧力戈强调建立在共同经济生活、共同地域、共同语言、各种文化因素等条件基础之上的民族自我意识和民族自称是区分一个民族最稳定的因素，他的民族定义是"民族是在特定历史的人文和地理条件下形成，以共同的血统意识和先祖意识为基础，以共同的语言、风俗或其他精神和物质要素组成系统特征的人们共同体"[②]。

何叔涛认为民族是从文化角度来区分的有凝聚力的人们共同体，识别民族的标志和构成民族的要素是"共同的历史渊源和语言文化，一定程度的经济联系性和大致相同的经济模式，以及建立在共同体经济文化生活基础上并受到族际关系所制约而强调共同起源、反映共同利益的民族情感和自我意识"[③]。

杨庆镇认为"民族是人类发展到现代人科之智人（Homo sapiens）阶段，

① 李振宏.新中国成立 60 年来的民族定义研究［J］.民族研究，2009（5）：12-23.
② 纳日碧力戈.民族与民族概念辩正［J］.民族研究，1990（5）：11-17.
③ 何叔涛.略论民族定义及民族共同体的性质［J］.民族研究，1993（1）：19-23.

由于生活地域、自然环境、社会环境的差异而产生的，具有不同人种特点或有相同人种特点、文化传统与心理特点、语言特点、生产方式特点、生活方式特点、风俗习惯特点的，稳定发展的或急剧变化的、正在同化或者异化过程中发展或消亡的人类群体"①。

龚永辉提出了"民族是人们在社会复杂作用下通过历史渊源或现实利益等多元认同而形成的有特定的族称和相应的文化模式的自组织系统"②。

2005 年中央民族工作会议提出了民族定义："民族是在一定的历史发展阶段形成的稳定的人们共同体。一般来说，民族在历史渊源、生产方式、语言、文化、风俗习惯以及心理认同等方面具有共同特征。"③

以上观点都提出了构成民族的新要素，如民族自我意识、民族自称、民族情感、历史渊源等，唯杨庆镇提出了非常有趣的民族概念，他的整体概念是否科学准确暂且不论，其中有值得注意的几点：（1）虽然民族产生于智人阶段有些早了，但它把民族的形成追溯到了相对遥远的过去，并且可以从人种特征上探讨民族的形成。关于"民族"的构成要素，体质特征在 20 世纪早期常以"血统""血裔"等提法出现，在斯大林民族定义主导时期很少被提及，20 世纪 90 年代以后，又隐晦地躲藏在"共同起源""历史渊源"中。（2）他提出了环境因素（包括自然环境、社会环境）对于民族形成的影响。（3）谈及了民族形成过程的特点，可以是稳定发展的，也可能是急剧变化的，可以同化不同的人群为一个民族，同一个人群也可以分裂为不同的民族。

可以看出，有史记载以来，"民族"这个词语的内涵是不断变动的，随着不同的社会情境和时代背景不断地被重构。在民族概念日益多元化的今天，很难提出一个完全涵盖所有民族特征的概念。如何定义一个民族，这个问题至今没有得到妥善的解决。近年来，传统的关于民族概念和定义的争论仍在持续，但反思和解构的声音更加引人注目，以致有学者认为"民族定义的必要性似乎也在学术反思之中被质疑和抛弃了"④。

① 杨庆镇.民族的概念和定义［J］.民族研究，1990（6）：17.
② 龚永辉.论和谐而有中国特色的民族概念［J］.广西民族研究，2005（3）：10-23.
③ 中共中央国务院关于进一步加强民族工作，加快少数民族和民族地区经济社会发展的决定［N］.光明日报，2005-6-1.
④ 周传斌.论中国特色的民族概念［J］.广西民族研究，2003（4）：19-30.

三、族群与民族

"族群"一词是对英文 ethnic group 这一概念的中文译法，ethnic group 表示具有语言、种族、文化和宗教特点的人们的共同体。而英文中的 ethnic 又源于希腊语 ethnos，ethnic group 则源自 ethnos 的形容词形式 ethnikos，ethnikos 在希腊语中有习惯、特点等含义①。ethnic group 一词在 20 世纪 50、60 年代开始广泛应用于国际人类学界，70 年代末被国内民族学界引入，起初译为"民族群体"，后来逐渐采用台湾学者的译法，即"族群"②。

关于族群的定义，著述繁多，有学者进行不完全统计后总结出 20 余种③。众多的族群定义可以划归为主观论和客观论两类。客观论以客观存在的体质和文化特征来判断一个人群，如哈佛大学的 N. 格拉泽（Nathan Glazer）和 D. P. 莫尼汉（Daniel P. Moynihan）将族群定义为"一个较大的文化和社会体系中具有自身文化特质的一种群体；其中最显著的特质就是这一群体具有的宗教的、语言的、习俗的特征，以及其成员或祖先所共有的体质的、民族的、地理的起源"④。主观论者认为族群是由它本身的组成分子认定的范畴⑤，其代表与集大成者为挪威人类学家弗雷德里克·巴斯，在他主编的论文集《族群及其边界》的导论中，巴斯认为族群是这样一个群体："生物上具有极强自我延续性；共享基本的文化价值，实现文化形式上的公开的统一；组成交流和互动的领域；具有自我认同和被他人认可的成员资格。"⑥实际上主观论者并不否认体质与文化特征的意义，只是认为它们不是划分族群的标准。

"族群"概念被引入中国后，就陷入了与"民族"概念的争辩之中。学

① 乌小花. 论"民族"与"族群"的界定 [J]. 广西民族研究，2003（1）：12-16.
② 王东明. 关于"民族"与"族群"概念之争的综述 [J]. 广西民族学院学报（哲学社会科学版），2005，27（2）：89-97.
③ 马戎. 民族关系的社会学研究 [M] // 马戎. 民族与社会发展. 北京：民族出版社，2001：31-71；周星，王铭铭. 社会文化人类学讲演集 [C]. 南开：天津人民出版社，1997；郝时远. 对西方学界有关族群（ethnic group）释义的辨析 [J]. 广西民族学院学报（哲学社会版学版），2002，24（4）：10-17.
④ Nathan Glazer, Daniel P. Moynihan. Ethnicity-Theory And Experience [M]. Cambridge: Havard Univercity Press, 1975. 转引自王东明. 关于"民族"与"族群"概念之争的综述 [J]. 广西民族学院学报（哲学社会科学版），2005，27（2）：89-97.
⑤ 王明珂. 华夏边缘——历史记忆与族群认同 [M]. 北京：社会科学文献出版社，2006：16.
⑥ 弗雷德里克·巴斯著，高崇译. 族群与边界 [J]. 广西民族学院学报（哲学社会科学版），1999，21（1）：16-27.

者们出于不同的立场，或认为"族群"概念相对于"民族"概念更适合中国民族研究的实际，可以替代"民族"概念；或反对用"族群"概念来替换"民族"概念。还有学者认为，"族群"与"民族"这两个概念都具有特定的内涵，可以相互补充、并行使用，其流动的边界需要不断地在协商中重新确定①。

　　笔者比较认同第三种观点，"民族"和"族群"两个概念的研究内容虽间或重叠，但二者有不同的取向性。中国化了的民族概念，并不是一个纯粹的学术话语，而是被赋予了鲜明的社会色彩和政治内涵②，具有历史性和政治性。虽然汉语民族概念也具有多层次的含义③，但是它具有约定俗成的指向性，适合对我国现当代民族的分析。"族群"的适用范围更广泛一些，不论是在时间的维度还是结构的维度，"族群"显然更具有灵活性。在考古学研究的久远的人类历史中，我们可以了解一个人群的物质文化、经济方式甚至社会结构，但对其精神层面的探讨就略显艰难，对过去世界的了解都是通过遗留下来的遗迹遗物来管中窥豹，族群的内涵可能更适合用来描述一定地域和一定时间范围内一种考古学文化的创造者。因此本书在探讨汉民族孕育形成过程中的古代先民时，采用的是"族群"概念。

第二节　汉民族形成的研究历史

一、19世纪末20世纪初的中国文化（民族）西来说

　　19世纪末20世纪初，随着现代意义上民族概念的传入，民族的起源和形成问题也随之进入中国知识分子的视野。

　　我国的本土民族观一般都将汉民族的起源追溯至三皇五帝，以炎黄子孙自

---

① 高永久，秦伟江."民族"概念的演变［J］.南开学报（哲学社会科学版），2009（6）：126-136；纳日碧力戈."民族"百年回眸［J］.广西民族研究，2002（2）：17-23.

② 祁进玉.国内近百年来民族和族群研究评述［J］.广西民族研究，2005（2）：71-81.

③ 何叔涛.汉语"民族"概念的特点与中国民族研究的话语权——兼谈"中华民族""中国各民族"与当前流行的"族群"概念［J］.民族研究，2009（2）：11-20；叶江.民族概念三题［J］.民族研究，2010（1）：1-9.

称。但早在 17、18 世纪，西方学者就提出了中国文化（民族）[①]西来说，当时比较有代表性的是"埃及说"，随后法国人哥比诺（A. de Gobineau）提出中国文化（民族）"印度说"。到 19 世纪末 20 世纪初，又出现"中亚说""越南说"，等等，其中最为流行的是法裔东方学者拉克伯里（Lacouperie, Terrien de）的"巴比伦说"[②]。拉克伯里在《中国古文明西来论》(*Western Origin of the Early Chinese Civilisation from 2300 B. C. to 200 A. D.*)中将中国古史与巴比伦古史进行比附，从语言文字、历法、习俗等方面推断汉族的祖先是由黄帝率领、自巴比伦迁徙而来的，他们替代了居住在中原地区的苗族，将苗族驱逐到南方[③]。这类理论，有学者将之称为"（汉族）外来／（苗族）原住"说[④]，相对应的是汉族起源的一元论。

拉克伯里的学说由日本传入中国后，在中国社会引起了很大的反响，很多学者如蒋智由（观云）(《中国人种考》)、黄节（《种源论》)、刘师培（《攘书》)、丁谦（《中国人种从来考》)等都支持拉克伯里的"巴比伦说"。也有中国学者反对此说，以何炳松和缪凤林为代表。缪凤林在《中国民族由来论》中，从地理上的障碍、人种之不同、年代的距离、文物之相异、例证之不明等五个方面对"巴比伦说"进行了反驳[⑤]。

事实上，此时的中国文化（民族）西来说和本土说"在学术上差不多一样浅薄"，因为都没有科学可靠的考古学证据作为支撑[⑥]。情况发生变化是在 1921 年，安特生在河南渑池县仰韶村进行考古发掘。安特生将仰韶村和其后调查的几个遗址命名为仰韶文化，并于 1923 年在《中华远古之文化》一书中，将仰韶文化与中亚的安诺和特里波列文化的彩陶相比较，提出了彩陶由西向东传播

---

① 中国文化（民族）西来说中的"中国文化"一般指汉民族的文化，"民族"一般指中国人的主体民族汉民族。

② 吴主惠著，蔡茂丰译. 汉民族的研究［M］. 台湾：台湾商务印书馆，1982：17-31.

③ 孙江. 拉克伯里"中国文明西来说"在东亚的传布与文本之比较［J］. 历史研究，2010（1）：116-137；石川祯浩. 辛亥革命时期的种族主义与中国人类学的兴起［C］// 中国史学会. 辛亥革命与20世纪的中国. 北京：中央文献出版社，2002：998-1020.

④ 吉开将人. 民族起源学说在 20 世纪中国［J］. 复旦学报（社会科学版），2012（5）：30-40. 所谓"外来／原住说"即指中国的主体民族（汉族）源于西方某地，迁徙至中国内地之后替代了中原地区的原住民（苗族）。这一说法虽然自中国文化（民族）的"巴比伦"来源说后才开始盛行，但实际上在 19 世纪后半期，西方传教士就已经开始向中国信徒传授这种民族起源模式，将"诺亚"看作是"中国人"（汉族）的祖先。只不过"这种新学说似乎只在基督教徒中和租界之内传播"，未形成大的影响。

⑤ 吴主惠著，蔡茂丰译. 汉民族的研究［M］. 台湾：台湾商务印书馆，1982：19.

⑥ 陈星灿. 中国史前考古学史研究 1895—1949［M］. 北京：生活·读书·新知三联书店，1997：35.

的可能①。为了寻找更多的文化西来的证据，1923 年春天安特生前往甘青地区进行考古调查和发掘②。除了为中国文化（民族）西来说提供了来自考古学的支持③，安特生还探讨了"仰韶文化是否为华族（按：即今之汉族）所有，抑系戎狄蛮夷之文化"，然后"根据现在所知各事观之，皆可决定其为汉族文化"④，这应是首次将史前文化与汉民族联系起来。与此同时，步达生通过对仰韶村人骨材料和现代华北人（汉族）的对比，认为二者之间的体质特征是一样的⑤，也为汉民族的溯源提供了体质人类学的证据。

　　20 世纪 30 年代以前，中国文化以及汉族的西来说是为大多数学者所接受的。20 年代末以后，安阳殷墟的发掘和山东龙山文化的发现，表明中国文化（民族）的来源不是那么简单的。随着考古工作的开展，从旧石器时代至新石器时代再到早期中国，虽然在发展过程中有时可能会有一些外来因素的影响，但是"中国文明还是在中国土地上土生土长的"⑥，探索汉民族的起源也应从我们自身出发。

二、20 世纪上半叶中后期对汉民族形成问题的研究

　　这一时期关于汉民族形成问题的专著，首推李济的《中国民族的形成》。其次，吴主惠所著《汉民族的研究》，对汉民族的形成问题也进行了探讨。另外有很多学者在研究中国民族史的过程中，或主要或次要地梳理了汉民族的形成和发展。

　　1920 年留美期间，李济写下了自己的志向："想把中国人的脑袋量清楚，来与世界人类的脑袋比较一下，寻出他所属的人种在天演路上的阶级出来。"还想"去新疆、青海、西藏、印度、波斯去刨坟掘墓、断碑寻古迹，找些人家不

---

① 安特生（J. G. Andersson）著，袁复礼节译. 中华远古之文化（An Early Chinese Culture）[J]. 地质汇报（第五号），1923：17-18（中文 11-12）.

② 陈星灿. 中国史前考古学史研究 1895—1949 [M]. 北京：生活·读书·新知三联书店，1997：91-93.

③ 这也常成为他被人批评的一点，实事上，安特生后来修正了他的看法。

④ 安特生（J. G. Andersson）著，袁复礼节译. 中华远古之文化（An Early Chinese Culture）[J]. 地质汇报（第五号），1923：中文 21.

⑤ Davidson Black. A study of Kansu and Honan Aeneolithic skulls and specimens from later Kansu prehistoric sites in comparison with north China and other recent crenia[J]. Palaeontologia Sinica, ser D Vol1, 1928: 1-83.

⑥ 夏鼐. 中国文明的起源 [M]. 北京：中华书局，2009：100.

要的古董来寻绎中国人的原始出来"[①]。他用新学到的人类体质测量方法去测量剑桥、波士顿等地的中国学生和华侨，在此基础上完成了他的博士论文，即《中国民族的形成》(*The formation of the Chinese people*)。书中的中国人，实指汉人，即著者所说的"我群"，因此《中国民族的形成》实为中国汉民族的形成。

李济从一个全新的角度出发，探讨"生活在，或其起源可以追溯到，被称为中国本部这片土地上""并且他们自己也承认从一开始就与中国历史的形成有关"的人民的特征与形成[②]。对于现代中国人（汉族）的体质特征，先生进行了体质人类学的测量分析，但囿于当时中国的考古工作刚刚开展，缺乏古代居民的人骨资料。因此，对中国人（汉族）的形成演进，则从古代文献记录中的城址数量、姓氏迁移、人口数量等方面进行探讨。最终李济得出结论，中国人（汉族）的体征非常地复杂，不是一个单一的种族，构成现代中国人（汉族）的，有五个主要成分（黄帝的后代、通古斯组、藏—缅语族、孟—高棉语族、掸语族群）和三个次要成分（匈奴组、蒙古组、南方的小矮人）。

在民族史方面，以王桐龄、吕思勉、林惠祥三位先生的著述影响最为深远。1928 年文化学社出版了王桐龄先生的《中国民族史》，该书主要依据历史文献的记载，以汉族为主线，以历史分期为章节，将汉族的形成历史分为一个胚胎期、四次蜕化期和三次休养期。太古至唐虞三代是汉族胚胎期，华夏族群先后有四支融合在一起，分别为炎帝、黄帝、西周和秦。春秋战国、三国两晋南北朝、五代及宋元、清为四次蜕化期，是汉族和周边少数民族激烈交流碰撞的时期。秦汉、隋唐、明为三次休养期，是周边少数民族融入汉族、汉族吸纳其他民族的和缓时期[③]。1934 年世界书局出版了吕思勉先生的《中国民族史》，1936 年商务印书馆出版了林惠祥先生的《中国民族史》。两位先生的民族史亦是从古代文献出发，但都是以族群分章节，分述各个族群的起源、演变和消亡。吕著中将汉族的历史追溯到距今五千年左右的三皇五帝，论述了汉族的名称、由来，从考证古史地理入手辨明其发展之迹。关于汉族的由来，吕先生初始亦主张西来之说，后觉不甚可信，认为讨论汉民族的起源"今尚非时耳"，

---

①　李光谟.从一份自撰简历说起［M］//李光谟.从清华园到史语所——李济治学生涯琐记.北京：清华大学出版社，2004：14.

②　李济.中国民族的形成［M］.上海：上海人民出版社，2008：5.

③　王桐龄.中国民族史［M］.长春：吉林出版集团，2010.

需要"掘地考古"的发现才能解决这一问题①。林著"则带有近代西方学术著作的风格",对中外学者的不同观点进行了客观的介绍后加以讨论②,对于汉族的来源,林书认为"以土著为近似",汉族的祖先在新石器时代后期已经生活在黄河流域。华夏系、东夷系、荆吴系、百越系为汉族四大来源,其中华夏族为形成汉族的主干③。

吴主惠先生的《汉民族的研究》日文原作著于1948年,1968年经蔡茂丰先生翻译成中文,由台湾商务印书馆出版。其主旨是"以民族学立场,对汉民族本质,加以探讨",全书分汉民族的概念、汉民族的起源、汉民族的本质、汉民族的构成、汉民族的基础、汉民族的个性、汉民族的海外活动等七个部分进行论述。吴著提出了汉民族的概念,认为汉民族"非同质的单一民族,而是异质的复合民族,是以血液的种族进化为条件之社会生物体"。这一概念提出了汉民族形成的两个基本方面,即体质特征和文化特征④。

三、20 世纪下半叶对汉民族形成问题的研究

1953年,苏联学者格·叶菲莫夫发表《论中国民族的形成》一文,该文以列宁和斯大林关于民族问题的理论为依据:民族是在资本主义上升时代中形成的历史范畴,作为稳定的共同体,民族具有共同语言、共同地域、共同经济以及表现在共同文化上的共同心理状态。认为汉族是在19世纪以后随着外国资本主义的入侵和中国资本主义的发展形成的,在此之前中国只有部族⑤。

此文汉译一经发表,范文澜旋即撰文《自秦汉起中国成为统一国家的原因》,对格·叶菲莫夫的观点进行了回应,范文认为汉族在秦汉时期就已经初步具备了民族的四个特征:"书同文",即有"共同的语言";"长城以内的广大疆域",即有"共同的地域";"行同伦",即有"表现在共同文化上的共同心理

① 吕思勉.中国民族史[M].长春:吉林人民出版社,2013:1-30.

② 马戎.从王桐龄《中国民族史》谈起——我国30年代三本《中国民族史》的比较研究[J].北京大学学报(哲学社会科学版),2002(3):125-135.

③ 林惠祥.中国民族史[M].上海:上海书店出版社,1984:9-10.

④ 吴主惠著,蔡茂丰译.汉民族的研究[M].台湾:台湾商务印书馆,1982.

⑤ 格·叶菲莫夫.论中国民族的形成[C]//历史研究编辑部.汉民族形成问题讨论集.北京:生活·读书·新知三联书店,1957:228-254.原载苏联"历史问题"杂志1953年第10期,选自《民族问题译丛》1954年第2辑.

状态"；"车同轨"，即有了"共同经济生活"，因此汉族形成于秦汉时期。此后相继有几位学者发表了相关文章，或赞同[①]，或反对。反对的意见又分为几种，有人认为封建社会末期资本主义出现即明代后期汉族才开始形成[②]；有人认为汉族是 19 世纪末 20 世纪初鸦片战争以后才开始形成[③]。

这场论战表面看来是对汉民族形成问题的讨论，其实质却是关于民族概念的理论纷争。诸位学者的讨论重点都放在汉民族形成于何时，判断的标准都是依据斯大林民族定义的一个前提条件和四个基本特征。我们已经知道几乎整个 20 世纪下半叶中国的民族概念都是以斯大林的定义为主导，因此汉民族的形成标准也随之成为定式。

20 世纪 80 年代开始，关于汉民族的研究有了细微的变化。绝大多数学者都接受了汉民族形成于秦汉之际的观点，并开始探讨汉民族形成的过程和条件。

汉民族的起源沿袭前人的成果被不约而同地追溯到古时的华夏族，认为汉族是以华夏族为主干，经历代多次大规模的民族融合而成[④]。当然，也有少数学者提出异议，认为汉族形成于秦汉但是汉民族的主干不是先秦北方的华夏族而是南方的楚族[⑤]。更有学者开始追溯华夏族的形成，多认为华夏形成于夏或原始社会末期[⑥]。

---

① 章冠英.关于汉民族何时形成的一些问题的商榷［C］//历史研究编辑部.汉民族形成问题讨论集.北京：生活·读书·新知三联书店，1957：205-227.

② 杨则俊.关于汉民族形成问题的一些意见——与范文澜同志和格·叶菲莫夫同志商榷［C］//历史研究编辑部.汉民族形成问题讨论集.北京：生活·读书·新知三联书店，1957：84-131；张正明.试论汉民族的形成［C］//历史研究编辑部.汉民族形成问题讨论集.北京：生活·读书·新知三联书店，1957：44-65.

③ 曾文经.论汉民族的形成［C］//历史研究编辑部.汉民族形成问题讨论集.北京：生活·读书·新知三联书店，1957：17-38；官显.评"独特的民族"论［C］//历史研究编辑部.汉民族形成问题讨论集.北京：生活·读书·新知三联书店，1957：66-83；魏明经.论民族的产生及中国各民族的演变过程［C］//历史研究编辑部.汉民族形成问题讨论集.北京：生活·读书·新知三联书店，1957：176-204.

④ 王松龄.关于我国古代民族的形成问题［J］.四平师范学报（哲学社会科学版），1980（3）：9-13；王雷.民族定义与汉民族的形成［J］.中国社会科学，1982（5）：143-158；周双利，李民佑.略论汉民族与汉民族语的形成［J］.中国社会科学院研究生院学报，1985（5）：68-74；史继忠.汉族的形成及其历史地位［J］.贵州民族研究，1993（2）：21-25；王景义.论汉民族的形成和发展［J］.学术交流，1998（4）：119-122；蔡瑞霞.试论汉民族的形成与民族史的撰述［J］.中州学刊，2002（2）：105-108；张建军.斯大林民族定义与汉民族形成［J］.黑龙江民族丛刊，2009（1）：67-72.

⑤ 吴广平.汉民族形成新论［J］.吉首大学学报（社会科学版），1988（1）：34-45.

⑥ 谢维扬.论华夏族的形成［J］.社会科学战线，1982（3）：116-125；田继周.夏代的民族和民族关系［J］.民族研究，1985（4）：27-34；邹孟君.华夏族起源考论［J］.华南师范大学学报（社会科学版），1985（1）：7-21.

值得一提的是，1988 年费孝通先生发表了《中华民族的多元一体格局》的讲演，从人类学、考古学、历史学、语言学等方面对中华民族形成的历史过程做了综合性分析。而汉族作为中华民族凝聚的核心，形成于秦汉时期，汉族作为族名，是从"他称"转向"自称"，是汉代及以后中原地区居民与四周外族人接触中产生的，汉族的前身为夏商周时期形成的华夏民族集团①。20 世纪 50—80 年代关于汉民族形成的探讨，多从民族学的角度出发，围绕着斯大林的民族定义进行，费孝通先生引用考古学、人类学的资料来探讨汉民族的形成过程，开拓了研究这一问题的新视野。

关于汉民族形成和发展的条件，主要从农耕文化、中央集权制国家、共同的文化（包括语言和文字）、民族自我意识②等方面论述，基本上还是围绕斯大林的民族定义进行的研究。

这一时期与汉民族形成有关的著作以徐杰舜先生的《汉民族发展史》（1992）为代表，对汉民族的文化、特征以及汉民族的起源、形成和发展做了系统的论述。徐著认为汉民族有炎黄、东夷两个主源，苗蛮、百越、戎狄三个支源，汉民族的形成主要分为三个阶段：首先是夏商周三代黄河和长江流域夏、商、周、楚、越诸民族的崛起；第二阶段为春秋战国至秦代黄河长江流域先民与部分蛮、夷、戎、狄融合成为华夏族；第三阶段为两汉时期，华夏族发展成为汉民族③。

四、2000 年至今：新的发展阶段

如果说 20 世纪 90 年代以前多是从民族学、历史学的角度，利用神话传说和古代文献典籍对汉民族的形成进行研究，那么 90 年代以后尤其是 21 世纪以后，研究的手段和方法开始多样化。不同领域如体质人类学、分子生物学、考古学的学者开始对这一问题表现出兴趣。

体质人类学家利用古人种学来了解不同历史时期的古代人群之间的体质联

---

①　费孝通.中华民族的多元一体格局［J］.北京大学学报（哲学社会科学版），1989（4）：1-19.

②　覃乃平.试述汉民族形成的过程、特点和条件［J］.贵州民族研究，1997（2）：43-48；谭明华.汉民族共同经济生活的基本特征探析［J］.广西民族学院学报（哲学社会科学版），1987（4）：21-29；杨荆楚.汉民族成为世界第一大民族浅析［J］.云南社会科学，1989（1）：69-75.

③　徐杰舜.汉民族发展史［M］.武汉：武汉大学出版社，2012.

系，以及其与现代各民族之间的种系渊源关系。但和民族学多年来重视研究少
数民族而忽视汉族研究一样，人种学和人类学开始也很少涉及汉族研究的领
域。朱泓先生自 20 世纪 90 年代开始着力于我国古今各民族种系源流方面的研
究，尤其是对汉民族种系形成过程的分析[①]。对山东济宁潘庙汉代人骨的研究，
开创了对汉唐时期中原地区的古代居民进行人种学分析的先例，提出该地区汉
代居民的体质特征并非人们想象中的与本地现代居民相似，而是与现代华南地
区居民最为接近[②]。近年来，对西北、中原、东北、东南、西南地区人骨材料的
研究，为探讨汉民族体质特征的形成提供了古人种学基础。

　　分子生物学方面，主要通过线粒体 DNA 和 Y 染色体以及其他的遗传标记
对现代汉民族的遗传结构进行分析。20 世纪 90 年代，多位学者发表了对汉族
的线粒体 DNA 的研究成果，从母系方面探讨现代汉族的交流与迁徙[③]，此时对
汉民族的起源尚未过多涉及。2000 年以后，对汉民族的起源与形成的关注开
始增多，主要包括汉族整体的迁移和演化[④]以及现代某一汉族族群（如平话汉
族和潮汕汉族等）的起源和形成[⑤]的研究。

---

①　朱泓 . 建立具有自身特点的中国古人种学研究体系［C］// 朱泓 . 中国古代居民的体质人类学研
究 . 北京：科学出版社，2014：i-v.

②　朱泓 . 山东济宁潘庙汉代人骨墓葬研究［J］. 人类学学报，1990，9（3）：260-264.

③　Betty DJ, Chin-Atkins AN, Croft L, et al. Multiple independent origins of the COII/tRNA(Lys)
intergenic 9-bp mtDNA deletion in aboriginal Australians[J]. Am J Hum Genet, 1996, 58(2): 428-433; Horai S,
Murayama K, Hayasaka K, et al. mtDNA polymorphism in East Asian Populations, with special reference to the
peopling of Japan[J]. Am J Hum Genet, 1996, 59(3): 579-590; Nishimaki Y, Sato K, Fang L, et al. Sequence
polymorphism in the mtDNA HV1 region in Japanese and Chinese[J]. Leg Med(Tokyo), 1999(1): 238-249;
Tsai LC, Lin CY, Lee JCI, et al. Sequence polymorphism of mitochondrial D-loop DNA in the Taiwanese Han
population[J]. Forensic Sci Int, 2001, 119(2): 239-247.

④　Yao YG, Kong QP, Bandelt HJ, et al. Phylogeographic differentiation of Mitochondrial DNA in Han
Chinese[J]. Am J Hum Genet, 2002, 70(3): 635-651; Wen B, Li H, Lu D, et al. Genetic evidence supports demic
diffusion of Han culture[J]. Nature, 2004, 431(7006): 302-305; Su B, Xiao J, Underhill P, et al. Y-Chromosome
evidence for a northward migration of modern humans intoEastern Asiaduring the last Ice Age[J]. Am J Hum
Genet, 2000, 65(6): 1718-1724; DingYC, Wooding S, Harpending HC, et al. Population structure and history in
East Asia[J]. Proc Natl Acad Sci USA, 2000, 97(25): 14003-14006.

⑤　Chen F, Wang SY. Zhang RZ, et al. Analysis of mitochondrial DNA polymorphisms in Guangdong Han
Chinese[J]. Forensic Sci Int Genet, 2008, 2(2): 150-153; Gan RJ, Pan SL, Mustavich LF, et al. Pinghua population
as an exception of Han Chinese's coherent genetic struture.[J]. Journal of human genetics, 2008, 5(4): 303-313;
Wang WZ, Wang CY, Cheng YT, et al. Tracing the origins of Hakka and Chaoshanese by mitochondrial DNA[J].
Am J Phys Anthropol, 2010, 141(1): 124-130.

古 DNA 是指从考古发掘所得的人类和古生物标本中提取的 DNA[①]，对古 DNA 的研究"可以直接探寻汉族的前身华夏族以及每个历史时期的汉族人群的遗传结构，从而构建汉族发展的时空网络，了解汉族群体演变过程中遗传结构的变化情况"[②]。目前对新疆、青海、内蒙古、河北、辽宁、吉林、黑龙江等地出土的人骨材料的古 DNA 研究，为探索我国汉民族以及华夏族的起源提供了遗传学的依据[③]。并且已有学者采用古 DNA 的方法对汉民族的起源进行了专门的探索，认为中原地区的古代居民同现代北方汉族的遗传结构最为相似[④]。

这一时期关于汉族形成的传统研究依然在继续，李龙海先生所著《汉民族形成之研究》是继李济先生《中国民族的形成》一书之后第二部讨论汉民族形成的专著。李著主要依据人类学与民族学理论，以古代文献、甲骨文、金文为基本史料，但是注意综合参考考古学及其他自然科学的相关成果，对"夏人"、商人、周人的族属关系问题，汉民族及其前身华夏族的形成问题进行了探讨[⑤]。

第三节　本书的研究目的与方法

前文我们系统梳理了"民族"这一词语的内涵变迁以及汉民族形成问题的

① 刘武，叶健.DNA 与人类起源和演化——现代分子生物学技术在人类学研究中的应用［J］.人类学学报，1995，14（3）：266-281.

② 赵永斌.中国汉族北方母系起源的遗传学初探［D］.吉林大学博士学位论文，2011：1.

③ 万诚，周慧，崔银秋等.河北阳原县姜家梁遗址新石器时代人骨 DNA 的研究［J］.考古，2001（7）：654-661；朱泓，周慧，林雪川.老山汉墓女性墓主人的种族类型、DNA 分析和颅像复原［J］.吉林大学社会科学学报，2004（2）：21-27；赖旭龙，杨淑娟，唐先华等.仰韶文化人类遗骸古 DNA 的初步研究［J］.中国地质大学学报，2004（29）：15-20；王海晶，常娥，葛斌文等.饮牛沟墓地古人骨线粒体 DNA 的研究［J］.吉林大学学报（理学版），2005（6）：847-852；Gao SZ, Yang YD, Xu Y, et al. Tracing the genetic history of the Chinese people: mitochondrail DNA analysis of a Neolithic population from the Lajia site[J]. American Journal of Physical Anthropology, 2007, 133(4): 1128-1136；赵欣，葛斌文，张全超等.从分子生物学角度看河北蔚县三关墓地古代居民的遗传结构［J］.文物，2009（1）：3-8+33；Xu Z, Zhang F, Xu BS, et al. Mitochondrial DNA evidence for a diversified origin of workers building mausoleum for First Emperor of China[J]. PLos One, 2008, 3(10): e2375；李胜男，赵永斌，高诗珠.陶家寨墓地 M5 号墓主线粒体 DNA 片段分析［J］.自然科学进展，2009，19（11）：1159-1163；李红杰.中国北方古代人群 Y 染色体遗传多样性研究［D］.吉林大学博士学位论文，2012.

④ 赵永斌.中国汉族北方母系起源的遗传学初探［D］.吉林大学博士学位论文，2011；赵永斌，于长春，周慧.汉族起源与发展的遗传学探索［J］.吉林师范大学学报（自然科学版），2012（4）：45-49.

⑤ 李龙海.汉民族形成之研究［M］.北京：科学出版社，2010.

研究历史。对研究史作尽量全面的回顾，能让我们了解自己目前所处的位置，以便于更好地面对所选择的问题。

我国第七次人口普查的数据公报显示，截至 2020 年，我国大陆 31 个省、自治区、直辖市和现役军人的人口中，汉族人口为 1 286 311 334 人，占全国总人口的 91.11%[①]。这样一个庞大的民族，究竟是在何时以何种方式形成的。民族学、社会学和历史学对这个问题已经进行了近百年的探讨，取得了很多成果。目前已有的研究多是从文化的角度出发，但对于汉民族形成的最初即华夏族孕育的过程，因为历史久远且缺乏文献记载，还所知甚少。

本书拟从体质人类学的角度出发，采用古人种学的研究方法，探索汉民族形成的源头和过程。虽然人种和民族属于两个不同的范畴，但他们表达的是同一人群的两个方面，具有密切的关系，因为"任何一个特定的人群都必然同时具有种族和民族的双重属性"[②]。通过出土的古人骨资料来研究汉民族的起源，在没有文字记录的历史阶段，具有独特的优势。从古代先民体质特征的演变出发，我们可能无法了解他们如何认同自己，但人骨遗存会帮助我们确认，他们之中的谁成为了汉民族的祖先。

从体质特征来研究汉民族的起源，已经有李济先生的博士论文珠玉在前。在李济时代，西方的人类学家非常简单地看待这一问题，认为"现今的中国人就是他们四千、三千或两千年前的祖先们的模样"[③]。从人类宏观的演化角度，这种说法并没有错，四千年前的祖先和现今的中国人在种属上皆属于晚期智人，有着相近的体质特征。但从微观演化的角度，经过数千年人群的交流与迁徙，征服与被征服，中国人的体质特征一直是在不断变化着的。李济为了证明这一点，搜集了文献典籍中关于城址数量、姓氏迁移、人口数量的数据，论证了古代"我群（形成中的汉族）"的演进、扩张与变迁。之所以采用了历史学的材料的原因，正如李济在《中国民族的形成》前言所说，"目前透彻研究这一问题（汉民族形成）的事实材料还很不够"。

事实确实如此，彼时我国的考古工作还没有正式开始，距离 1926 年开创中国学者主持考古工作先河的李济本人在山西夏县西阴村的发掘，也还有几年

---

① 国家统计局 . 2021 年第七次全国人口普查主要数据公报（第二号）[EB/OL] . https://www.stats.gov.cn/sj/tjgb/rkpcgb/qgrkpcgb/202302/t20230206_1902002.html.

② 朱泓主编 . 体质人类学 [M] . 北京：高等教育出版社，2004：7.

③ 李济 . 中国民族的形成 [M] . 上海：上海人民出版社，2008：2.

的时间。经过近一个世纪的发展，我国考古工作取得了丰硕的成果，同时也积累了从旧石器时代至明清时期大量的人骨材料，加之新的研究理论和方法的出现，拥有了从体质方面探索汉民族形成的良好基础。

本书拟在现有的考古学、体质人类学、分子考古学资料的基础上，主要采用古人种学的研究方法，力图解决以下几个问题：

（一）现代汉族的体质特征是怎样的，是否具有同一性？

（二）汉民族的起源，主要是哪些古代居民形成了现代的汉族居民？

（三）汉民族的形成过程，从何时起形成了现代汉族的体质特征？

第二章
现代汉族的体质特征

在探讨汉民族的起源和形成之前,首先应该对现代汉族的体质特征有一定的了解。现代汉族人口众多,分布广泛,因此需要对我们的研究对象做一个界定。绪论中回顾了"民族"这一概念的内涵及其历史变迁,在本书中我们更倾向于民族的主观认同,即汉民族是主要生活在我国境内、他们自己承认并且其他民族也称呼他们为汉族的人群。那么,这种基于心理和文化认同而划分的人群,他们的体质特征如何,是否具有同一性?这是本章主要考虑的问题。另外,时间比较晚近的明清时期的汉族,在体质上又有什么特点,与现代汉族是否具有一致性?这是本章关注的另一个问题。

第一节 从颅骨的观察与测量看
现代汉族的体质特征

一、数据及来源

对中国人颅骨的观测报告,最早可以追溯到 1790 年布鲁门巴赫的研究,其后,霍文、卢卡尔、沙伏豪森、坦恩·凯特、怀斯巴赫、小金井等人也偶有涉猎[1]。然对汉族颅骨进行系统而又影响深远的研究,则要等到 20 世纪 20 年代,步达生(Black D.)对中国华北汉人(后文简称华北组)和哈罗弗(Harrower G.)对中国华南汉人(后文简称华南组)的研究。本书所采用的现代汉族的颅骨观察与测量数据,主要源于步达生、哈罗弗及 20 世纪 80 年代我国学者发表的研究文章。

---

① 李济.中国民族的形成[M].上海:上海人民出版社,2008:6.

华北组：颅骨材料为我国华北地区的 86 例成年男性个体，主要源于直隶（Chihli）、山西（Shansi）、山东（Shantung）、少数个体来自于陕西（Shensi）、奉天（Fengtien）、河南北部（Northern Honan）等地。华北组的测量形态特征主要表现为中颅型、高颅型伴以狭颅型，狭上面型，中眶，狭鼻[①]。

华南组：颅骨材料为我国海南岛的 36 例成年男性个体，其主要的测量形态特征可以概括为偏长的中颅型、高颅型、偏狭的中颅型，中等的上面部宽度，中等的眶型和鼻型[②]。

湖南组：颅骨材料为出土于西安的 101 例湖南男性个体，其测量形态特征主要表现为中颅型、正颅型结合中颅型，中上面型，中眶型和中鼻型[③]。

香港组：颅骨材料为我国香港地区的 144 例成年男性个体，其主要的测量形态特征可以概括为中颅型、高颅型伴以狭颅型，中上面型，偏低的中眶型以及偏阔的中鼻型[④]。

青岛组：颅骨材料为出土于青岛地区的 150 余例汉族男性个体，其测量形态特征主要表现为中颅型、高颅型伴以狭颅型，中上面型，正颌型，狭鼻型[⑤]。

长春组：颅骨材料为我国长春地区 100 例成年男性个体，其测量形态特征可以概括为圆颅型、高颅型伴以中颅型，狭上面型，狭鼻型和中眶型[⑥]。

太原组：颅骨材料为出土于太原地区的 69 例成年男性个体，其主要的测量形态特征可以概括为中颅型、高颅型伴以狭颅型，狭上面型，狭鼻型和高眶型[⑦]。

---

① 步达生（Black D.）.甘肃河南晚石器时代及甘肃史前后期之人类头骨与现代华北及其他人种之比较［J］.古生物志丁种第六号第一册，1928：1-83.

② Gordon. Harrower. A study of the crania of the Hylam Chinese[J]. Biometrika, 1928, 20B(3-4): 245-278.

③ 张怀瑶，党汝霖，王正耀.湖南人颅骨常数及颅型的调查［J］.解剖学通报，1965（4）：8-13.

④ 王令红.香港地区现代人头骨的研究——性别和地区类型的判别分析［J］.人类学学报，1989，8（3）：222-230.

⑤ 王汝信，鲍明新.青岛汉族颅骨某些角度的测量［J］.人类学学报，1984，3（1）：32-36；王汝信，鲍明新.青岛汉族颅骨某些角度的测量（续）［J］.人类学学报，1984，3（4）：330-333；王汝信，鲍明新.青岛出土颅骨某些径的测量［J］.人类学学报，1989，8（1）：90-91；王书真，王汝信，鲍明新.青岛汉族颅骨几项指数及其分级［J］.聊城师院学报（自然科学版），1996，9（2）：88-90；刘武，杨茂有，王野城.现代中国人颅骨测量特征及其地区性差异的初步研究［J］.人类学学报，1991，10（2）：96-106.

⑥ 俞东郁，白利赞，池亨根.长春地区现代人颅骨的测量与观察（二）面颅测量［J］.延边医学院学报，1981，4（1）：8-16.

⑦ 王令红，孙凤喈.太原地区现代人头骨的研究［J］.人类学学报，1988，7（3）：206-214.

西安组：颅骨材料为我国西安地区的 50 例成年男性个体，其形态特征主要表现为中颅型、高颅型伴以狭颅型，中等偏狭的面型和鼻型，中眶型[1]。

两广组：颅骨材料为我国广东和广西壮族自治区出土的 51 例汉族成年男性个体。研究者主要对其面颅进行了测量，主要面部特征表现为中等偏阔的上面部，中等偏阔的鼻型以及中眶型[2]。

成都组：颅骨材料为成都地区出土的 91 例汉族成年男性个体。研究者主要对其面颅进行了测量，主要面部特征表现为中等偏狭的面型和鼻型，高眶型以及狭腭型[3]。

南京组：颅骨材料为南京出土的 157 例成年男性个体。研究者主要对其脑颅进行了测量，主要表现为圆颅型、高颅型伴以中颅型，中上面型[4]。

二、与现代亚洲蒙古人种各类型的比较

一般所讲蒙古人种指主要分布在东亚、东南亚、中央亚细亚、西伯利亚地区的居民以及美洲的印第安人[5]。现代亚洲蒙古人种大致可分成四个地区类型，即北亚类型、东北亚类型、东亚类型和南亚类型。汉族的体质特征归属于亚洲蒙古人种，这是毫无疑问的，但属于哪种亚型，学者们尚有争论。为了进一步确定现代汉族的种系归属，我们将现代汉族各颅骨组的 17 项测量指标及指数与现代亚洲蒙古人种的四个类型相比较，比较结果见表 2.1。

香港组在 17 个比较项目中，有 16 项落入亚洲蒙古人种的界值范围内，仅眶指数（77.90）一项在亚洲蒙古人种的界值范围之外，但也接近南亚类型眶指数的下限。与东亚类型相比，香港组有颅骨最大长、颅骨最大宽、颅高、最小额宽、面宽、上面高、总面角、颅长宽指数、颅长高指数、上面指数、鼻指数等 11 个项目在其界值范围内。与南亚类型相比，香港组有颅骨最大长、颅骨

① 党汝霖，杨玉田，郑靖中，李应义.西安现代人脑颅的性差［J］.人类学学报，1985，4（4）：372-378；杨玉田，郑靖中，党汝霖，李应义.西安现代人面颅［J］.人类学学报，1987，6（3）：222-226.

② 丁细藩，莫世泰，张文光.广西和广东现代人的面颅特征［J］.人类学学报，1988，7（4）：324-328.

③ 傅之屏，许云秀，李海，李承.成都地区现代人颅面特征［J］.四川师范大学学报（自然科学版），1993，16（5）：83-89.

④ 孙尚辉，欧永章.南京现代人颅骨的测量［J］.人类学学报，1988，7（3）：215-218.

⑤ 朱泓主编.体质人类学［M］.北京：高等教育出版社，2004：337-339.

表 2.1　现代汉族各组与亚洲蒙古人种的比较（男

马丁号	测量项目↓ 组别→	华南组	香港组	湖南组	南京组	西安组	太原组	青岛组	长
1	颅骨最大长	179.90	179.31	179.51	177.88	180.70	175.51	180.10	17
8	颅骨最大宽	140.90	139.58	141.18	143.48	138.80	137.73	137.30	14
17	颅高	137.80	140.19	134.82	136.06	137.00	135.15	136.40	13
9	最小额宽	91.50	92.36	93.13	—	—	91.69	—	
32	额角	—	77.53	—	—	—	77.19	—	
45	面宽	132.60	133.36	134.45	136.64	133.85	131.99	133.40	13
48	上面高 sd	73.80	72.85	72.03	73.54	74.32	75.82	73.90	7
72	总面角	81.70*	86.28	84.71	81.90	—	85.49	84.52	
77	鼻颧角	—	144.64	145.36	—	146.56	145.15	145.65	
8∶1	颅长宽指数	78.75	77.84	78.65	80.75	76.81	78.47	76.24	8
17∶1	颅长高指数	77.02	78.18	74.80	76.54	75.82	77.00	75.74	7
17∶8	颅宽高指数	97.80	100.44	95.50	94.96	98.70	98.13	99.34	9
48∶17	垂直颅面指数	53.60	51.97	53.43	54.05	54.26	56.10	54.18	5
48∶45	上面指数	55.67	54.63	53.57	53.82	55.52	57.44	55.40	5
52∶51	眶指数	82.19	77.90	82.06	—	83.62	85.19	—	8
54∶55	鼻指数	48.50	49.16	48.92	—	47.56	45.27	46.07	4
SS∶SC	鼻根指数	—	35.67	—	—	31.11	37.43	—	3

注：* 依车博克萨罗夫材料，转引自颜訚等《西安半坡人骨的研究》（1960）。† 亚洲蒙古人种各类型数据引自韩康信

性）（长度：mm，角度：°，指数：%）

春组	华北组	亚洲蒙古人种 †			
		北亚人种	东北亚人种	东亚人种	南亚人种
8.40	178.50	174.90—192.70	180.70—192.40	175.00—182.20	169.90—181.30
1.40	138.20	144.40—151.50	134.30—142.60	137.60—143.90	137.90—142.90
5.10	137.20	127.10—132.40	132.90—141.10	135.30—140.20	134.40—137.80
—	89.40	90.60—95.80	94.20—96.60	89.00—93.70	89.70—95.40
—	—	77.30—85.10	77.00—79.00	83.30—86.90	84.20—87.00
4.12	132.70	138.20—144.00	137.90—144.80	131.30—136.00	131.50—136.30
5.40	75.30	72.10—77.60	74.00—79.40	70.20—76.60	66.10—71.50
—	83.39	85.30—88.10	80.50—86.30	80.60—86.50	81.10—84.20
—	—	147.00—151.40	149.90—152.00	145.00—146.60	142.10—146.00
0.30	77.56	75.40—85.90	69.80—79.00	76.90—81.50	76.90—83.30
5.30	77.02	67.40—73.50	72.60—75.20	74.30—80.10	76.50—79.50
5.60	99.53	85.20—91.70	93.30—102.80	94.40—100.30	95.00—101.30
5.85	54.20	55.80—59.20	53.00—58.40	52.00—54.90	48.00—52.20
5.14	56.80	51.40—55.00	51.30—56.60	51.70—56.80	49.90—53.30
0.08	80.68	79.30—85.70	81.40—84.90	80.70—85.00	78.20—81.00
1.90	45.21	45.00—50.70	42.60—47.60	45.20—50.20	50.30—55.50
7.50	—	26.90—38.50	34.70—42.50	31.00—35.00	26.10—36.10

潘其风《安阳殷墟中小墓人骨的研究》（1985）。

最大宽、最小额宽、面宽、颅长宽指数、颅长高指数、颅宽高指数、垂直颅面指数、鼻颧角、鼻根指数等 10 个项目在其界值范围内，并且眶指数也最为接近南亚类型。与北亚类型相比，香港组有颅骨最大长、最小额宽、额角、上面高、颅长宽指数、上面指数、总面角、鼻指数、鼻根指数等 9 个项目在其界值范围之内。有颅骨最大宽、颅高、额角、总面角、颅长宽指数、颅宽高指数、上面指数、鼻根指数等 8 个项目落入东北亚类型的界值范围之内。总的说来，香港组与现代亚洲蒙古人种的东亚和南亚类型有最多的相似之处，较小的面部扁平度和偏低的眶型，明显体现了南亚类型的特征。与东北亚类型相对较为疏远。

　　华南组共有 14 个项目可进行比较，其中 14 个项目全部落入东亚类型的界值范围内。有颅骨最大长、颅骨最大宽、颅高、最小额宽、面宽、总面角、颅长宽指数、颅长高指数、颅宽高指数等 9 个项目在南亚类型的界值范围内。有颅骨最大宽、颅高、总面角、颅长宽指数、颅宽高指数、垂直颅面指数、上面指数、眶指数等 8 个项目落入东北亚类型的界值范围内。有颅骨最大长、最小额宽、上面高、颅长宽指数、眶指数、鼻指数等 6 个项目在北亚类型的界值范围之内。总的来说，华南组应属于现代亚洲蒙古人种的东亚类型，但是具有一些南亚类型的因素，与东北亚类型、北亚类型较为疏远。

　　湖南组共有 15 个项目可以进行比较，其中颅骨最大长、颅骨最大宽、最小额宽、面宽、上面高、总面角、鼻颧角、颅长宽指数、颅长高指数、颅宽高指数、垂直颅面指数、上面指数、眶指数、鼻指数等 14 个项目落入东亚类型的界值范围内。有颅骨最大宽、颅高、总面角、颅长宽指数、颅长高指数、颅宽高指数、垂直颅面指数、上面指数、眶指数等 9 个项目在东北亚类型的界值范围内。有颅骨最大长、颅骨最大宽、颅高、最小额宽、面宽、鼻颧角、颅长宽指数、颅宽高指数等 8 个项目落入南亚类型的界值范围内。有颅骨最大长、最小额宽、颅长宽指数、上面指数、眶指数、鼻指数等 6 个项目在北亚类型的界值范围内。总体看来，湖南组与亚洲蒙古人种的东亚类型最为接近。

　　南京组共有 11 个项目可以进行比较，其中面宽比较接近东亚类型和南亚类型的上限，其余 10 个项目全部落入东亚类型的界值范围内。有颅高、总面角、颅宽高指数、垂直颅面指数、上面指数等 5 个项目在东北亚类型的界值范围内。有颅骨最大长、颅高、总面角、颅长宽指数、颅长高指数等 5 个项目落入南亚类型的界值范围内。有颅骨最大长、上面高、颅长宽指数、上面指数等4个项目在北亚类型的界值范围内。南京组应属于现代亚洲蒙古人种的东亚类型。

西安组共有14个项目可以进行比较，其中颅骨最大长、颅骨最大宽、颅高、面宽、上面高、鼻颧角、颅长高指数、颅宽高指数、垂直颅面指数、上面指数、眶指数、鼻指数、鼻根指数等13个项目在东亚类型的界值范围内。颅骨最大长、颅骨最大宽、颅高、上面高、颅长宽指数、颅宽高指数、垂直颅面指数、上面指数、眶指数、鼻指数等10项数值在东北亚类型的界值范围内。颅骨最大长、颅骨最大宽、颅高、面宽、颅宽高指数、鼻根指数等6项数值落入南亚类型的界值范围内。颅骨最大长、上面高、颅长宽指数、眶指数、鼻指数、鼻根指数等6个项目在北亚类型的界值范围内。西安组应属于现代亚洲蒙古人种的东亚类型。

太原组在17个比较项目中，有颅骨最大长、颅骨最大宽、最小额宽、面宽、上面高、总面角、鼻颧角、颅长宽指数、颅长高指数、颅宽高指数、鼻指数等11项数值在东亚类型的界值范围内，并且上面指数值接近东亚类型的上限。颅骨最大宽、颅高、额角、上面高、总面角、颅长宽指数、颅宽高指数、垂直颅面指数、鼻指数、鼻根指数等10个项目在东北亚类型的界值范围内。有颅骨最大长、最小额宽、上面高、总面角、颅长宽指数、垂直颅面指数、眶指数、鼻指数、鼻根指数等9项落入北亚类型的界值范围内。颅骨最大长、颅高、最小额宽、面宽、鼻颧角、颅长宽指数、颅长高指数、颅宽高指数等8个项目在南亚类型的界值范围内。太原组与现代亚洲蒙古人种的东亚类型有最多的相似之处，与东北亚类型关系也较为密切。

青岛组共有13个项目可以进行比较，其中颅骨最大长、颅高、面宽、上面高、总面角、鼻颧角、颅长高指数、颅宽高指数、垂直颅面指数、上面指数、鼻指数等11项数值落入东亚类型的界值范围内。颅骨最大宽、颅高、总面角、颅长宽指数、颅宽高指数、垂直颅面指数、上面指数、鼻指数等8个项目在东北亚类型的界值范围内。颅骨最大长、颅高、面宽、颅宽高指数、鼻颧角等5个项目在南亚类型的界值范围内。颅骨最大长、上面高、颅长宽指数、鼻指数等4项数值在北亚类型的界值范围内。青岛组与现代亚洲蒙古人种的东亚类型有最多的相似之处，同时与东北亚类型关系较为密切。

　　长春组共有 13 个项目可以进行比较，其中颅骨最大长、颅骨最大宽、面宽、上面高、颅长高指数、颅宽高指数、上面指数、眶指数等 8 项数值落入东亚类型界值范围内。有颅骨最大宽、颅高、上面高、颅宽高指数、垂直颅面指数、上面指数、鼻根指数等 7 个项目在东北亚类型的界值范围内，并且鼻指数接近东北亚类型的下限。颅骨最大长、颅骨最大宽、颅高、面宽、颅长高指数、颅宽高指数、眶指数等 7 项数值在南亚类型的界值范围内。颅骨最大长、上面高、颅长宽指数、垂直颅面指数、眶指数、鼻根指数等 6 个项目落入北亚类型的界值范围内。总的说来，长春组与亚洲蒙古人种的东亚类型最为相似，与东北亚类型的关系也较为密切，与南亚类型相对疏远。

　　华北组共有 14 个项目可以进行比较，其中颅骨最大长、颅骨最大宽、颅高、最小额宽、面宽、上面高、总面角、颅长宽指数、颅长高指数、颅宽高指数、垂直颅面指数、上面指数、鼻指数等 13 项数值落入东亚类型界值范围内。颅骨最大长、颅骨最大宽、颅高、面宽、总面角、颅长宽指数、颅长高指数、颅宽高指数、眶指数等 9 项数值落入南亚类型的界值范围内。颅骨最大宽、颅高、上面高、总面角、颅长宽指数、颅宽高指数、垂直颅面指数、鼻指数等 8 个项目在东北亚类型的界值范围内。相对而言，在北亚类型界值范围内的项目较少，仅有颅骨最大长、上面高、颅长宽指数、眶指数和鼻指数 5 项数值。华北组应属于现代亚洲蒙古人种的东亚类型。

　　由于仅测量了面颅数值，成都组在 17 个项目中仅有 3 个项目可以进行比较。其中面宽（134.48）落入东亚类型和南亚类型的界值范围之内，鼻指数（46.72）落入北亚类型、东北亚类型和东亚类型的界值范围之内，鼻根指数（33.73）落入北亚类型、东亚类型和南亚类型的界值范围之内。就其面部特征来看，成都组应属于现代亚洲蒙古人种的东亚类型。

　　同样，两广组也仅有面颅的测量数据，在 17 个项目中有 5 个项目可以进行比较。其中上面高（71.84）落入东亚类型的界值范围，面宽（133.36）落入东亚和南亚类型的范围之内，鼻指数（49.51）落入北亚和东亚类型的界值范围，眶指数（79.07）属于南亚类型，鼻根指数（35.41）落入北亚、东北亚和南亚类型界值范围。总的来说，两广组的面部特征与东亚类型、南亚类型有较多的一致性，与北亚类型、东北亚类型较为疏远。

　　通过对以上各现代汉族颅骨组的分析，可以看出各组比较项目除了极个别的指数值略微超过了亚洲蒙古人种的界限，基本上都落在亚洲蒙古人种的界值范围之内。各颅骨组皆与东亚类型有最多的相似性，我国现代汉族居民属于亚洲蒙古的东亚类型应该是没有问题的。在比较的过程中我们发现除了东亚类型之外，华南组、香港组、两广组、成都组等受南亚类型因素影响也较多，西安、太原、青岛、长春等组与东北亚类型的关系也比较密切。这表明了在拥有共同的蒙古人种东亚类型的体质特征的基础上，我国现代汉族居民的体质特征可能存在南北差异。

三、现代汉族颅骨测量数据的比较研究

为了进一步明确现代汉族居民各组之间体质上的关系，如他们是否存在南北差异、这种差异是否明显，我们对汉族各颅骨组的数据进行比较（表2.2），采用聚类分析法生成直观的聚类图来进行分析（图2.1）。

所谓聚类分析是研究样本或变量分类问题的一种统计分析方法，基本原理是根据样本或变量之间的相似或差异程度，把它们按照关系的远近进行分类。

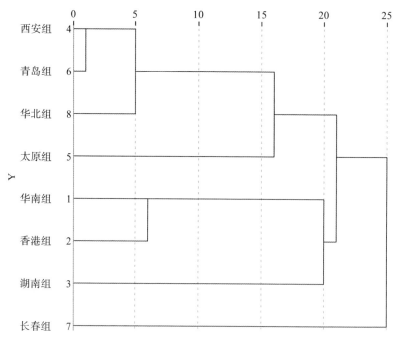

图2.1　现代汉族颅骨组关系聚类图（男性）

表 2.2　现代汉族各颅骨组的比较（男性）（长度：mm，角度：°，指数：%）

马丁号	测量项目	华南组	香港组	两广组	湖南组	南京组	成都组	西安组	太原组	青岛组	长春组	华北组
1	颅骨最大长	179.90	179.31	—	179.51	177.88	—	180.70	175.51	180.10	178.40	178.50
8	颅骨最大宽	140.90	139.58	—	141.18	143.48	—	138.80	137.73	137.30	141.40	138.20
17	颅高	137.80	140.19	—	134.82	136.06	—	137.00	135.15	136.40	135.10	137.20
9	最小额宽	91.50	92.36	—	93.13	—	—	—	91.69	—	—	89.40
45	面宽	132.60	133.36	133.36	134.45	136.64	134.48	133.85	131.99	133.40	134.12	132.70
48	上面高 sd	73.80	72.85	71.84	72.03	73.54	—	74.32	75.82	73.90	75.40	75.30
51	眶宽	42.10	43.27	42.73	42.01	—	—	42.49	42.13	—	44.92	44.00
52	眶高	34.60	33.70	33.76	34.47	—	35.65	35.55	35.89	—	36.08	35.50
54	鼻宽	25.20	26.18	26.14	26.39	—	25.49	26.10	24.52	25.20	26.99	25.00
55	鼻高	52.60	53.26	52.80	53.94	—	54.76	54.48	54.16	54.70	55.06	55.30
77	鼻颧角	—	144.64	—	145.36	—	—	146.56	145.15	145.65	—	—
8 : 1	颅长宽指数	78.75	77.84	—	78.65	80.75	—	76.81	78.47	76.24	80.30	77.56
17 : 1	颅长高指数	77.02	78.18	—	74.80	76.54	—	75.82	77.00	75.74	76.30	77.02
17 : 8	颅宽高指数	97.80	100.44	—	95.50	94.96	—	98.70	98.13	99.34	95.60	99.53
9 : 8	额宽指数	64.94	66.17	—	65.96	—	—	—	66.57	—	—	64.69
48 : 17	垂直面指数	53.60	51.97	—	53.43	54.05	—	54.26	56.10	54.18	55.85	54.20
48 : 45	上面指数	55.67	54.63	53.87	53.57	53.82	—	55.52	57.44	55.40	56.14	56.80
52 : 51	眶指数	82.19	77.90	79.07	82.06	—	—	83.62	85.19	—	80.08	80.68
54 : 55	鼻指数	48.50	49.16	49.51	48.92	—	46.72	47.56	45.27	46.07	41.90	45.21
SS : SC	鼻根指数	—	35.67	35.41	—	—	33.73	31.11	37.43	—	37.50	—

聚类内部各组在特征上具有更多的相似性，不同类别的组之间差异较大[①]。

我们选择了研究数据相对全面的华南组、香港组、湖南组、西安组、太原组、青岛组、长春组和华北组等8组标本进行聚类分析。特征变量选择颅骨最大长、颅骨最大宽、颅高、面宽、上面高、眶宽、眶高、鼻宽、鼻高、鼻颧角、颅长宽指数、颅长高指数、颅宽高指数、垂直颅面指数、上面指数、眶指数和鼻指数等17个项目。缺失值中华南组和华北组的鼻颧角选择145.1°[②]，其余皆为各组的均值。

根据聚类图我们可以看出，8个对比组基本可以分为三个大类。第一类为西安组、青岛组、华北组和太原组，西安组和青岛组首先聚在一起，由表2.2也可以看出二者的各项数值都非常接近，皆为中颅型、高颅型伴以狭颅型，中上面型、偏狭的鼻型以及中眶型。华北组除了偏狭的上面部外，其余特征与西安组、青岛组基本一致，因此在稍远的刻度聚在一起。太原组除了偏狭的上面部，其较高的眶型也与其余三组的中眶型有所不同，因此在较远的地方聚在一起。第二类为华南组、香港组和湖南组，华南组和香港组都具有中颅型、高颅型、中上面型、中鼻型和中眶型，只在颅宽高指数方面香港组为狭颅型，华南组为偏狭的中颅型，且香港组的鼻型比华南组稍阔，眶型稍低。湖南组的上面型、眶型和鼻型与华南组和香港组基本一致，在颅型方面有所不同，为中颅型、偏高的正颅型和中颅型，所以在稍远的刻度聚为一类。第三类为长春组，长春组的基本形态特征为圆颅型、高颅型伴以中颅型，狭上面型、狭鼻型和中眶型，在面部形态方面，长春组与第一聚类内各组都非常相近。相对偏短的颅型，是长春组区别于其他组单独聚为一类的主要原因。总体来说，我国现代汉族的体质特征在东亚类型的基础上，大致可以分为南北两个类型，从目前的对比组看来，南北类型的区分，主要在鼻型、眶型等面部形态方面。更加细致的差异，需要更多数据的支持，现代汉族活体测量资料和明清时期汉族的颅骨资料，可能会为我们提供更多的信息。

有学者认为四川地区的汉族居民与我国北方地区以及南方地区的汉族在体质特征上有所不同，成都地区的汉族面颅特征虽是长江以北的北部类型，但又

---

①　薛薇. SPSS 统计分析方法及应用 [M]. 北京：电子工业出版社，2005：301-325.

②　依捷别茨的材料（广泛的华南人与华北人），转引自颜訚，吴新智，刘昌芝，顾玉珉. 西安半坡人骨的研究 [J]. 考古，1960（9）：36-47.

与秦岭淮河以北地区的汉族居民存在较大差异[①]。我国西南地区现代汉族的颅骨材料较少，目前仅成都和泸州两组，分别发表了面颅和颅骨角度[②]的研究数据，仅依据现代颅骨资料尚不能得出可靠的结论。西南地区汉族的体质特征到底如何，是否区别于南北类型自成一系，我们需要其他现代资料的帮助，也可以尝试通过分析古代人骨资料获得线索。

第二节　从活体观察与测量看现代汉族的体质特征

一、数据及来源

关于现代汉族的研究，除了体质人类学家对汉族颅骨的测量观察，由于研究对象的现实性，我们还可以借助活体观察测量的方法来探讨现代汉族的体质特征。

对中国境内各民族体质特征的研究，始于19世纪末20世纪初西方人类学传入的时候。初期都是由外国学者开展研究与教学活动，如鸟居龙藏对东北满族、台湾高山族，以及西南地区苗族、瑶族、布依族等民族的考察，史禄国对我国华北、华南、华东居民的体质人类学研究等等[③]。中国学者的相关研究，应是自李济先生开始，李济于20世纪20年代所著《中国民族的形成》，实为在人体测量的基础上探索汉民族（即文中"我群"）的形成演进。30年代吴金鼎[④]、许文生、吴定良[⑤]等分别对山东、华北汉族进行了测量研究。经过很长一段时间的空白，80年代，张振标等发表了吉林汉族[⑥]和广西汉族[⑦]的测量数据，王齐家等[⑧]发表了湖南汉族的测量数据，黄新美等[⑨]发表了广东汉族的测量数据。90年代，吴汝

①　傅之屏，许云秀，李海，李承.成都地区现代人颅面特征［J］.四川师范大学学报（自然科学版），1993，16（5）：83-89.

②　胡兴宇，罗传富，胡佳.泸州地区颅骨角度的测量［J］.解剖学杂志，1995，18（1）：70-74.

③　杜靖.1895—1950年间的中国体质人类学研究与教学活动述略［J］.人类学学报，2008，27（2）：180-188.

④　吴金鼎.山东人体质之研究［M］.国立"中研院"历史语言研究所单刊（甲种之七），1931年.

⑤　许文生，吴定良.华北平原中国人之体质测量［M］.中国人类学志（第2册），1938.

⑥　张振标.吉林省朝鲜族体质特征［J］.人类学学报，1986，5（2）：153-161.

⑦　张振标，张建军.广西壮族体质特征［J］.人类学学报，1983，2（3）：261-271.

⑧　王齐家，刘配泉，范松青等.湖南省江华瑶族自治县瑶族体质人类学初步研究［J］.人类学学报，1983，2（4）：359-367.

⑨　黄新美，韦贵要，刘月玲等.广州莲花山水上居民体质特征调查［J］.人类学学报，1985，4（2）：173-181.

康等①研究了海南岛汉族的体质特征。21世纪的前十年，相关的论文发表较少，主要有山东汉族成人的体型研究②、辽宁汉族成人的体型研究③、广西汉族成人的体型研究④。基本上都是采用Heath-Carter方法对汉族体型进行研究⑤。

2009年，天津师范大学与内蒙古师范大学、辽宁医学院联合启动了大规模的汉族体质调查⑥，课题组避开人口流动大的中心城市，选择各省中小城市和农村，对2.5万余名三代世居当地的汉族居民，进行了86项指标的测量。调查历时四年，期间陆续发表了海南⑦、广东⑧、福建⑨、浙江⑩、江西⑪、江苏⑫、

① 吴汝康，吴新智，张振标等.海南岛少数民族人类学考察［M］.北京：海洋出版社，1993.

② 金利新.山东汉族成人的Heath-Carter法体型研究［J］.人类学学报，2003，22（1）：37-44.

③ 姜东，赵宝东，刘素伟，单颖.Heath-Carter法分析辽西农村汉族成人的体型特征［J］.中国临床康复，2005，9（48）：146-148；姜东，单颖，赵宝东，刘素伟，刘学元.辽西地区汉族成人的体型研究［J］.中国组织工程研究与临床康复，2007，11（39）：7747-7749.

④ 梁明康，朱钦，蒋葵，朱芳武，李坤，黄卫生.广西汉族成人的体型研究［J］.广西医科大学学报，2008，25（4）：501-505.

⑤ Heath-Carter方法是国际上通用的体型评价方法之一，主要利用内、中、外因子三个数值评价个体或群体的体型。其中内因子值表示体内脂肪含量，中因子值表示肌肉、骨骼的发达程度，外因子值表示身体的瘦高程度。参见海向军等.兰州市汉人成人Heath-Carter体型研究［J］.中国老年学杂志，2013，33（11）：2612-2615.

⑥ 李鹏.破译汉族人体质密码［N］.北京科技报，2013-3-25（032）；陈欣然.师大科研课题破译汉族人体质密码［N］.天津教育报，2013-3-22（001）.

⑦ 郑连斌，宋璀兰，包金萍，张兴华，龚忱，闫春艳，王志博，武亚文.海南文昌汉族体质特征［J］.人类学学报，2012，31（3）：279-288；郑连斌，张兴华，包金萍，武亚文，王志博，龚忱，闫春艳，宋璀兰.海南汉族特质特征［J］.解剖学报，2012，43（6）：855-863；包金萍，郑连斌，张兴华，王志博，闫春艳，龚忱，宋璀兰，武亚文.海南文昌乡村汉族成人体型特征的研究［J］.天津师范大学学报，2013，33（4）：73-77.

⑧ 李玉玲，陆舜华，陈琛，高广嵩，曹瑜，国海，郑连斌.广东粤语族群汉族体质特征［J］.解剖学报，2012，43（6）：837-844.

⑨ 宇克莉，郑连斌，胡莹，王杨，薛虹，程智，邓维，时蕊.福建汉族闽东语族群的体质特征［J］.解剖学报，2013，44（6）：824-834；邓维，郑连斌，宇克莉，胡莹，时蕊，程智，薛虹，王杨.闽南语族群成人城市汉族体型研究［J］.南京师范大学报（自然科学版），2013，36（2）：91-95.

⑩ 李咏兰，陆舜华，郑连斌，张瑜珂，李传刚，赵曼，栾天抒.浙江汉族的体质特征［J］.2013，44（5）：701-716.

⑪ 李玉玲，陆舜华，顾捷，郑连斌，李永霞，陈琛，国海，孔祥薇.江西景德镇地区汉族人群体质特征调查［J］.南昌大学学报（理科版），2011，35（5）：464-471；李永霞，李咏兰，陆舜华，李玉玲，顾捷，国海，陈琛，郑连斌.江西石江乡汉族的体型研究［J］.沈阳师范大学学报（自然科学版），2011，29（3）：439-443；李咏兰，陆舜华，郑连斌，李玉玲，李永霞，国海，曹瑜，陈琛.江西汉族体质特征［J］.解剖学报，2012，43（1）：114-122.

⑫ 薛虹，郑连斌，宇克莉，王志博，张晓瑞，荣文国，王杨，赵大鹏.江苏淮安汉族成人头面部形态特征的年龄变化［J］.内蒙古大学学报，2012，43（3）：291-296；宇克莉，郑连斌，赵大鹏，王志博，王杨，荣文国，张晓瑞，薛虹.汉族江淮方言族群的体质特征［J］.解剖学报，2013，44（1）：124-132.

湖南①、安徽②、贵州③、四川④、云南⑤、山东⑥、辽宁⑦、内蒙古⑧、甘肃⑨、河南⑩等16个省（自治区）汉族体质特征的活体观察与测量数据。

本书的研究主要以2009年的汉族体质调查数据为基础，辽宁汉族和甘肃汉族引用了其他两组数据作为补充⑪。湖南汉族发表有两组数据，分别为娄底市双峰县和长沙市宁乡县，两地的汉族成人体质特征非常相近，宁乡文发表了17项头面部观察项目的具体数据，因此本书中湖南地区的汉族成人的观察项目数据采用宁乡地区。海南文昌汉族体质特征与海南琼海汉族体质特征非常相近，本书采用琼海市的数据。

二、我国汉族居民的头面部形态观察

本书主要对海南琼海组、广东茂名组、福建福州组、江西丰城组、湖南宁

① 李咏兰，陆舜华，郑连斌，李传刚，孔祥薇，李永霞，傅媛.汉族湘语族群体质特征［J］.解剖学报，2012，43（5）：694-702；李玉玲，陆舜华，李咏兰，傅媛，李永霞，孔祥薇，李传刚，郑连斌.湖南宁乡汉族成人特质特征［J］.解剖学杂志，2013，36（3）：398-404.

② 张兴华，郑连斌，宇克莉，赵大鹏，王志博，王杨，荣文国，张晓瑞，薛虹.安徽滁州汉族体质特征［J］.解剖学杂志，2013，36（1）：95-101.

③ 宇克莉，郑连斌，包金萍，李咏兰，荣文国，齐晓琳，冯晨露，倪晓璐.屯堡人的体质特征［J］.解剖学报，2013，44（6）：835-842.

④ 郑连斌，武亚文，张兴华，黎霞，廖颖，胡莹，王志博，龚忱.四川汉族体质特征［J］.解剖学报，2011，42（5）：695-702；郑连斌，张兴华，胡莹，武亚文，王志博，龚忱，闫春艳.四川邛崃汉族头面部形态特征的年龄变化［J］.中山大学学报（医学科学版），2011，32（6）：729-734.

⑤ 郑连斌，宇克莉，包金萍，荣文国，齐晓琳，倪晓璐，冯晨露.云南汉族体质特征［J］.云南大学学报（自然科学版），2013，35（5）：703-718.

⑥ 包金萍，郑连斌，张兴华，宇克莉，王志博，武亚文，宋瑾兰.山东乡村汉族体型研究［J］.天津师范大学学报（自然科学版），2010，30（3）：73-77；张兴华，郑连斌，宇克莉，包金萍，王志博，武亚文，宋瑾兰.山东寿光汉族体质特征［J］.人类学学报，2011，30（2）：206-217.

⑦ 阎文柱，姜东，刘素伟，张海龙，席焕久.辽宁农村汉族成人体质特征分析［J］.解剖学报，2010，41（5）：756-760.

⑧ 李玉玲，陆舜华，栗淑媛，郑连斌，曹瑜，陈琛，国海.内蒙古兴安盟城市汉族的体型研究［J］.内蒙古大学学报（自然科学版），2011，42（6）：681-685；李玉玲，陆舜华，栗淑媛，郑连斌，曹瑜，陈琛，国海.内蒙古兴安盟汉族体质调查［J］.人类学学报，2012，31（1）：71-81.

⑨ 海向军，何烨，何进全，汪玉堂，马斌，马卫红，白静雅，席焕久.兰州市汉族成人Heath-Carter体型研究［J］.中国老年学杂志，2013，33（11）：2612-2615.

⑩ 杨雷，徐国昌，席焕久，裴林国.河南汉族成人头面部形态特征研究［J］.天津师范大学学报（自然科学版），2012，32（1）：60-64；徐国昌，杨雷，席焕久，温有锋，裴林国.河南汉族人群头部7项长度指标与身高的相关性［J］.解剖学报，2012，43（4）：553-558.

⑪ 刘学峰.辽宁汉族成人头面部形态特征［D］.辽宁医学院硕士学位论文，2011；马静.甘肃汉族体质特征与群体遗传学指标研究［D］.西北民族大学硕士学位论文，2011.

乡组、四川简阳组、云南呈贡组、贵州安顺组、浙江诸暨组、江苏淮安组、安徽滁州组、山东寿光组、内蒙古兴安盟组、辽宁辽西组、甘肃平凉武威组（以下文中对各组以省简称）等 15 个汉族组的 17 项观察指标进行综合研究。17 项观察指标包括上眼睑皱褶、蒙古褶、眼裂高度、眼裂倾斜度、鼻根高度、鼻背侧面观、鼻基部、鼻翼高度、鼻孔最大径、鼻翼宽、颧部突出度、耳垂类型、上唇皮肤部高度、红唇厚度、发色、眼色、肤色等，汉族男性居民、汉族女性居民、两性合并等各组具体数据参见附表 1-3.

根据附表 1 可以看出，我国汉族男性居民上眼睑有皱褶率都比较高，唯浙江地区的男性居民上眼睑无皱褶率略高，为 44.85%，但依然以上眼睑皱褶为主。相对比较发达的上眼睑皱褶，是亚洲蒙古人种的一个特点。

蒙古褶出现率的总体趋势是从北至南逐渐减少，但南方地区江西组的蒙古褶出现率最高，超过了北方的辽宁组和内蒙古组。

眼裂高度多为窄型，其次为中等型，宽型很少。

眼裂倾斜度方面，江西组和安徽组水平型与外角高型相近，水平型略高，其余各组皆以外角高型为主，眼内角高于眼外角的情况都比较少。

鼻根高度除山东组外，多以中等为主。山东组以低型略高（53.27%），其次为中型（43.46%），较高型很少（3.27%），湖南组、山东组、内蒙古组、甘肃组低型比例较高，广东组、浙江组、江西组等高型比例较高。总体来说，从北至南，鼻根高度有低型比例逐渐下降、高型比例逐渐增加的趋势。

鼻背侧面观以直型为主，凹型、凸型、波型的比例都很少。

鼻基部以上翘为主的有海南组、四川组、江苏组、山东组；福建组、安徽组、内蒙古组鼻基部水平与上翘比例基本持平；广东组、浙江组、江西组、湖南组、贵州组、云南组、辽宁组鼻基部以水平为主。

鼻翼高度多数以中等为主，其次为高型，低型最少；但山东、内蒙古、辽宁低型多于高型。

鼻孔最大径为斜径的有海南组、福建组、江西组、江苏组、四川组、云南组、山东组、内蒙古组、辽宁组，安徽组；广东组和贵州组最大径横径略多于斜径，纵径较少；湖南组最大径以横径为主（48.60%），斜径（26.30%）和纵径相近（25.10%）；唯浙江组鼻孔最大径多为纵径（47.88%），其次为横径（37.88%），斜径最少（14.24%）。

鼻翼宽，海南组、福建组、浙江组、江苏组、湖南组、安徽组、贵州组、四川组、云南组、山东组皆是以宽阔为主，中等次之，狭窄很少；广东、江西两组以中等略多，宽阔型仅次之，狭窄较少；内蒙古、辽宁两组以中等为主，宽阔型次之，狭窄型较少。可见鼻翼宽度南方以阔型居多，北方总体比南方狭窄。

颧部突出度，海南、福建、浙江、江苏、湖南、安徽、贵州、四川、云南、山东以微弱为主；广东、江西、辽宁以中度突出为主；内蒙古突出比例（34.41%）相对其他组比例较高。

耳垂类型，海南组、广东组、福建组、浙江组、贵州组、云南组、山东组、辽宁组多以圆形为主；江西组、江苏组、湖南组、安徽组、四川组、甘肃组以三角形为主。

上唇皮肤部高度，除浙江以低型为主（69.09%），中型有28.48%、高型有2.42%外，其余各组皆以中型为主，辽宁、甘肃缺失。

红唇厚度，广东组、福建组、江西组、江苏组、湖南组、山东组以薄唇为主；海南组、浙江组、安徽组、贵州组、云南组、四川组以中型为主，且安徽、云南、贵州、四川四组厚唇比例较高。

发色各组皆以黑色为主，棕黑色次之，棕色极少。

眼色各组皆以褐色为主，黑褐色次之，浅褐色比例较小，安徽和内蒙古有零星蓝色眼睛。唯辽宁眼色以黑褐色为主（77.33%，刘学峰），但另一篇辽宁农村地区的体质特征70%为褐色（阎文柱等，2010）。可能是刘文的颜色统计略有差异。

肤色以黄色为主，暗黄色、浅黄次之，粉白色很少；内蒙古以暗黄色为主，辽宁缺失。

根据附表2可以看出，我国汉族女性居民上眼睑有皱褶率都比较高，唯浙江地区的女性居民上眼睑无皱褶率比其他各组为高，与男性上眼睑皱褶情况相同。男女两性汉族居民在上眼睑皱褶分布上具有一致性。

女性蒙古褶出现率从北至南逐渐减少，但江西组在南方地区蒙古褶出现率显得较高（43.30%），这与男性蒙古褶的分布情况一致。

眼裂高度，海南组、广东组、福建组、浙江组、湖南组、安徽组、四川组、云南组、山东组以狭窄为主，中等次之，较宽的比例较少；江西组、江苏组、贵州组、内蒙古组、辽宁组以中等为主，狭窄次之，较宽比例较小。

眼裂倾斜度方面眼外角高占绝对多数，其次为水平型，眼内角高最少；唯江西组、辽宁组水平型和眼外角高比例相近且略多于眼外角高型。

鼻根高度以中等为主，低型次之，高型很少的汉族居民有海南组、福建组、浙江组、江西组、江苏组、安徽组、贵州组、云南组、四川组、辽宁组；广东组鼻根高度中型与低型相近，高型比例与其他各组相比较多；湖南组、山东组、内蒙古组、甘肃组以低型为主，中型次之，高型较少。总体趋势由南向北降低，同男性一致。

鼻背侧面观以直型为主，其次为凹型，凸型、波型的比例都很少。同男性基本一致，但是凹型比例比男性为多，应是性别差异所致。

鼻基部以上翘为主的汉族女性居民有海南组、福建组、浙江组、江苏组、安徽组、贵州组、四川组、山东组、内蒙古组；云南组上翘与水平相近，水平略多；鼻基部以水平为主的有广东组、江西组、湖南组、辽宁组。各组中鼻基部下垂比例都很少。与男性相比，更多的组别以上翘为主，如福建组、安徽组、内蒙古组、浙江组、贵州组，男性都以水平为主或水平与上翘比例相当，在女性组中皆以上翘为主。应为性别差异。

鼻翼高度以中等为主，其次为低型，高型最少；唯海南组与浙江组高型略多于低型。与男性相比，低型较多。应为性别差异。

鼻孔最大径为斜径，其次为横径，纵径比例较少的有福建组、江西组、江苏组、安徽组、四川组、云南组、山东组、内蒙古组、辽宁组；最大径为横径，其次为斜径，纵径比例较少的有海南组、广东组、湖南组、贵州组；唯浙江组最大径多为纵径（46.50%），其次为横径（42.86%），斜径最少（10.64%）。与男性基本一致。

鼻翼宽，海南组、福建组、浙江组、湖南组、安徽组、四川组、山东组皆是以宽阔为主，中等次之，狭窄很少；广东组、江西组、江苏组、贵州组、云南组、内蒙古组、辽宁组以中等为主；与男性相比分布大致相同，唯江苏组、贵州组、云南组男性鼻翼以宽阔为主，而女性表现为中等为主。

颧部突出度，海南组、福建组、江苏组、安徽组、四川组以微弱为主；浙江组、江西组、湖南组、辽宁组以中等为主；广东组中等和突出比例相近；贵州组、云南组、山东组、内蒙古组以突出为主。女性颧部突出度的分布情况与男性大体一致，中等突出的测量组比男性增加了浙江组和湖南组，突出的测量组增加了贵州组、云南组、山东组。因此，女性相对来说较多地表现出颧部突出，尤以云贵地区和北方的山东、内蒙古表现明显。

耳垂类型，海南组、福建组、浙江组、江西组、贵州组、云南组、辽宁组以圆形为主；江苏组、湖南组、安徽组、四川组、山东组、内蒙古组、甘肃组以三角形为主；唯广东女性以方形为主（38.58%），圆形次之（32.58%），三角形略少（28.84%）。

上唇皮肤部高度除浙江以低型为主（84.03%），中型次之（15.69%），高型最少（0.28%）外，其余各组皆以中等为主。辽宁、甘肃缺失。与男性基本一致。

红唇厚度，海南组、广东组、福建组、江西组、江苏组、湖南组、安徽组、山东组以薄唇为主；浙江组、贵州组、四川组、云南组以中唇为主，且厚唇比例相对其他各组较高。同男性相比，云、贵、川地区汉族女性居民同样具有厚唇厚度比其他地区比例高的特性。内蒙古、辽宁、甘肃数据缺失。

发色以黑色为主，棕黑色次之，棕色极少。同男性一致。

眼色以褐色、黑褐色为主，浅褐色比例较小，同男性一致。山东有1例蓝色眼睛。

肤色以黄色、浅黄色为主，暗黄色较少，粉白色仅零星可见。与男性相比，女性整体比男性略浅，应是性别差异所致。辽宁数据缺失。

17项活体观察项目主要可以分为对肤色，发色，眼部特征，鼻部、唇部、耳部形态以及面部突出度等7个方面的观察。在多数指标的分布方面，男女两性都具有一致性，两性差异主要表现在肤色、鼻部形态等方面。男性肤色以黄色为主，暗黄色、浅黄色次之；女性肤色以黄色、浅黄色为主，暗黄色较少，女性整体肤色比男性略浅。鼻背侧面观都以直型为主，但女性的凹型比例数量较男性为多，更多的组别以上翘为主，鼻翼高度都以中型为主，但与男性相比，女性鼻翼高度低型较多。在颧部突出度方面，更多的女性组表现出了突出的颧部。

将男女两性的数据混合，得到各地汉族居民17项观察项目的总体分布（见附表3）。我们可以看出，性别差异比较明显的项目，综合考虑之后特征分布就比较模糊，如鼻基部形态等；但是与性别关系不大的项目，由于两性居民观察结果有基本一致性，综合考虑之后特征分布就更加明显。总体来说，我国各地汉族居民在体质上可以观察到很多相同的特征，如肤色以黄色为主；发色以黑色为主；眼色以褐色、黑褐色为主；上眼睑皱褶率很高（见图2.2）；眼裂高度多以狭窄为主，中等次之；眼裂倾斜度多外角高于内角；鼻背侧面观以直型为主；鼻孔最大径以斜径为主；上唇皮肤部高度以中型为主等等。这些相似性是现代汉族居民同属于亚洲蒙古人种的外在表达。

在相似性的基础上，一些观察项目的分布还具有规律性，如蒙古褶的出现率，总体看来有从北至南逐渐减少的趋势（见图2.3）。山东组、内蒙古组两性居民的鼻根高度以低型为主，由于女性汉族居民较低的鼻根高度模糊了总体的分布特征，单独分析男性居民的鼻根高度，湖南组、山东组、内蒙古组、甘肃组低型比例较高，广东组、浙江组、江西组等高型比例较高。从北至南，鼻根高度有低型比例逐渐下降、高型比例逐渐增加的趋势。鼻翼高度以中等为主，

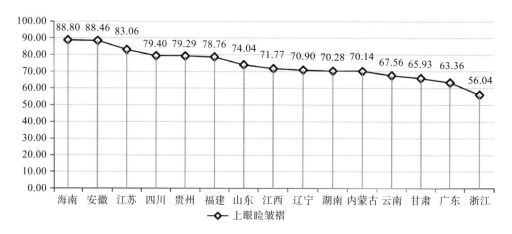

图2.2　我国各地汉族居民上眼睑皱褶出现率

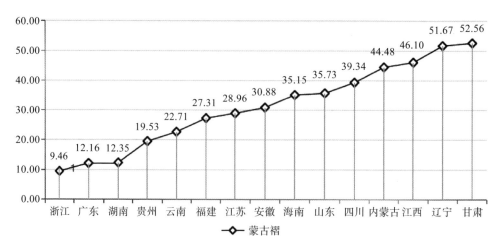

图2.3　我国各地汉族居民蒙古褶出现率

海南组、广东组、福建组、浙江组、江西组、江苏组、湖南组高型多于低型；安徽组、贵州组、云南组、四川组、山东组、内蒙古组、辽宁组、甘肃组低型多于高型，分布特征非常明显，东南地区鼻翼较西南和北方地区为高。鼻翼宽方面，海南组、福建组、浙江组、江苏组、云南组、湖南组、安徽组、四川组、山东组（狭窄型略多于中等型）皆是以宽阔型为主，中等型次之，狭窄型很少；广东、江西、贵州、内蒙古、辽宁以中等型为主，但是广东、江西、贵州的宽阔型远远多于狭窄型，而内蒙古则是狭窄型多于宽阔型。总体来说，由南至北，鼻翼宽度有由宽变窄的趋势。

　　然我国幅员辽阔，汉族人口众多，各地汉族居民的体质特征除了相似性和分布的规律性，还表现出相当的复杂性。例如，一般与纬度相关的红唇厚度，各地汉族居民中广东组、福建组、江西组、江苏组、湖南组、山东组以薄唇为主，海南组、浙江组、安徽组、云南组、贵州组、四川组以中唇为主。虽然由于内蒙古组、辽宁组、甘肃组数据缺失，无法探究南北方的红唇厚度差异，但是纬度较低的广东组、福建组等地居民的薄唇特征，表明我国汉族居民的红唇厚度没有显示出高纬度地区红唇较薄、低纬度地区红唇较厚的一般规律，反而表现出区域性的与邻近地区相似的特性，这种特性在耳垂类型、鼻基部等项目上也有所体现，并且得到了分子生物学的支持[①]。这种情况可能反映了人群的交流与融合，我国古代先民从诞生之日起就从未停止过迁徙的脚步，加之近现代人群的快速流动，即便是在中小城市采样调查，人群特征的复杂性也是可以想见的。

　　另外，值得注意的是，云南组、贵州组、四川组的肤色较深，且厚唇比例很高，云贵高原地区的居民有其自己的特色。这种特色一方面可能因为有特殊的地理环境，另一方面可能源于对本地先民体质的继承。

三、我国汉族居民的活体测量特征

　　对我国汉族居民测量性特征的研究，增加了河南组，各组具体测量数据见附表4-5。本节主要对各地汉族居民的头长高指数、头长宽指数、头宽高指数、形态面指数、鼻指数、身高等6项指标进行分析。

---

　　① 高雅，阎春霞，金天博，赖江华，陈腾，李生斌.中国19个不同地区汉族亚群的分子遗传学关系［J］.西安交通大学学报（医学版），2005, 26（2）：111-114；龙友国，邱祥智，龙思方，余跃生，戎聚全.中国17个汉族人群3个STR基因座的遗传关系研究［J］.右江民族医学院学报，2007, 29（3）：336-338.

在头长高指数方面，我国各地汉族男女两性居民皆为高头型。

在头长宽指数方面，各地汉族男性居民均为圆头型，唯内蒙古组、辽宁组和海南组为特圆头型，河南组为中头型。活体测量指数与颅骨测量指数标准不同，但二者都反映了北方汉族男性居民颅型比南方短的趋势。女性组基本与同组男性居民一致。

在头宽高指数方面，各地汉族男性居民以中头型为主，唯云南组、贵州组、辽宁组为狭颅型。女性组基本与同组男性居民一致。

在形态面指数方面，福建组、四川组、河南组男性汉族居民为狭面型，辽宁组为超狭面型；海南组、广东组、江西组、山东组、内蒙古组、甘肃组为中面型；浙江组、江苏组、湖南组、安徽组、贵州组、云南组为阔面型。女性组面型基本与同组男性居民一致。

鼻指数方面，男性汉族居民中内蒙古组、福建组、四川组为狭鼻型，辽宁组为接近狭鼻的中鼻型，其余各组皆为中鼻型。女性组基本与同组男性居民一致。

在身高方面，由图 2.4 可以看出，长江以北的汉族居民身高普遍高于长江以南的汉族居民，唯福建组、浙江组比较例外。男女两性的身高值在地理分布上具有相同的走向。

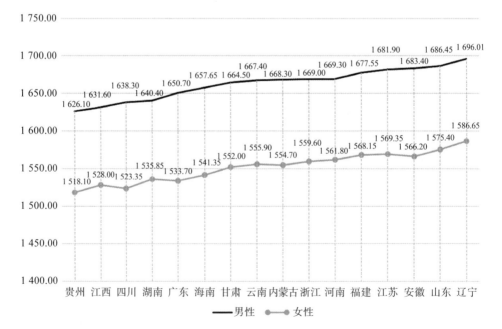

图 2.4　我国各地汉族居民男女两性身高值

总体来说，活体测量指标反映我国汉族居民以圆头型、高头型和中头型为主，北方汉族相对于南方汉族，表现出颅型较短，鼻型较狭，身高较高的趋势。但是实际情况更为复杂，南方汉族的海南组为特圆颅型，福建组身高比甘肃组、内蒙古组都高，因此南北方的分界仅仅是一种大致的趋势。

第三节　明清时期汉族体质特征的研究

相比遥远的史前时代，明清时期离我们很近。明清时期的汉族具有怎样的体质特征，与现代汉族是否具有体质上的一致性？我们将在这一节进行探讨。

一、数据及来源

当前我国明清时期的人骨材料发表不多，除了保存状况不佳等客观限制之外，明清时期考古工地较少、对晚近历史时期的人骨研究不够重视也是造成这一现状的原因。近年来，随着研究理念的变化，对明清时期人骨的收集和研究逐渐增多。已经发表的明清时期的人骨测量数据，主要有广东顺德组、广东执信中学组、福建东山组、天津蓟县桃花园组、天津北辰张湾组、河南明周懿王夫人组、河南郑韩故城清组、山西榆次高校新校区组、四川僰人悬棺组、宁夏银川沙滩伊斯兰组、宁夏九龙山—南塬明清组和黑龙江尼尔基组。

僰人悬棺组发现于四川珙县的明代悬棺墓中，其面部形态特征与现代亚洲蒙古人种的南亚类型最为相似，与近代印尼组、华南组存在着较为接近的关系[1]。悬棺葬人群的族属问题尚难以定论，通过对春秋战国时期和宋代的悬棺葬人群的 mtDNA 分析，悬棺葬人群可能与土家族、苗瑶、侗台以及汉藏人群存在着遗传学上的联系[2]。尼尔基组出土于黑龙江省嫩江流域尼尔基库区的 3 处清代达斡尔族墓葬，与现代亚洲蒙古人种的北亚类型特别是通古斯组居民在颅面特征上较为一致[3]。宁夏银川沙滩伊斯兰组的墓葬形制具有伊斯兰风格，年代约

---

① 朱泓 . "僰人悬棺" 颅骨的人种学分析 [J] . 南方民族考古，1987（1）：133-141.
② 张帆 . 中国古代人群的 mtDNA 多态性研究 [D] . 复旦大学博士学位论文，2005：127-133.
③ 张全超，孙志超，张群，赵永军，朱泓 . 黑龙江省尼尔基库区的清代达斡尔人骨 [J] . 人类学学报，2015，34（3）：367-376.

在明清时期，人骨的形态特征更多地趋向蒙古人种的变异方向，与北亚类型和东亚类型相近，与现代回族和汉族有一定的距离[①]。天津北辰张湾明代沉船出土人骨仅1例男性成年颅骨可以进行观察测量[②]，广州执信中学墓地明清时期人骨和河南郑韩故城清代颅骨保存较好的个体都仅有2例（男女各1例）[③]，河南明代周懿王墓及袝葬墓仅周懿王夫人1例颅骨可进行部分项目的测量[④]，九龙山—南塬明清组族属不明[⑤]。相比之下，顺德组、东山组、桃花园组和榆次组皆为明清时期的汉族居民且个体数量相对较多，因此本书明清时期的对比数据主要选择这四组材料。

顺德组：颅骨材料为广东省顺德顺峰山中清代墓葬出土的29例成年男性个体，其主要的测量形态特征可以概括为中颅型、高颅型伴以偏狭的中颅型，中鼻型，正颌型。研究者认为顺德组属于亚洲蒙古人种，近似华南人[⑥]。

东山组：颅骨材料为福建东山县墓葬中出土的22例男性个体，年代为明末清初。东山组的测量形态特征主要表现为偏圆的中颅型、高颅型伴以狭颅型，偏狭的中上面型，偏高的中眶型，中鼻型，正颌型[⑦]。

桃花园组：颅骨材料为天津蓟县县城东北部府君山南麓墓群中出土的35例男性个体，年代为明代中后期至清代。蓟县组的测量形态特征可以概括为偏长的中颅型、高颅型伴以狭颅型，中面型，中眶型和狭鼻型。研究者认为其与华北组居民最为接近[⑧]。

榆次组：颅骨材料出土于山西省晋中市榆次区城北的明清墓葬，其主要的测量形态特征可以概括为中颅型、高颅型和狭颅型，较狭的上面型，鼻型以狭

① 韩康信，谭婧泽.银川沙滩明清时代伊斯兰墓葬人骨鉴定［C］//韩康信，谭婧泽.宁夏古人类学研究报告集.北京：科学出版社，2009：314-326.
② 李法军，盛立双，朱泓.天津北辰张湾明代沉船出土人骨鉴定与初步分析［J］.边疆考古研究，2016（2）：393-417.
③ 陈博宇.广州市执信中学墓地明清时期人骨研究［J］.文博学刊，2021（4）：4-20；周亚威，王一鸣，樊温泉，沈小芳.郑韩故城北城门遗址清代居民颅骨的形态学分析［J］.天津师范大学学报（自然科学版），2019，39（4）：76-80.
④ 孙蕾，孙凯.明代周懿王墓及袝葬墓人骨研究［J］.华夏考古，2019（2）：33-38.
⑤ 韩康信，韩康信.固原九龙山—南塬古墓地人骨鉴定报告［C］//韩康信，谭婧泽.宁夏古人类学研究报告集.北京：科学出版社，2009：182-226.
⑥ 黄新美，曾志民.广东顺德近代人的颅骨研究［J］.解剖学通报，1984，7（3）：252-256.
⑦ 张振标.福建历史时期人骨的种族特征［J］.人类学学报，1996，15（4）：324-334.
⑧ 张敬雷，李法军，盛立双，朱泓.天津市蓟县桃花园墓地人骨研究［J］.文物春秋，2008（2）：34-38.

鼻型为主，眶指数表现为高眶型。研究者认为榆次组的种系类型并不单纯，虽然主体是蒙古人种的东亚类型，但其中混入了欧罗巴人种的因素，可能与新疆地区的居民存在一定联系 ①。

二、与亚洲蒙古人种的比较

为了进一步明确明清时期汉族颅骨组的种系归属，我们将顺德组、东山组、桃花园组、榆次组的 15 项测量指标及指数与现代亚洲蒙古人种的四个类型相比较，比较结果见表 2.3。

顺德组的 15 个比较项目中，有 4 个项目超出了蒙古人种的范围。其中面宽（130.07）接近东亚类型的下限（131.30）；鼻颧角（140.38）接近南亚类型的下限（142.10），在尼格罗人种（140.00—142.00 ②）的界值范围内；上面指数（57.13）接近东亚类型的上限（56.80），上面高（74.15）在蒙古人种（70.20—79.40）的界值范围内，偏窄的面宽导致了这样的结果；眶指数（92.10）显示为高眶型，但眶高（35.17）在蒙古人种的界值范围内（34.00—37.00 ③），可能是偏小的眶宽值导致了过高的指数值。其余 11 个项目中，有颅骨最大长、颅骨最大宽、颅高、上面高、颅长宽指数、颅长高指数、颅宽高指数、垂直颅面指数、鼻指数、鼻根指数等 10 项落入东亚类型的界值范围内。有颅骨最大宽、颅高、最小额宽、上面高、颅长宽指数、颅宽高指数、垂直颅面指数、鼻指数 8 个项目在东北亚类型的界值范围内。颅骨最大长、颅骨最大宽、颅高、最小额宽、颅长宽指数、颅宽高指数、鼻根指数等 7 项数值在南亚类型的界值范围内。颅骨最大长、最小额宽、上面高、颅长宽指数、鼻指数、鼻根指数等 6 个项目落入北亚类型的界值范围。总体来说，顺德组与亚洲蒙古人种的东亚类型最为相近。

东山组的种族特征，研究者已经详细探讨过，因选取的对比项目略有差异，我们在此重新梳理一遍。在 15 个比较项目中，鼻根指数（48.00）超出了蒙古人种的范围，落在欧罗巴人种（46.70—53.00 ④）的界值范围内。其余

① 侯侃.山西榆次高校新校区明清墓葬人骨研究 [D].吉林大学硕士学位论文，2013：26-58.
② я. я. 罗金斯基，м. г. 列文.人类学 [M].北京：警官教育出版社，1993：525.
③ я. я. 罗金斯基，м. г. 列文.人类学 [M].北京：警官教育出版社，1993：525.
④ я. я. 罗金斯基，м. г. 列文.人类学 [M].北京：警官教育出版社，1993：525.

表 2.3　明清时期汉族各组与亚洲蒙古人种的比较（男性）（长度：mm，角度：°，指数：%）

马丁号	测量项目↓ 组别→	顺德组	东山组	桃花园组	榆次组	亚洲蒙古人种			
						北亚人种	东北亚人种	东亚人种	南亚人种
1	颅骨最大长	179.90（29）	180.00（20）	181.22	178.48（35）	174.90—192.70	180.70—192.40	170.50—182.20	169.90—181.30
8	颅骨最大宽	140.14（29）	142.80（20）	140.95	132.70（35）	144.40—151.50	134.30—142.60	137.60—143.90	137.90—142.90
17	颅高	136.98（28）	139.80（20）	139.14	135.60（34）	127.10—132.40	132.90—141.10	135.30—140.20	134.40—137.80
9	最小额宽	94.41（29）	94.60（20）	91.84	89.29（38）	90.60—95.80	94.20—96.60	89.00—93.70	89.70—95.40
45	面宽	130.07（27）	133.20（20）	134.53	130.37（25）	138.20—144.00	137.90—144.80	131.30—136.00	131.50—136.30
48	上面高 sd	74.15（27）	73.30（20）	72.42	76.52（33）	72.10—77.60	74.00—79.40	70.20—76.60	66.10—71.50
77	鼻颧角	140.38（29）	144.80（20）	—	145.97（30）	147.00—151.40	149.90—152.00	145.00—146.60	142.10—146.00
8∶1	颅长宽指数	77.94（29）	79.40（20）	77.85	74.41（34）	75.40—85.90	69.80—79.00	76.90—81.50	76.90—83.30
17∶1	颅长高指数	76.19（28）	77.90（20）	76.94	76.01（33）	67.40—73.50	72.60—75.20	74.30—80.10	76.50—79.50
17∶8	颅宽高指数	97.86（28）	98.10（20）	98.92	102.62（32）	85.20—91.70	93.30—102.80	94.40—100.30	95.00—101.30
48∶17	垂直颅面指数	54.13（27）	50.40（20）	52.05	56.82（30）	55.80—59.20	53.00—58.40	52.00—54.90	48.00—52.20
48∶45	上面指数	57.13（25）	54.40（20）	56.33	59.06（24）	51.40—55.00	51.30—56.60	51.70—56.80	49.90—53.30
52∶51	眶指数	92.10（29）	83.80（20）	81.85	86.26（33）	79.30—85.70	81.40—84.90	80.70—85.00	78.20—81.00
54∶55	鼻指数	47.45（29）	47.20（20）	44.74	46.55（36）	45.00—50.70	42.60—47.60	45.20—50.20	50.30—55.50
SS∶SC	鼻根指数	33.85（29）	48.00（20）	—	30.90（36）	26.90—38.50	34.70—42.50	31.00—35.00	26.10—36.10

14 项数值，有颅骨最大长、颅骨最大宽、颅高、面宽、上面高、颅长宽指数、颅长高指数、颅宽高指数、面指数、眶指数、鼻指数等 11 项落入东亚类型的范围。颅骨最大长、颅骨最大宽、最小额宽、面宽、鼻颧角、颅长宽指数、颅长高指数、颅宽高指数、垂直颅面指数等 9 个项目在南亚类型的界值范围内。有颅骨最大长、最小额宽、上面高、颅长宽指数、上面指数、眶指数、鼻指数 7 个项目在北亚类型的界值范围内。有颅高、最小额宽、颅宽高指数、上面指数、眶指数、鼻指数等 6 项数值落入东北亚类型的范围内。东山居民基本上属于亚洲蒙古人种的东亚类型，同时与南亚类型的关系也比较密切。

桃花园组有 13 个项目可以进行比较，其中颅骨最大长、颅骨最大宽、颅高、最小额宽、面宽、上面高、颅长宽指数、颅长高指数、颅宽高指数、垂直颅面指数、上面指数、眶指数等 12 个项目落入东亚类型的界值范围内。颅骨最大长、颅骨最大宽、颅高、颅长宽指数、颅宽高指数、上面指数、眶指数、鼻指数等 8 个项目在东北亚类型的范围内。颅骨最大长、颅骨最大宽、最小额宽、面宽、颅长宽指数、颅长高指数、颅宽高指数、垂直颅面指数等 8 项数值落入南亚类型的界值范围内。有颅骨最大长、最小额宽、上面高、颅长宽指数、眶指数等 5 个项目在北亚类型的范围内。桃花园组居民应该属于亚洲蒙古人种的东亚类型。

榆次组的 15 个比较项目中，有 4 个超出了蒙古人种的范围，其中颅骨最大宽（132.70）值接近颅型最窄的东北亚类型的下限；面宽（130.37）接近东亚类型的下限（131.30）；上面指数（59.06）超出了最狭长的东亚类型的上限（56.80）；眶指数（86.23）接近北亚类型的上限（85.70）。其余 11 个项目，落入东亚类型范围内的有颅骨最大长、颅高、最小额宽、上面高、鼻颧角、颅长高指数、鼻指数等 7 项。落入东北亚类型范围内的有颅高、上面高、颅长宽指数、颅宽高指数、垂直颅面指数、鼻指数等 6 项。落入北亚类型界值范围内的有颅骨最大长、上面高、垂直颅面指数、鼻指数、鼻根指数等 5 项。颅骨最大长、颅高、鼻颧角、鼻根指数 4 个项目在南亚类型的范围内。总体来说，榆次组居民基本上属于亚洲蒙古人种的东亚类型。

通过对以上明清时期各汉族颅骨组的分析，可以看出各组比较项目除了少量指数值超过了亚洲蒙古人种的界限，基本上都落在亚洲蒙古人种的界值范围之内。各颅骨组皆与东亚类型有最多的相似性。其中东山组与南亚类型的关系比较密切，榆次组狭长的颅型和面型，研究者认为可能与欧罗巴人种有关，与新疆地区的居民有一定的联系。

三、与现代汉族的比较

　　为了进一步明确明清时期汉族居民之间的关系，以及明清汉族与现代汉族组体质特征的联系，我们将现代桃花园组、东山组、顺德组、榆次组与长春组、太原组、西安组、青岛组、华北组、湖南组、香港组、华南组、新疆组进行比较（表2.4），依据各组间的欧氏距离系数（表2.5）生成聚类图（图2.5）。

　　其他现代组前面已有介绍，新疆组颅骨材料为出土于乌鲁木齐六道湾公墓的54例成年男性个体，均为20世纪50年代死亡的汉族人，大部分为陕西籍及山西籍。其颅面主要形态特征为中颅型、高颅型伴以狭颅型，中上面型，偏狭的中鼻型，高眶型。研究者认为该组居民在与欧罗巴人种和蒙古人种的颅面测量特征进行比较时，有7项指标落入蒙古人种范围（鼻指数、鼻尖指数、鼻根指数、鼻颧角、面宽、上面高、眶高），有4项指标落入欧罗巴人种范围

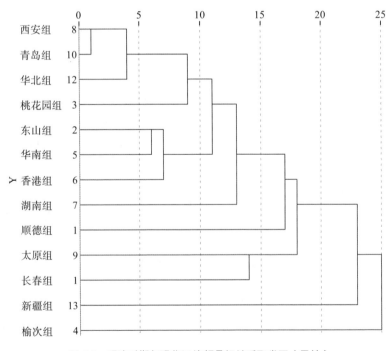

图2.5　明清时期与现代汉族颅骨组关系聚类图（男性）

表 2.4　明清时期与现代汉族颅骨组的比较（男

马丁号	测量项目↓ 组别→	顺德组	东山组	桃花园组	榆次组	华南组	香港组
1	颅骨最大长	179.90（29）	180.00（20）	181.22	178.48（35）	179.9（36）	179.31（14
8	颅骨最大宽	140.14（29）	142.80（20）	140.95	132.70（35）	140.90（36）	139.58（14
17	颅高	136.98（28）	139.80（20）	139.14	135.60（34）	137.80（36）	140.19（14
45	面宽	130.07（27）	133.20（20）	134.53	130.37（25）	132.60（36）	133.36（13
48	上面高 sd	74.15（27）	73.30（20）	72.42	76.52（33）	73.80（36）	72.85（14
51	眶宽	38.28（29）	41.05（20）	43.60	41.10（34）	42.10	43.27（14
52	眶高	35.17（29）	34.40（20）	35.63	35.36（33）	34.60	33.70（14
54	鼻宽	25.34（29）	25.30（20）	24.73	24.84（37）	25.20（36）	26.18（14
55	鼻高	53.55（29）	53.70（20）	55.49	53.53（37）	52.60（36）	53.26（14
77	鼻颧角	140.38（29）	144.80（20）	［144.96］	145.97（30）	145.10	144.64（14
8∶1	颅长宽指数	77.94（29）	79.40（20）	77.85	74.41（34）	78.75（36）	77.84（14
17∶1	颅长高指数	76.19（28）	77.90（20）	76.94	76.01（33）	77.02（36）	78.18（14
17∶8	颅宽高指数	97.86（28）	98.10（20）	98.92	102.62（32）	97.80（36）	100.44（14
48∶17	垂直颅面指数	54.13（27）	50.40（20）	52.05	56.82（30）	53.60（11）	51.97（14
48∶45	上面指数	57.13（25）	54.40（20）	56.33	59.06（24）	55.67（36）	54.63（13
54∶55	鼻指数	47.45（29）	47.20（20）	44.74	46.55（36）	48.50（36）	49.16（14

注：［　］内的数值为各组平均值。

性）（长度：mm，角度：°，指数：%）

	湖南组	西安组	太原组	青岛组	长春组	华北组	新疆组
4）	179.51（101）	180.70（50）	175.51（69）	180.10	178.40（100）	178.50（86）	179.20
4）	141.18（100）	138.80（50）	137.73（69）	137.30	141.40（100）	138.20（86）	135.48
4）	134.82（101）	137.00（50）	135.15（69）	136.40	135.10（100）	137.20（86）	136.50
6）	134.45（94）	133.85（50）	131.99（67）	133.40	134.12（100）	132.70（83）	131.29
3）	72.03（90）	74.32（50）	75.82（68）	73.90	75.40（100）	75.30（84）	73.28
3）	42.01（99）	42.49（50）	42.13（69）	［42.89］	44.92（100）	44.00（86）	49.77
4）	34.47（100）	35.55（50）	35.89（69）	［35.10］	36.08（100）	35.50（86）	34.89
3）	26.39（100）	26.10（50）	24.52（69）	25.20	26.99（100）	25.00（86）	24.79
4）	53.94（99）	54.48（50）	54.16（69）	54.70	55.06（100）	55.30（86）	52.60
4）	145.36（98）	146.56（50）	145.15（69）	145.65	［144.96］	145.10	145.82
4）	78.65（100）	76.81（50）	78.47（69）	76.24	80.30（100）	77.56（86）	75.66（54）
4）	74.80（99）	75.82（50）	77.00（69）	75.74	76.30（100）	77.02（86）	76.23（54）
4）	95.50（99）	98.70（50）	98.13（69）	99.34	95.60（100）	99.53（86）	100.88（54）
3）	53.43（100）	54.26（50）	56.10（68）	54.18	55.85（100）	54.20（86）	51.85（54）
5）	53.57（94）	55.52（50）	57.44（67）	55.40	56.14（100）	56.80（82）	53.75（54）
3）	48.92（99）	47.56（50）	45.27（66）	46.07	41.90（100）	45.21（86）	47.80（53）

表 2.5　明清汉族与现代汉族各组间的欧氏距离矩阵（男性）

	1	2	3	4	5	6	7	8	9	10	11	12	13
1	0.000												
2	8.940	0.000											
3	9.878	5.996	0.000										
4	12.304	15.973	13.903	0.000									
5	7.124	5.051	6.334	12.592	0.000								
6	9.692	5.655	6.743	13.183	5.137	0.000							
7	9.663	7.943	8.654	15.243	5.815	8.735	0.000						
8	8.888	7.824	6.010	10.350	4.734	6.526	6.454	0.000					
9	9.153	11.259	9.995	9.075	8.085	10.540	10.063	7.670	0.000				
10	8.953	8.977	6.248	8.951	6.150	7.225	7.695	2.895	6.871	0.000			
11	11.902	11.173	8.985	15.149	9.523	12.352	9.612	9.151	8.041	9.196	0.000		
12	9.003	8.800	6.017	9.291	6.363	7.417	9.238	4.866	5.112	3.830	7.713	0.000	
13	14.787	13.226	11.186	12.481	10.956	9.681	12.475	9.779	11.996	8.663	13.880	9.141	0.000

注：1. 顺德组；2. 东山组；3. 桃花园组；4. 榆次组；5. 华南组；6. 香港组；7. 湖南组；8. 西安组；9. 太原组；10. 青岛组；11. 长春组；12. 华北组；13. 新疆组。

（鼻指数、面宽、上面高、垂直颅面指数），与现代华北汉族最为接近①。

根据聚类图我们可以看出，桃花园组与西安组、青岛组、华北组聚为一类，东山组与华南组、香港组等聚为一类。顺德组和榆次组与其他各组的关系在聚类图里不是非常明晰，根据欧氏距离系数，顺德组与华南组的距离最近（7.124），其次为西安组（8.888）和东山组（8.940）。榆次组跟其他各组的距离都比较远，相对来说与青岛组（8.951）、太原组（9.075）、华北组（9.291）距离较近。长春组华北组距离最近（7.713），太原组亦和华北组距离最小（5.112），但由于他们和桃花园组、香港组等距离系数较大，因此在聚类图上在较远的刻度与现代汉族组聚在一起。明清时期的各汉族组没有首先聚在一类，而是先分别与现代汉族组聚在一起，说明我国明清时期的汉族居民与现代汉族居民的体质特征已基本一致，通过前面与亚洲蒙古人种各类型的比较也可以看出这一点。并且明清时期的汉族居民，也可以首先区分为华南、华北两种类型，桃花园组与华北组形态相近，东山组与华南组最为相似。顺德组与华南组距离最近，但是其狭长的面型和很高的眶型具有北方居民的特点，因此在华南组与华北组相聚后才与两组聚在一起。

榆次组与华北地区各组距离相对最近，它与其他各组关系比较疏远可能是由于混有欧罗巴人种的因素。榆次自古就是太原周边的重镇，也是晋商活动中心之一，人口流动性很强。晋商在新疆地区的活动非常广泛，满人七十一（号椿园）《西域见闻录》就有记载："中国商贾，山、陕、江、浙之人，不辞险远，货贩其地。"② 由于本地经商者众而务农者少，外来佣耕或租种者也非常多，加之山西封闭的地理优势，在战乱时期也容易吸引大批外来人口，双向的人口交流可能是形成榆次组体质特征的原因③。

同样，现代新疆组居民大部分为陕西籍和山西籍，也被认为具有某些欧罗巴人种的特征。观察两组居民的颅骨测量数据（表2.4），发现新疆组与榆次组除了上面高及与上面高有关的垂直颅面指数、上面指数外，各项数值都非常接近。现代新疆组居民与明清榆次组居民的体质特征具有很大的相似性，并且都与华北地区各组最为接近。

---

① 崔静，古丽尼沙·克热木，巴哈古丽·尼亚孜，应荣，王博．新疆乌鲁木齐地区出土汉族颅骨的研究［J］．新疆医学院学报，1998，21（4）：267-270.
② 杨俊国，杨俊强．清代新疆晋商初探．晋中学院学报，2008，25（1）：33-35.
③ 侯侃．山西榆次高校新校区明清墓葬人骨研究［D］．吉林大学硕士学位论文，2013：58-59.

榆次组和新疆组汉族居民的体质特征表明，明清时期至现代，我国汉族居民主体体质特征为亚洲蒙古人种的东亚类型，但大人种之间基因的交流一直在进行着。当然这一阶段欧罗巴人种的输入主要是来自我国新疆地区的居民。

小结

本节主要是对现代汉族及明清时期汉族的体质特征进行了分析研究。现代汉族总体来说属于亚洲蒙古人种的东亚类型，同时北方地区受到东北亚类型的影响，南方地区受到南亚类型的影响，现代汉族居民的体质特征存在着南北差异。从活体观察来看，我国各地汉族居民的头面部形态也以共性为主，一些项目的分布具有规律性，如蒙古褶从北至南逐渐减少，鼻翼宽度由北向南逐渐增加，鼻根高度从北到南，有低型比例逐渐下降、高型比例逐渐增加的趋势等。以上说明，虽然存在南北差异，但这种差异是逐渐过渡的。同时一些特征表现出区域性的与邻近地区相似的特性，反映了现代人群之间的交流与融合，以及这种融合导致的体质特征的复杂性。

明清时期的汉族居民皆与东亚类型有最多的相似性，个别颅骨组受到南亚类型和来自新疆地区的欧罗巴人种因素的影响。明清时期汉族居民的体质特征与现代汉族已基本一致，对于现代汉族形成于何时，我们需要继续向前追溯。

第三章
史前时期居民体质特征及其演变
——现代汉族的起源

第一节 旧石器时代居民的人种特征

一、古人种学

人种也称"种族",是指那些具有区别于其他人群的某些共同遗传体质特征的人群。人种学也称"种族人类学",是体质人类学的一个重要分支,"是研究人类各种族的起源、演变、分布和体质特征,并探讨人与自然环境以及生活条件之间的关系的科学"①。需要指出的是,世界上的现存人类实际上都属于同一个智人种,因此我们所说的人种概念,实际上指的是生物学上的亚种。在探讨同一亚种内尤其是古代的各个人群时,如前所述,我们使用的是"族群"的概念。

古人种学研究的目的在于利用出土的古人骨材料来了解各个不同历史时期的古人类群体之间的体质联系,追寻古代各民族与现代各民族之间的种系渊源关系,以期重建中国的种族发展史,进而为探讨中华民族多元一体化格局形成的历史过程及其原因和动力等重大理论问题提供人类学方面的依据②。现代汉族的体质特征可以通过颅骨观察测量和活体观察测量来了解,而追寻这种体质的起源和形成过程,我们则主要通过研究出土的古人骨资料来实现。

---

① 朱泓主编.体质人类学[M].高等教育出版社,2005:319-321.
② 朱泓.建立具有自身特点的中国古人种学研究体系[C]//朱泓.中国古代居民的体质人类学研究(代序).北京:科学出版社,2014:i-v.

二、我国旧石器时代的人种特征

自旧石器时代早期开始，就有先民在我国境内生活。目前我国发现最早的人类化石是云南元谋人，年代为距今 170 万年左右，其呈铲形结构的门齿，可能暗示了与蒙古人种某种遗传学上的联系[①]。

魏敦瑞（Weidenreich F.）通过对北京周口店直立人化石的研究，认为其某些性状与现代蒙古人种之间相似或相近，二者存在演化上的联系[②]。更新世中期，中国古人类的总体演化趋势是形态特征纤细化，与欧亚地区整体演化趋势一致。到中更新世晚期，演化模式表现为多样化[③]，开始有明显的人种分化现象，如大荔人作为早期智人（古老型智人）的代表，具有突出的矢状嵴、水平走向的额鼻缝以及高而宽并且朝向前方的颧骨，这些都是蒙古人种的典型性状，表明至少在早期智人阶段，我国已存在代表早期蒙古人种形成阶段的人类[④]。而代表晚期类型的马坝人，其高而圆的眼眶，与我国境内直立人和智人的传统形态特征有所差异，可能暗示了其与外来基因的交流[⑤]。对马坝人颅内模的形态分析表明其具有尼安德特人、海德堡人、中国古老型人类和现代人的混合特征[⑥]。

及至旧石器时代晚期，我国境内发现的晚期智人化石遍布东北、华北、华东、华南、西北、西南地区的 18 个省市自治区，可见相比旧石器时代早、中期，旧石器时代晚期的人群数量增多，并且已经向更广阔的范围移动。这一时期的古代居民除了具有明显的蒙古人种的特征之外，形态发育的地区性差异也已开始显露。保存比较完整的晚期智人化石有山顶洞人、柳江人和丽江人。

山顶洞人化石 1933 年发现于北京周口店龙骨山的山顶洞遗址，1939 年魏

---

① 胡承志. 云南元谋发现的猿人牙齿化石［J］. 地质学报，1973（1）：65-69.

② Weidenreich F. The dentition of Sinanthropus pekinensis: a comparative odontography of the hominids[M]. Palaeontologica Sinica, N.S.D., No.1, 1937: 1-180; Weidenreich F. The mandible of Sinanthropus pekinensis: a comparative study[M]. Palaeontologica Sinica, Series. D., Vol. Ⅶ, 1936: 1-162; Weidenreich F. The skull of Sinanthropus pekinensis: a comparative study on a primitive hominid skull[M]. Palaeontologica Sinica, N.S.D., No.10, 1943: 1-484.

③ 刘武，吴秀杰. 中更新世晚期中国古人类化石的形态多样性及其演化意义［J］. 人类学学报，2022，41（4）：563-575.

④ 朱泓主编. 体质人类学［M］. 北京：高等教育出版社，2005：347；吴新智. 陕西大荔县发现的早期智人古老类型的一个完好头骨［J］. 中国科学，1981（2）：200-206.

⑤ 潘其风. 20 世纪我国古人类研究的历史回顾［J］. 四川文物，2008（2）：25-36.

⑥ Wuxiujie, Burner M. The endocranial anatomy of Maba[J]. American Journal of Physical Anthropology, 2016, 160: 633-643.

敦瑞就其中完整的 3 例头骨发表了研究论文，认为 101 号老年男性头骨属于原始蒙古人种，102 号女性头骨是美拉尼西亚人类型，103 女性头骨是爱斯基摩人类型[①]。1960 年，吴新智先生重新探讨了山顶洞人的种族问题，认为无论从形态观察还是数值测量上，山顶洞人的 3 例头骨均体现了原始蒙古人种的特征。同时他也指出，虽然山顶洞人已具备很多现代蒙古人种的典型特征，但还有一些特征尚未完全分化形成，属于"形成中的蒙古人种"[②]。

柳江人化石 1958 年发现于广西壮族自治区柳江县通天岩旁的一个洞穴中，与山顶洞人一样，被认为是正在形成中的蒙古人种的一种早期类型[③]。近年来有学者利用 CT 扫描及三维重建技术，对柳江人头骨的颅内模和脑的形态进行了研究。结果显示柳江人的多数特征如长而宽的脑型、额叶宽阔饱满，顶叶加长等与现代人相似；少数特点与早期人类相近，如枕叶后突程度较现代人明显、小脑半球较现代人收缩。颅容量 1567cc，远大于现代人的平均值，但在晚期智人的变异范围之内。说明柳江人的发育程度与晚更新世晚期人类最为接近[④]。

山顶洞人的一些颅面形态比较接近蒙古人种的北方类型和美洲类型，柳江人的形态特征和蒙古人种的南方类型有更多的相似性[⑤]。山顶洞人和柳江人被认为分别代表了正在形成中的蒙古人种的北方类型和南方类型[⑥]。

在我国西南地区还发现了保存比较完整的 1 例人类化石——丽江人，丽江人头骨化石发现于 1964 年，属于一位少年女性个体。虽然某些性状上带有一定的原始性，如枕部有明显的发髻状隆起、最大宽垂直位置指数值较低等，但其颅骨无矢状嵴，也无可见的眉嵴和枕圆枕，顶间沟、人字区平坦及枕区突隆均非常显著，总体看与现代人更为接近，没有显著差异。其表现为圆颅型、高颅型伴随接近中颅的阔颅型，偏低的中眶型，阔鼻型，鼻颧角为 146.5°[⑦]。考虑

① Weidenreich F. On the earliest representatives of modern mankind recovered on the soil of East Asia[J]. Pek Nat Hist Bull, 1939, 13: 161–174.

② 吴新智 . 山顶洞人的种族问题［J］. 古脊椎动物与古人类，1960，2（2）：141–148.

③ 吴汝康 . 广西柳江发现的人类化石［J］. 古脊椎动物与古人类，1959，1（3）：97–104.

④ 吴秀杰，刘武，董为，阙介民，王燕芳 . 柳江人头骨化石的 CT 扫描与脑形态特征［J］. 科学通报，2008，53（13）：1570–1575.

⑤ 韩康信，潘其风 . 古代中国人种成分研究［J］. 考古学报，1984（2）：245–263.

⑥ 朱泓主编 . 体质人类学［M］. 北京：高等教育出版社，2005：347.

⑦ 云南省博物馆 . 云南丽江人类头骨的初步研究［J］. 古脊椎动物与古人类，1977，15（2）：157–161；刘武，吴秀杰，汪良 . 柳江人头骨形态特征及柳江人演化的一些问题［J］. 人类学学报，2006，25（3）：177–194.

到丽江人颅骨化石为一例未成年个体，颅骨尤其是面颅部分可能还有发育的余地，但是其高且偏短的颅型、较大的上面部扁平度与华南地区的柳江人有较为明显区别。

由于旧石器时代的古人类化石标本数量较少，还不能从群体上分析人类化石所表达的人种特征。但是我们可以看出，我国的古人类化石早在直立人阶段就显现了蒙古人种的特征，到晚期智人阶段，已经开始了形成中的蒙古人种的地区类型的分化。山顶洞人和柳江人分别作为南北类型的代表，在西南地区，丽江人可能代表了另外一种不同的地方类型。

第二节　新石器时代居民的古人种类型

一、古人种类型的划分

公元前 10000 年前后，我国进入了新石器时代。相比于旧石器时代，新石器时代的人骨材料比较丰富，学者们得以对我国新石器时代居民的体质特征进行比较全面的研究。

从旧石器时代到新石器时代的史前居民，他们在体质特征上存在明显的继承关系，主要表现在旧石器晚期正在形成的蒙古人种类型中，已经存在的某些南北异形现象，发展到新石器时代形成了各种地方类型[①]。对新石器时代人种类型的研究，始于 20 世纪 80 年代。

1980 年，潘其风、韩康信将我国新石器时代居民划分为黄河上游、黄河中下游和华南地区三个大的类型。认为黄河中游渭水流域的居民具有中、高颅型，中等的面宽和面高，偏低的眶型和较阔的鼻型，可能与古史传说中的"华夏"集团居民有关。而黄河下游的居民则有更高的颅高，较高的面高和较阔的面型，他们大概与传说中的"东夷"集团有关。黄河中游和下游居民体质相近，属于同一种系的两个不同地方类型。黄河上游的新石器时代居民与中下游的居民相比，具有狭而高的面型，属于另一种人种类型。华南地区居民则具有

① 颜訚.从人类学上观察中国旧石器时代晚期与新石器时代的关系［J］.考古，1965（10）：513-516；潘其风，韩康信.我国新石器时代居民种系分布研究［J］.考古与文物，1980（2）：84-89.

长颅型，较低的面型，较阔的鼻型，与黄河流域的居民有明显区别，可能与传说中的苗蛮集团有关[①]。另外，此时的东北地区，可能存在着颅型较短且宽、面部较阔且更为扁平的一群人[②]。

随后，张振标采用聚类分析的方法将我国新石器时代居民的体质特征划分为华南、中原、关中三个地区类型。华南类型居民具有较长的颅骨最大长、较低的颅高，额部较窄，面部低而宽，鼻型也较宽，可能广泛分布于福建、广东、广西等沿海地带。中原类型居民具有很高的颅高和较宽的颅骨最大宽，颅型较狭窄，中等的上面高，鼻型较阔，但比华南类型窄，眶型也较低，但不如华南类型低矮。关中类型与中原类型相近，这一类型具有很高的颅高、较小的颅骨最大宽和较小的面宽[③]。之后，吴新智和张振标把提法修改为华南组、华北组的东部亚组和西部亚组[④]。

1986 年，陈德珍将我国新石器时代居民分为华南、华北两大类群，其中华北组又可分为体质上比较相近的三小群（陕西、河南、山东）。另外，他还讨论了山顶洞人和柳江人在体质特征上与新石器时代居民有明显区别，并且表明他们是我国旧石器时代晚期两个南北不同的地方类型[⑤]。

2004 年，尚虹利用聚类分析法和主成分分析法将我国 21 个新石器时代居民组分为甘青组、华南组、黄河中下游—江淮地区组[⑥]。

综上可知，研究者基本上都将我国新石器时代居民划分为华南、华北两大类群，华北人群又可细分为黄河上游、中游、下游三个小群，其中中游和下游体质比较接近。

---

①　潘其风，韩康信 . 我国新石器时代居民种系分布研究 [J] . 考古与文物，1980（2）：84-89.

②　潘其风 . 中国古代居民种系分布初探 [C] // 苏秉琦 . 考古学文化论集（一）. 文物出版社，1987：221-232.

③　张振标 . 我国新石器时代居民体型特征分化趋向 [J] . 古脊椎动物与古人类，1981，19（1）：87-97；张振标，王令红，欧阳莲 . 中国新石器时代居民体征类型初探 [J] . 古脊椎动物与古人类，1982，20（1）：72-80.

④　Wu Xinzhi and Zhang Zhenbiao. "Homo sapiens remains from late paleolithic and neolithic China", in Paleoanthropology and Paleolithic Archaeology in the People's Republic of China[M]. Eds. Wu Rukang and John W. Olsen, 1985: 107-133, Orlando: Academic Press；王令红 . 中国新石器时代和现代居民的时代变化和地理变异——颅骨测量性状的统计分析研究 [J] . 人类学学报，1986，5（3）：243-258.

⑤　陈德珍 . 中国新石器时代居民体质类型及其承继关系 [J] . 人类学学报，1986，5（2）：114-127.

⑥　尚虹 . 中国新石器时代人类体质的分布格局 [C] // 董为 . 第九届中国古脊椎动物学学术年会论文集 . 北京：海洋出版社，2004 年：153-163.

随着考古工作的开展、人骨资料的增多，朱泓先生在广泛调查、收集和鉴定古人骨材料的基础上，经过反复分析、思考，提出了中国古代区域性人种鉴别的标准，将我国新石器时代居民划分为古中原类型、古西北类型、古华北类型、古东北类型、古华南类型等五个区域类型^①。

古中原类型居民的主要体质特征为：偏长的中颅型结合高而偏狭的颅型，中等偏狭的面宽以及中等的上面部扁平度，较低的眶型伴随着明显的低面、阔鼻倾向。其分布中心是黄河中下游地区，向南扩展到丹江流域和长江中下游地区。属于该类型的新石器时代居民主要包括仰韶文化、大汶口文化、庙底沟二期文化、山东龙山文化、河南龙山文化的居民。时代较晚的由殷墟中小墓所代表的商代平民和西村组、瓦窑沟组所代表的周人亦属于古中原类型。

古西北类型居民的主要体质特征为：偏长的颅型、高颅型结合偏狭的颅型，中等偏狭的面宽，高而狭的面型，中等的上面部扁平度，中眶型，狭鼻型和正颌型。主要分布在黄河流域上游的甘青地区，向北可扩展到内蒙古自治区额济纳旗地区，向东在稍晚年代渗透进陕西省的关中地区。属于该类型的新石器时代居民主要包括宁夏海原菜园墓地的新石器时代居民，青海乐都柳湾墓地的半山文化、马厂文化和齐家文化居民。时代稍晚的甘肃玉门火烧沟墓地、民乐东灰山墓地的早期青铜时代居民，青海省民和县核桃庄墓地的辛店文化居民，循化阿哈特拉山墓地的卡约文化居民等也属于古西北类型。

古华北类型居民的主要体质特征为：高颅型结合中等偏长而狭窄的颅型，狭窄的面型，较大的面部扁平度。其中心分布区可能在内蒙古中南部到晋北、冀北一带的长城沿线，向东辐射到西辽河流域。属于该类型的新石器时代居民目前已知主要是庙子沟居民。时代稍晚的朱开沟早期青铜时代居民、毛庆沟和饮牛沟的东周时期居民以及夏家店上层文化居民等也属于古华北类型。

古东北类型居民的主要体质特征：较高的颅型，面型较宽阔而且颇为扁平。该类型居民主要分布在我国东北地区，新石器时代代表人群有新开流文化居民、小河沿文化居民。青铜时代的夏家店下层文化中的主要居民、西团山文化居民、庙后山文化类型居民、平洋墓葬居民、郑家洼子青铜短剑墓居民、关马山石椁墓居民和水泉墓地居民等也属于古东北类型。

① 以下关于古人种区域类型的描述引自朱泓主编.体质人类学［M］.高等教育出版社，2005：348-350.

　　古华南类型居民的主要体质特征：长颅型、低面、阔鼻、低颅、突颌，身材比较矮小。该类型居民可能主要分布在我国南方沿海地区，即浙江、福建、广西、广东一带。属于古华南类型的新石器时代人群以浙江余姚河姆渡、福建闽侯昙石山、广东佛山河宕、广西桂林甑皮岩等为代表。

　　在以上几个古人种区域类型的基础上，张全超在其博士论文中命名了一个新的古人种类型，他们一般具有圆颅型、偏低的正颅型伴以阔颅型，颇大的面宽和上面部扁平度，偏狭的中鼻型和低眶型，因为主要分布在广义上属于蒙古高原地区的今蒙古国和我国内蒙古地区，故将其命名为"古蒙古高原类型"[①]。关于古蒙古高原类型的来源，学者们认为应该到蒙古高原以及外贝加尔地区去寻找[②]。该类型居民的后裔作为"匈奴联盟中人种构成的重要组成部分"，也是形成更晚时代的鲜卑人、契丹人、蒙古人甚至现代北亚蒙古人种的主体[③]。

　　通过古人种类型的研究过程我们可以看出，随着材料的增多和研究的深入，古人种类型的划分更加科学细致。但以往的工作还是主要集中在北方和华南地区，西南地区历来民族众多，文化多样，尤其是包括今天藏东、川西和滇西北的横断山脉地带，历史上很多民族沿着南北走向的河谷迁徙、定居，被称为"民族走廊"[④]。同时这里人类化石资源丰富，是探索人类起源和演化的重要区域之一。但由于环境和气候的原因，全新世以来的出土人骨标本保存较少，仅暂将四川巫山大溪组命名为"峡江地区类型"[⑤]。

　　近十几年来，随着西南地区考古事业的蓬勃发展和对出土人骨研究的日益重视，一些新的古人种学数据被陆续发表。我们初步提出"古西南类型"的概念，它代表从新石器时代到青铜时代，生活在西南地区、体质特征相近的一些古代人群，如通海兴义、宾川白羊村、元谋磨盘山等，他们具有较低的颅高、中等的颅骨最大长和颅骨最大宽，中眶，阔鼻，低阔的上面型，颇大的上面部扁平度，较为垂直的面型，较弱的齿槽突度[⑥]。未来我们也会持续关注这一地

①　张全超.内蒙古和林格尔县新店子墓地人骨研究［D］.吉林大学博士学位论文，2005：94.
②　朱泓.内蒙古长城地带的古代种族［J］.边疆考古研究（第1辑），2002：301-313.
③　张全超.内蒙古和林格尔县新店子墓地人骨研究［D］.吉林大学博士学位论文，2005：100.
④　霍巍.论横断山脉地带先秦两汉时期考古学文化的交流与互动［J］.藏学学刊第二辑：155-169.
⑤　朱泓.中国南方地区的古代种族［J］.吉林大学社会科学学报，2002（3）：5-12.
⑥　赵东月，朱忠华.云南通海兴义贝丘遗址新石器时代人骨研究，待刊.

区，以期建立更为完整的古人种类型体系，更好地了解我国古代居民的迁徙与交流，探讨现代民族的渊源。

二、我国新石器时代古人种类型分布

根据以上列出的中国古代区域性人种鉴别的标准，我们对新石器时代居民的人种类型及其分布进行梳理和介绍[①]（表3.1，图版一）。

表 3.1　新石器时代古人种类型的特征与分布

组　别	地 理 位 置	文化类型 / 距今年代	人种类型
新开流组	黑龙江省密山县	距今 6080 ± 130 年	古东北类型
大南沟组	内蒙古赤峰市翁牛特旗	小河沿文化 / 后红山文化	古东北类型
后套木嘎组	吉林省大安市	距今约 8000—5500 年	古东北类型
哈克组	内蒙古呼伦贝尔盟哈克镇	距今约 7000 年	古蒙古高原类型
庙子沟组	内蒙古乌兰察布盟察右前旗	仰韶文化晚期阶段	古华北类型
姜家梁组	河北省阳原县	新石器时代晚期	古华北类型
五庄果墚组	陕西省靖边县	龙山时期	古华北类型
西岔石板墓组	内蒙古清水河县西	龙山时期	古华北类型 古中原类型
石峁祭祀坑组	陕西省神木县	龙山晚期—夏代早期	古华北类型
石峁后阳湾组	陕西省神木县	龙山晚期—夏代早期	古华北类型
木柱柱梁组	陕西省神木县	龙山晚期	古华北类型
贾湖组	河南省舞阳县	裴李岗文化	古中原类型
石固组	河南省长葛县	前仰韶文化、仰韶文化	古中原类型
半坡组	陕西省西安市	仰韶文化	古中原类型
宝鸡组	陕西省宝鸡市	仰韶文化	古中原类型
横阵组	陕西省华阴县	仰韶文化	古中原类型

---

① 本书所列的人群数量仅包含了可以进行颅骨观察测量进而判断古人种特征的人群，因而实际人群数量应远不止于此。且搜集资料时囿于个人时间、精力与能力有限，难免有疏漏之处，敬请谅解指正。

续　表

组　别	地　理　位　置	文化类型 / 距今年代	人种类型
华县组	陕西省华县	仰韶文化	古中原类型
姜寨一期	陕西省临潼县	仰韶文化半坡类型	古中原类型
姜寨二期	陕西省临潼县	仰韶文化史家类型	古中原类型
何家湾组	陕西省西乡县	仰韶文化半坡类型	古中原类型
零口组	陕西省临潼县	零口村文化、仰韶文化半坡类型	古中原类型
大汶口组	山东省泰安县	大汶口文化	古中原类型
西夏侯组	山东省曲阜县	大汶口文化	古中原类型
野店组	山东省邹县	大汶口文化	古中原类型
付家组	山东省广饶县	大汶口文化	古中原类型
广饶组	山东省广饶县	大汶口文化中晚期	古中原类型
王因组	山东省兖州市	大汶口文化	古中原类型
呈子一期组	山东省诸城县	大汶口文化	古中原类型
北阡组	山东省即墨市	大汶口文化	古中原类型
圩墩组	江苏省常州市	马家浜文化	古中原类型
尉迟寺组	安徽省蒙城县	大汶口文化晚期	古中原类型
下王岗组	河南省淅川县	屈家岭文化	古中原类型
西山组	河南省郑州市	距今 5300—4800 年	古中原类型
庙底沟二期组	河南省陕县	庙底沟二期文化	古中原类型
笃忠组	河南省渑池县	仰韶文化晚期—龙山文化早期	古中原类型
平粮台组	河南省淮阳县	龙山文化	古中原类型
郝家台组	河南省漯河市	龙山文化	古中原类型、古华北类型、古中原类型的混合特征
徐堡组	河南省焦作市	龙山文化	古中原类型
寨峁组	陕西省神木县	距今 4800—4100 年	古中原类型
陶寺组	山西省襄汾县	陶寺类型	古中原类型

续　表

组　别	地 理 位 置	文化类型 / 距今年代	人种类型
呈子二期组	山东省诸城市	龙山文化	古中原类型
西吴寺组	山东省兖州市	龙山文化	古中原类型
丁公组	山东省邹平县	龙山文化	古中原类型
柳湾合并组	青海省乐都县	马家窑文化半山、马厂类型，齐家文化，辛店文化	古西北类型
阳山组	青海省民和县	马家窑文化半山时期	古西北类型
核桃庄组	青海省民和县	马家窑文化马场类型，辛店文化	古西北类型
宗日组	青海省同德县	距今 5200—4100 年	古西北类型
菜园组	宁夏海原县	距今约 4500 年	古西北类型
广富林组	上海市松江区	良渚文化	古华南类型
鲤鱼嘴组	广西柳州市	距今 11000 年左右	古华南类型
甑皮岩组	广西桂林市	距今 9000—7500 年	古华南类型
河姆渡组	浙江余姚	河姆渡文化	古华南类型
鲤鱼墩组	广东省遂溪县	最早距今 7000—6000 年	古华南类型
金兰寺组	广东省增城	公元前 2495 ± 145 年	古华南类型
河宕组	广东省佛山市	距今 4000 年左右	古华南类型
鱿鱼岗组	广东省南海县	新石器时代晚期	古华南类型
昙石山组	福建闽侯县	距今约 3300 年	古华南类型
马湾组	香港马湾岛	距今 3000 多年	古华南类型
七里河组	湖北省房县	屈家岭文化	与现代东亚、南亚蒙古人种相近[1]
兴义组	云南省通海市	距今 7158—6888 年	古西南类型
白羊村组	云南省宾川县	新石器时代晚期	古西南类型
磨盘山组	云南省元谋县	新石器时代晚期	古西南类型
大溪组	四川省巫山县	公元前 4400—3300 年	古西南类型

---

[1]　潘其风 . 中国古代居民种系分布初探［C］// 苏秉琦 . 考古学文化论集（一）. 北京：文物出版社，1987：221-232.

古蒙古高原类型：目前为止，新石器时代属于古蒙古高原类型的人骨材料仅有内蒙古呼伦贝尔盟哈克镇出土的一批，保存状况较差。颅骨形态表现为圆颅型、正颅型伴以阔颅型，较大的上面部扁平度，中眶型以及狭鼻型，与现代亚洲蒙古人种的北亚类型最为接近，在近代对比组中，其与蒙古组关系最为密切[①]。

古东北类型：新石器时代古东北类型的古人种学资料比较贫乏，目前正式发表的仅有新开流组、大南沟组、后套木嘎组和牛河梁组，其中牛河梁组尚未发表测量数据。另外还有一批内蒙古自治区敖汉旗博物馆收藏的小河沿文化墓葬的人骨，破损比较严重，但可以观察到较大的颅高值、较宽阔而扁平的面部[②]。由于属于古东北类型的人骨材料保存状况并不理想，测量数据多有缺失，不太适合与其他的颅骨组进行数据对比分析，因此先对新开流组、大南沟组和后套木嘎组进行简单介绍。

新开流组 1972 年出土于黑龙江省密山县新开流遗址，距今年代为 6080±130 年[③]。该批材料大部分保存欠佳，仅有一例颅骨可进行部分项目的测量。可见颅骨整体硕大，颅高绝对值较大，属于高颅、中颅和圆颅型，面部宽阔扁平，眼眶为低眶型。初步判断与东北亚（北极）蒙古人种关系密切[④]。

大南沟组出土于内蒙古自治区昭乌达盟（今赤峰市）翁牛特旗大南沟墓地，该墓地代表了西辽河流域新石器时代晚期的一种文化类型（三个标本的测年数据中，M76 树皮的年代与陶器断代接近，为 4 345±80B.P. 和 4 830±180B.P. ）。经 1977 年和 1979 年两次发掘，共清理 83 座墓葬[⑤]。大南沟墓地居民具有宽短的颅型，较宽而平的面型，较高的耳上颅高和眶型，与新开流组较为接近[⑥]。

---

① 中国社会科学院考古研究所，内蒙古自治区文物考古研究所，内蒙古自治区呼伦贝尔民族博物馆，内蒙古自治区呼伦贝尔市海拉尔博物馆.哈克遗址 2003—2005 年考古发掘报告［M］.北京：文物出版社，2010：175-189.

② 朱泓.中国东北地区的古代种族［J］.文物季刊，1998（1）：54-64.

③ 黑龙江省文物考古工作队.密山县新开流遗址［J］.考古学报，1979（4）：491-518.

④ 潘其风.中国古代居民种系分布初探［C］// 苏秉琦.考古学文化论集（一）.文物出版社，1987：221-232.

⑤ 辽宁省文物考古研究所，赤峰市博物馆编著.大南沟——后红山文化墓地发掘报告［M］.北京：科学出版社，1998：142-144.

⑥ 潘其风.大南沟新石器时代墓葬出土人骨的观察鉴定与研究［M］// 辽宁省文物考古研究所，赤峰市博物馆.大南沟——后红山文化墓地发掘报告.北京：科学出版社，1998：145-150.

后套木嘎组新石器时代居民可测量的仅有 1 例，颅面形态特征表现为长颅型、高颅型结合狭颅型，较高的面部和较大的面部扁平度，高眶型，与现代亚洲蒙古人种的东北亚类型最为相近[①]。

古华北类型：新石器时代古华北类型的人骨资料也不多见，主要有庙子沟组[②]、姜家梁组[③]、五庄果墚组[④]、石峁祭祀坑组[⑤]、石峁后阳湾组[⑥]、木柱柱梁组[⑦]、西岔石板墓组，西岔石板墓组人骨材料出土于内蒙古清水河县西岔石板墓地，属于龙山时期，兼有古华北、古中原两种类型[⑧]。庙子沟组和姜家梁组在后文详细介绍。

古中原类型：新石器时代古中原类型的人骨资料相对比较丰富，主要包括裴李岗文化、仰韶文化、大汶口文化、庙底沟二期文化、龙山文化的古代居民。古中原类型的最早代表为属于裴李岗文化的河南舞阳贾湖组，距今年代约为8500—7500 年（经树轮校正）[⑨]。属于仰韶文化的居民有石固组[⑩]、半坡组、宝鸡组、横阵组、华县组[⑪]、姜寨组[⑫]、零口组[⑬]、何家湾组[⑭]等。属于大汶口文化

①　肖晓鸣.吉林大安后套木嘎遗址人骨研究［D］.吉林大学博士学位论文，2014：15.

②　朱泓.内蒙古察右前旗庙子沟新石器时代颅骨的人类学特征［J］.人类学学报，1994，13（2）：126-133.

③　李法军.河北阳原姜家梁新石器时代人骨研究［M］.北京：科学出版社，2008.

④　周金妵.陕北靖边五庄果墚遗址龙山时代早期人骨及相关考古学问题的研究［D］.西北大学硕士学位论文，2012.

⑤　陈靓，熊建雪，邵晶，孙周勇.陕西神木石峁城址祭祀坑出土头骨研究［J］.考古与文物，2016（4）：134-142.

⑥　陈靓，熊建雪，邵晶，孙周勇.陕西神木石峁城址祭祀坑出土头骨研究［J］.考古与文物，2016（4）：134-142.

⑦　陈靓，郭小宁，洪秀媛，王炜林.陕西神木木柱柱梁新石器遗址人骨研究［J］.考古与文物，2015（5）：118-123.

⑧　张全超.内蒙古和林格尔县新店子墓地人骨研究［M］.北京：科学出版社，2010：74.

⑨　陈德珍，张居中.早期新石器时代贾湖遗址人类的体质特征及与其他地区新石器时代和现代人的比较［J］.人类学学报，1998，17（3）：191-208.

⑩　陈德珍，吴新智.河南长葛石固早期新石器时代人骨的研究［J］.人类学学报，1984，4（3）：205-214.

⑪　考古研究所体质人类学组.陕西华阴横阵的仰韶文化人骨［J］.考古，1977（4）：247-256.

⑫　夏元敏，巩启明，高强，周春茂.姜寨第一期文化墓葬人骨研究［M］//西安半坡博物馆，陕西省考古研究所，临潼县博物馆.姜寨——新石器时代遗址发掘报告.北京：文物出版社，1988：465-484；巩启明，高强，周春茂，王志俊.姜寨第二期文化墓葬人骨研究［M］//西安半坡博物馆，陕西省考古研究所，临潼县博物馆.姜寨——新石器时代遗址发掘报告.北京：文物出版社，1988：485-503.

⑬　周春茂，闫毓民.零口遗址新石器时代女性人骨及其损伤研究［C］//陕西省考古研究所，中国史前考古学研究——祝贺石兴邦先生考古半世纪暨八秩华诞文集.西安：三秦出版社，2004：178-195.

⑭　韩康信.西乡县何家湾仰韶文化居民头骨［C］//陕西省考古研究所.陕南考古报告集.西安：三秦出版社，1994：192-200.

的居民有大汶口组[①]、西夏侯组[②]、野店组[③]、付家组[④]、广饶组[⑤]、王因组[⑥]、呈子一期组[⑦]、尉迟寺组[⑧]、北阡组[⑨]等。属于庙底沟二期文化的有庙底沟二期组[⑩]。属于龙山文化的古代居民有呈子二期组[⑪]、西吴寺组[⑫]、丁公组[⑬]、平粮台组、郝家台组[⑭]、徐堡组[⑮]等。属于马家浜文化的江苏圩墩组[⑯]、屈家岭文化的下王岗组[⑰]以及西山组[⑱]、笃忠组[⑲]、寨峁组[⑳]、陶寺组[㉑]等也体现了古中原类型的特征。

古西北类型：西北地区新石器时代的人骨材料发现较少，主要有柳湾合并组[㉒]、

① 颜訚.大汶口新石器时代人骨的研究报告［J］.考古学报，1972（1）：91-122；韩康信，潘其风.大汶口文化居民的种属问题［J］.考古学报，1980（3）：387-402.

② 颜訚.西夏侯新石器时代人骨的研究报告［J］.考古学报，1973（2）：91-126.

③ 张振标.从野店人骨论山东三组新石器时代居民的种族类型［J］.古脊椎动物与古人类，1980（1）：65-75.

④ 尚虹.山东广饶新石器时代人骨及其与中国早全新世人类之间关系的研究［D］.中国科学院研究生院博士学位论文，2002：31-57.

⑤ 韩康信，常兴照.广饶古墓地出土人类学材料的观察与研究［J］.海岱考古（第一辑），1989：390-403.

⑥ 韩康信.山东兖州王因新石器时代人骨的鉴定报告［M］//中国社会科学院考古研究所.山东王因——新石器时代遗址发掘报告.北京：科学出版社，2000：388-413.

⑦ 韩康信.山东诸城呈子新石器时代人骨［J］.考古，1990（7）：644-654.

⑧ 张君，韩康信.尉迟寺新石器时代墓地人骨的观察与鉴定［J］.人类学学报，1998，17（1）：22-31.

⑨ 中桥孝博，高椋浩史，栾丰实.山东北阡遗址出土之大汶口时期人骨［J］.东方考古（第10辑），2013：13-51.

⑩ 韩康信，潘其风.陕县庙底沟二期文化墓葬人骨的研究［J］.考古学报，1979（2）：255-270.

⑪ 韩康信.山东诸城呈子新石器时代人骨［J］.考古，1990（7）：644-654.

⑫ 朱泓.兖州西吴寺龙山文化颅骨的人类学特征［J］.考古，1990（10）：908-914.

⑬ 中桥孝博，栾丰实.丁公遗址出土的龙山文化人骨——头盖骨［C］//栾丰实，宫本一夫.海岱地区早期农业和人类学研究.北京：科学出版社，2008：187-199.

⑭ 孙蕾，曹艳鹏，张海.河南平粮台和郝家台遗址龙山文化的颅骨形态学分析［J］.江汉考古，2021（5）：128-133.

⑮ 周亚威，刘明明，冯春艳，韩长松.徐堡遗址龙山文化居民颅骨的形态学研究［J］.人类学学报，2018，37（1）：18-28.

⑯ 魏东.圩墩遗址新石器时代居民的人种学研究［J］.文物春秋，2000（5）：11-16.

⑰ 张振标，陈德珍.下王岗新石器时代居民的种族类型［J］.史前研究，1984（1）：68-76.

⑱ 魏东，张桦，朱泓.郑州西山遗址出土人类遗骸研究［J］.中原文物，2015（2）：111-119.

⑲ 孙蕾，武志江.渑池笃忠遗址仰韶文化晚期人骨研究［J］.华夏考古，2010（3）：100-109.

⑳ 方启.陕西神木县寨峁遗址古人骨研究［J］.边疆考古研究（第2辑），2004：316-336.

㉑ 李法军.陶寺居民人类学类型的研究［J］.文物春秋，2001（4）：8-53.

㉒ 潘其风，韩康信.柳湾墓地的人骨研究［M］//青海省文物管理处考古队，中国社会科学院考古研究所.青海柳湾.北京：文物出版社，1984年：261-303.

阳山组[①]、核桃庄组[②]、宗日组[③]和菜园组[④]，以及早年步达生发表的甘肃史前组[⑤]。

古华南类型：新石器时代古华南类型的居民主要有甑皮岩组[⑥]、鲤鱼嘴组[⑦]，河姆渡组[⑧]、广富林组[⑨]、河宕组[⑩]、鱿鱼岗组[⑪]、昙石山组[⑫]、金兰寺组[⑬]、马湾组[⑭]以及鲤鱼墩组[⑮]。

古西南类型：近年来，在西南地区的新石器时代人骨标本主要有兴义组[⑯]、白羊村组[⑰]和磨盘山组[⑱]。另外，考虑将此前归为"峡江地区类型"的大溪组[⑲]也归为古西南类型。

---

①　韩康信.青海民和阳山墓地人骨［M］//青海省文物考古研究所.民和阳山.北京：文物出版社，1990：160-173.

②　王明辉，朱泓.民和核桃庄史前文化墓地人骨研究［M］//青海省文物考古研究所，青海省文物管理处，西北大学文博学院.民和核桃庄.北京：科学出版社，2004：281-320.

③　陈靓.宗日遗址墓葬出土人骨的研究［J］.西部考古（第一辑），2006：114-129.

④　韩康信.宁夏海原菜园村新石器时代墓地人骨的性别年龄鉴定与体质类型［C］//中国社会科学院考古研究所.中国考古学论丛——中国社会科学院考古研究所建所40周年纪念.北京：科学出版社，1993：170-180.

⑤　步达生（Black D.）.甘肃河南晚石器时代及甘肃史前后期之人类头骨与现代华北及其他人种之比较［J］.古生物志丁种第六号第一册，1928：1-83.

⑥　中国社会科学院考古研究所，广西壮族自治区文物工作队，桂林甑皮岩遗址博物馆，桂林市文物工作队.桂林甑皮岩［M］.北京：文物出版社，2003：405-425，491-492.

⑦　刘文，罗安鹄，朱芳武等.柳州大龙潭鲤鱼嘴新石器时代遗址的人骨［J］.广西民族研究，1994（3）：22-37.

⑧　韩康信，潘其风.浙江余姚河姆渡新石器时代人类头骨［J］.人类学学报，1983，2（2）：124-131.

⑨　汪洋.广富林良渚先民体质及文化适应研究［D］.复旦大学博士学位论文，2008.

⑩　韩康信，潘其风.广东佛山河宕新石器时代晚期墓葬人骨［J］.人类学学报，1982（1）：42-52.

⑪　黄新美，刘建安.广东南海县鱿鱼岗新石器时代晚期墓葬人骨［J］.人类学学报，1988，7（2）：102-105.

⑫　韩康信，张振标，曾凡.闽侯昙石山遗址的人骨［J］.考古学报，1976（1）：121-129.

⑬　吴新智.广东增城金兰寺遗址新石器时代人类头骨［J］.古脊椎动物与古人类，1978，16（3）：201-204.

⑭　韩康信，董新林.香港马湾岛东湾仔北史前遗址出土人骨鉴定［J］.考古，1999（6）：18-25.

⑮　李法军等.鲤鱼墩——一个华南新石器时代遗址的生物考古学研究［M］.广州：中山大学出版社，2013.需要指出的是，华南新石器时代延续到较晚的时间，为了合理地对新石器时代居民的体质特征进行研究，此后进行对比研究选择的是距今4000年以上的居民组.

⑯　赵东月，朱忠华.云南通海兴义贝丘遗址新石器时代人骨研究，待刊.

⑰　赵东月，朱泓，闵锐.云南宾川白羊村新石器时代遗址人骨研究［J］.南方文物，2016（1）：160-165.

⑱　周亚威，赵东月，王艳杰等.磨盘山遗址新石器时代人骨研究［J］.人类学学报，2017，36（2）：216-226.

⑲　陈山.大溪文化居民种族类型研究初探［C］//徐州博物馆.徐州博物馆三十年纪念文集（1960—1990）.北京：北京燕山出版社，1992，186-199.

将以上古代人群的地点绘制成图（图版一），我们可以直观地看到新石器时代不同人种类型居民的分布与演变情况。新石器时代的古代居民以中原地区发现最多，其次为华南地区，东北地区、内蒙古中南部、西北地区和西南地区仅有零星发现。古中原类型，在分布上可以明显地划为两个区域，即陕西—河南区和山东区。随着陕西—河南区仰韶文化和山东区龙山文化各自的扩张，两种文化不可避免地在河南中部地区发生了接触。庙底沟二期居民的体质特征，与现代亚洲蒙古人种的东亚类型较为接近，在新石器时代各组中，与甘青地区居民距离较远，与仰韶文化和大汶口文化各组关系更为密切，但在接近南亚人种的程度上似又不及仰韶各组[①]，可能这正是黄河中游和下游居民文化交流和体质融合的结果。

到了新石器时代晚期，随着人们活动范围的不断扩大，古中原类型居民已经向北扩张至陕西北部和内蒙古中南部地区，可能已经与古华北类型、古西北类型开始互相接触。此时古中原类型人群分布的南部边界已到达长江中下游地区的太湖东岸，并与古华南类型有了基因上的交流[②]。

第三节　新石器时代古人种类型与现代汉族体质特征比较

一、数据及来源

在对我国旧石器时期和新石器时期居民的体质特征与人种类型的分布情况有了总体的了解后，为了进一步明晰旧石器晚期和整个新石器时代不同类型人群体质的传承与演变，以及其与现代汉族居民的关系，追寻现代汉族居民体质特征的源头，我们选择几组具有代表性的颅骨组来进行分析和比较。

旧石器时代晚期阶段，我们选择数据比较完整的柳江人[③]和山顶洞人[④]。新石器时代早期的颅骨资料相对较少，且多位于华南地区，东北地区也有发现，但目前发表数据较少，因此我们选择华南地区的甑皮岩组。到了新石器时代中

①　韩康信，潘其风.陕县庙底沟二期文化墓葬人骨的研究［J］.考古学报，1979（2）：255-270.
②　汪洋.广富林良渚先民体质及文化适应研究［D］.复旦大学博士学位论文，2008.
③　吴汝康.广西柳江发现的人类化石［J］.古脊椎动物与古人类，1959，1（3）：97-104.
④　颜訚.从人类学上观察中国旧石器时代晚期与新石器时代的关系［J］.考古，1965（10）：513-516.

期，颅骨标本渐趋增多，并多集中在中原地区，我们选择长城地带的庙子沟组和姜家梁组，黄河中下游的仰韶合并组、西夏侯组和野店组。新石器时代晚期，黄河上游的西北地区人骨材料比较丰富，我们选择柳湾合并组、菜园组和阳山组，黄河中下游地区选择庙底沟二期组和呈子二期组，华南地区选择河宕组，西南地区选择兴义组和磨盘山组。选择的对比组，在自旧石器时代晚期至新石器时代晚期的纵向时间标尺上，以及我国南北各地不同人种类型的横向地理分布上，形成了一个比较完整的对比体系。

庙子沟组：人骨材料出土于内蒙古自治区乌兰察布盟察右前旗庙子沟新石器时代遗址，其年代上限距今约 5500 年左右，相当于仰韶晚期[①]。庙子沟居民具有中颅型、高颅型和狭颅型相结合的颅骨形态特征，以及中等偏狭的面型，偏低的眶型和较阔的鼻型，并且具有较大的面部扁平度。与现代亚洲蒙古人种的东亚类型比较接近[②]。

姜家梁组：人骨材料出土于河北省张家口市阳原县姜家梁新石器时代遗址，对房址（F1）的碳十四测年显示姜家梁遗址的绝对年代为距今 6850±80 年（未做树轮校正），但房址多被墓葬打破，因此墓葬的年代较房址为晚。通过对墓葬文化性质的分析，姜家梁墓地时代与大南沟墓地大致相同[③]。姜家梁组居民的体质特征表现为中颅型、伴以高颅型和狭颅型，中等偏狭的面型，中等的上面高，较大的面部扁平度，中等偏阔的鼻型和较低的眶型。研究者认为姜家梁遗址居民属于"同种系多类型的复合体"[④]。

菜园组：人骨材料出土于宁夏回族自治区海原县菜园村新石器时代墓地，墓地文化与年代相近的马家窑文化、齐家文化差别较大，与常山下层文化可能属于同一系统。菜园组体质特征表现为中长颅型、高颅型伴以狭颅型，面型较高而狭，面部扁平度较明显，偏阔的中鼻型和中眶型，与现代亚洲蒙古人种的东亚类型接近[⑤]。

①　内蒙古文物考古研究所．内蒙古察右前旗庙子沟遗址考古纪略［J］．文物，1989（12）：29-39+28.

②　朱泓．内蒙古察右前旗庙子沟新石器时代颅骨的人类学特征［J］．人类学学报，1994，13（2）：126-133.

③　河北省文物研究所．河北阳原县姜家梁新石器时代遗址的发掘［J］．考古，2001（2）：13-27.

④　李法军．河北阳原姜家梁新石器时代人骨研究［M］．北京：科学出版社，2008.

⑤　韩康信．宁夏海原菜园村新石器时代墓地人骨的性别年龄鉴定与体质类型［C］//中国社会科学院考古研究所．中国考古学论丛——中国社会科学院考古研究所建所 40 周年纪念．北京：科学出版社，1993：170-180.

柳湾合并组：人骨材料出土于青海省乐都县柳湾墓地，该墓地共发掘包括马家窑文化的半山、马厂类型，齐家文化，辛店文化四种不同文化类型的墓葬共一千五百座。其中辛店文化墓葬只有五座，未做人骨鉴定。研究者认为柳湾墓地中三种不同文化类型的居民在体质上没有显著差异，故将其合并为一组。柳湾合并组与现代亚洲蒙古人种的东亚类型比较接近[①]。

甘肃史前组：材料源于 20 世纪 20 年代安特生从甘肃采集来的史前时期（实为新石器时代—青铜时代）人骨及河南新石器时代晚期的少量标本。步达生认为甘肃河南新石器组与现代华北人最为相似，可将其称为"原中国人（proto-Chinese）"[②]。

阳山组：人骨材料出土于青海省民和回族土族自治县的阳山墓地，年代相当于马家窑文化半山期。阳山组古代居民的形态特征主要表现为偏长的颅型，狭面型，中等至偏狭的鼻型，比较接近现代亚洲蒙古人种的东亚类型[③]。

仰韶合并组：人骨材料包括半坡组、华县组、宝鸡组和横阵组等四个仰韶文化组，因其体质特征基本上属于同一类型，所以将四组合并为仰韶文化组[④]。仰韶合并组居民具有中长颅型、高颅型，较高的上面部，中等的面型，偏低的眶型和较阔的鼻型。与现代亚洲蒙古人种的东亚类型和南亚类型比较接近[⑤]。

西夏侯组：人骨材料出土于山东省曲阜市西夏侯大汶口文化遗址。西夏侯组居民具有中上面型、中鼻型以及偏低的中眶型，颜闾先生认为属于蒙古大人种的波利尼西亚类型[⑥]。后张振标先生认为相比于波利尼西亚类型，西夏侯组更接近于现代华南人[⑦]。

---

① 潘其风，韩康信.柳湾墓地的人骨研究［M］//青海省文物管理处考古队，中国社会科学院考古研究所.青海柳湾.北京：文物出版社，1984：261-303.

② 步达生（Black D.）.甘肃河南晚石器时代及甘肃史前后期之人类头骨与现代华北及其他人种之比较［J］.古生物志丁种第六号第一册，1928：1-83.

③ 韩康信.青海民和阳山墓地人骨［M］//青海省文物考古研究所.民和阳山.北京：文物出版社，1990：160-173.

④ 考古研究所体质人类学组.陕西华阴横阵的仰韶文化人骨［J］.考古，1977（4）：247-256.

⑤ 颜闾，吴新智，刘昌芝，顾玉珉.西安半坡人骨的研究［J］.考古，1960（9）：36-47；颜闾.宝鸡新石器时代人骨的研究报告［J］.古脊椎动物与古人类，1960，2（1）：33-43；考古研究所体质人类学组.陕西华阴横阵的仰韶文化人骨［J］.考古，1977（4）：247-256；北京大学历史系考古教研室，中国社会科学院考古研究所编.元君庙仰韶墓地［M］.北京：文物出版社，1983：47.

⑥ 颜闾.西夏侯新石器时代人骨的研究报告［J］.考古学报，1973（2）：91-126.

⑦ 张振标.从野店人骨论山东三组新石器时代居民的种族类型［J］.古脊椎动物与古人类，1980（1）：65-75.

野店组：人骨材料出土于山东省邹县野店大汶口文化遗址，为排除变形颅之后的测量数据。野店组居民体质特征表现为接近中颅的圆颅型、高颅型伴以接近狭颅的中颅型，中等的上面高，中等高度的眶型及中鼻型，与现代华南人较为接近[①]。

甑皮岩组：人骨材料出土于广西壮族自治区桂林市郊甑皮岩遗址，年代为新石器时代早期[②]。甑皮岩居民的体质特征主要表现为偏长、较高的颅型伴以中颅型，低面，低眶，阔鼻，面部水平方向扁平度中等，齿槽突出程度明显，与现代亚洲蒙古人种的南亚类型比较接近[③]。

河宕组：人骨材料出土于广东省佛山河宕新石器时代晚期贝丘遗址，年代为距今 4000 年左右。河宕组居民的基本特征为长颅、高颅、狭颅，低上面，狭面宽，很低的垂直颅面指数，中等偏低的眶型，阔鼻型，齿槽突颌显著，面部水平扁平度偏小。与现代印度尼西亚、美拉尼西亚人有较多的相似性，但仍应属于蒙古人种的南部边缘类型[④]。

呈子二期组：人骨材料出土于山东诸城呈子新石器时代墓地。该墓地共出土六例人骨标本，其中一例女性个体属于大汶口时期（呈子一期），五例个体属于龙山时期（呈子二期）。呈子二期居民未见变形颅及拔牙习俗，表现为中颅型、高颅型和狭颅型，狭额型，偏狭的中面型，中鼻型，中眶型和中颌型。与大汶口文化的西夏侯组最为接近[⑤]。

庙底沟二期组：人骨材料出土于河南省陕县庙底沟新石器时代遗址中庙底沟二期文化墓葬，庙底沟二期文化可能是"龙山早期或由仰韶到龙山的一种过渡性质的文化"。研究者认为庙底沟二期居民的体质特征与现代亚洲蒙古人种的东亚类型较为接近，与古代仰韶文化和大汶口文化各组人骨之间，存在更为密切的关系[⑥]。

① 张振标. 从野店人骨论山东三组新石器时代居民的种族类型［J］. 古脊椎动物与古人类，1980（1）：65–75.

② 中国社会科学院考古研究所，广西壮族自治区文物工作队，桂林甑皮岩遗址博物馆，桂林市文物工作队. 桂林甑皮岩［M］. 北京：文物出版社，2003：446–450.

③ 中国社会科学院考古研究所，广西壮族自治区文物工作队，桂林甑皮岩遗址博物馆，桂林市文物工作队. 桂林甑皮岩［M］. 北京：文物出版社，2003：405–445.

④ 韩康信，潘其风. 广东佛山河宕新石器时代晚期墓葬人骨［J］. 人类学学报，1982（1）：42–52.

⑤ 韩康信. 山东诸城呈子新石器时代人骨［J］. 考古，1990（7）：644–654.

⑥ 韩康信，潘其风. 陕县庙底沟二期文化墓葬人骨的研究［J］. 考古学报，1979（2）：255–270.

兴义组：人骨材料出土于云南省玉溪市通海县兴义贝丘遗址，男性先民属于新石器时代晚期的海东类型，颅面特征表现为中等长度的颅型，结合高颅型和中颅型，中等额宽，特阔的上面型，中眶型，阔鼻型，平颌型。女性个体年代可早至新石器时代中期（7158—6888 a BP），在颅型和面部突度方面与男性居民很相似，不同之处在于兴义女性先民具有偏阔的中上面型、高眶型、狭鼻型和更大的上面部扁平度[1]。

磨盘山组：人骨材料出土于云南省楚雄彝族自治州元谋县，年代为新石器时代晚期。磨盘山组居民的颅面特征可以概括为中颅型、正颅型结合中颅型，阔额型、阔上面型、阔鼻型、中眶型，伴有很大的上面部扁平度[2]。

二、史前时期的古代居民及现代汉族居民体质特征的比较

我们将以上各古代颅骨组与华北组、青岛组、西安组、太原组、长春组、湖南组、香港组、华南组等八组现代汉族颅骨组进行比较分析（表3.2），进行欧氏距离的计算（表3.3），并生成聚类图（图3.1）。

通过聚类图可以看出，现代汉族华北地区各组首先聚为一小类，随后与华南各组聚为一大类。然后依次与新石器时代各地区类型组聚在一起，与柳江人尤其是山顶洞人的关系最为疏远。这样的聚类结果说明，虽然我国居民的体质特征自旧石器时代开始经新石器时代至现代具有连续的继承性，但是不同时代同一地区居民之间的体质区别远远大于同一时代不同地区的居民之间体质的差异。旧石器时代晚期的山顶洞人、柳江人与新石器时代和现代汉族各组的差异最大，欧氏距离矩阵也直观地表现了这一点，这应该与其年代久远、蒙古人种的形态特征尚未完全形成有关。

现代汉族各组的体质特征与类型我们在第二章已有详述。新石器时代各组明显区分为几个地区类型。庙子沟组与姜家梁组聚为一类，二者同属古代居民中的古华北类型；阳山组、柳湾合并组和甘肃史前组聚为一类，三者皆为古代居民中的古西北类型；仰韶合并组首先与庙底沟二期组聚在一起，随后与呈子

---

[1] 赵东月，朱忠华.云南通海兴义贝丘遗址新石器时代人骨研究，待刊.

[2] 周亚威，赵东月，王艳杰等.磨盘山遗址新石器时代人骨研究［J］.人类学学报，2017，36（2）：216-226.

现代汉族各组间的欧氏距离（男性）

2	13	14	15	16	17	18	19	20	21	22	23	24	25
00													
079	0.000												
40	17.535	0.000											
414	22.228	12.796	0.000										
310	40.023	35.872	37.534	0.000									
079	26.261	18.858	19.236	24.778	0.000								
127	18.426	18.584	18.663	34.357	21.894	0.000							
759	15.176	16.299	19.288	35.360	21.725	6.643	0.000						
773	20.431	16.462	14.744	34.858	21.709	7.238	9.662	0.000					
079	18.381	18.441	17.961	35.096	24.642	7.092	8.570	6.516	0.000				
319	22.441	24.417	22.772	40.373	30.257	10.958	12.458	10.301	7.733	0.000			
938	17.478	18.810	18.571	35.134	24.376	7.082	7.987	7.507	3.362	7.698	0.000		
804	24.767	22.895	22.208	36.900	27.040	8.994	12.212	9.143	9.369	8.796	8.839	0.000	
493	18.595	21.132	21.229	36.532	26.049	6.033	7.858	8.954	5.388	6.764	3.874	7.458	0.000

. 西夏侯组；9. 野店组；10. 呈子二期组；11. 庙底沟二期组；12. 甑皮岩组；13. 河宕组；14. 兴义组；15. 磨盘山组；
. 长春组；25. 华北组。

表 3.2　史前时期各组及现代汉族颅骨组的比较（男

马丁号	测量项目↓ 组别→	庙子沟组	姜家梁组	菜园组	阳山组	甘肃 史前组	柳湾 合并组
1	颅骨最大长	177.63	178.27	179.60	181.80	181.60	185.93
8	颅骨最大宽	137.03	134.20	135.60	133.30	137.00	136.41
17	颅高	140.93	138.10	140.10	133.90	136.80	139.38
45	面宽	136.64	136.63	131.20	131.70	130.70	137.24
48	上面高 sd	73.50	75.53	71.90	75.60	74.80	78.19
72	总面角	82.33	82.59	93.30	89.20	84.96	89.21
77	鼻颧角	149.81	146.76	145.80	146.60	146.06	146.49
8∶1	颅长宽指数	77.22	75.76	75.20	73.31	74.96	73.92
17∶1	颅长高指数	79.57	78.74	78.40	73.76	75.65	74.74
17∶8	颅宽高指数	102.95	102.33	103.80	101.84	100.45	100.96
48∶17sd	垂直颅面指数	52.05	54.58	52.30	56.29	54.68	56.57
48∶45sd	上面指数	53.68	55.71	54.90	56.93	56.48	57.60
52∶51	眶指数 R	74.94	77.39	82.20	79.29	75.02	78.46
54∶55	鼻指数	49.90	49.00	50.70	47.25	47.33	49.09
马丁号	测量项目↓ 组别→	兴义组	磨盘山组	山顶洞人	柳江人	华南组	香港组
1	颅骨最大长	185.50	184.00	204.00	189.30	179.90	179.31
8	颅骨最大宽	141.50	140.20	143.00	142.20	140.90	139.58
17	颅高	139.66#	132.00	136.00	134.80	137.80	140.19
45	面宽	135.63#	131.00	143.00	136.00	132.60	133.36
48	上面高 sd	65.24	64.70	79.50*	68.40*	73.80	72.85
72	总面角	87.25	85.47#	84.00	86.00	81.70	86.28
77	鼻颧角	147.00	151.00	135.00	143.50	145.10	144.64
8∶1	颅长宽指数	76.29	76.20	70.10	75.10	78.75	77.84
17∶1	颅长高指数	75.29	71.73	66.70	71.20	77.02	78.18
17∶8	颅宽高指数	98.70	94.15	95.10	94.80	97.80	100.44
48∶17sd	垂直颅面指数	46.71	49.02	58.46	50.74	53.60	51.97
48∶45sd	上面指数	44.45	48.09	55.59*	50.29*	55.67	54.63
52∶51	眶指数 R	79.89	81.53	69.17	67.30	[78.49]	77.90
54∶55	鼻指数	51.36	53.74	55.20	58.50	48.50	49.16

注：* 原测量数值为 n-pr，加 2.5 校正为 n-sd，上面指数随之校正。# 原值缺失，为史前各组均值；［］内原值缺失，

仰韶合并组	西夏侯组	野店组	呈子二期组	庙底沟二期组	甑皮岩组	河宕组
180.70	180.30	181.40	184.50	179.43	190.40	181.40
142.56	140.90	146.00	144.20	143.75	138.80	132.50
142.53	148.30	141.70	144.30	143.17	140.00	142.50
136.37	139.40	137.30	136.90	140.83	134.60	130.50
73.38	74.50*	75.80*	74.90	73.48	67.70	67.90
81.39	84.38	85.50	85.80	85.75	83.50	82.30
146.40	145.03	149.00	141.90	147.56	144.75	142.60
79.10	78.15	80.49	78.20	80.31	72.93	73.10
78.62	83.91	78.11	78.10	77.64	73.53	78.40
99.41	105.07	97.05	99.50	99.47	100.86	106.20
51.60	50.24	53.49	53.30	54.06	48.36	45.70
54.58	53.44*	55.21*	54.70	51.86	47.62	51.30
77.18	77.97	85.80	78.90	77.71	79.38	80.30
52.08	48.46	47.33	49.30	50.17	52.50	51.60

湖南组	西安组	太原组	青岛组	长春组	华北组	
179.51	180.70	175.51	180.10	178.40	178.50	
141.18	138.80	137.73	137.30	141.40	138.20	
134.82	137.00	135.15	136.40	135.10	137.20	
134.45	133.85	131.99	133.40	134.12	132.70	
72.03	74.32	75.82	73.90	75.40	75.30	
84.71	［84.35］	85.49	84.52	［84.35］	83.39	
145.36	146.56	145.15	145.65	［145.37］	145.10	
78.65	76.81	78.47	76.24	80.30	77.56	
74.80	75.82	77.00	75.74	76.30	77.02	
95.50	98.70	98.13	99.34	95.60	99.53	
53.43	54.26	56.10	54.18	55.85	54.20	
53.57	55.52	57.44	55.40	56.14	56.80	
82.06	83.62	85.19	［81.59］	80.08	80.68	
48.92	47.56	45.27	46.07	41.90	45.21	

为现代各组平均值。

表 3.3　史前时期各组与

	1	2	3	4	5	6	7	8	9	10	11	1
1	0.000											
2	7.103	0.000										
3	15.371	14.159	0.000									
4	16.486	11.877	12.219	0.000								
5	11.784	9.228	13.603	8.445	0.000							
6	15.473	12.103	14.131	10.044	10.963	0.000						
7	9.106	11.877	16.997	19.172	13.377	15.775	0.000					
8	12.284	15.251	17.887	23.291	19.106	18.764	11.631	0.000				
9	16.979	17.367	18.356	20.487	18.055	16.900	12.329	16.543	0.000			
10	14.841	15.200	16.433	19.024	14.641	13.478	8.788	11.836	11.581	0.000		
11	11.323	14.049	17.591	20.317	16.391	15.847	7.969	11.917	11.057	9.600	0.000	
12	19.182	19.998	19.248	20.652	18.259	18.992	16.949	21.304	21.801	16.986	19.289	0.0
13	16.271	16.761	15.409	20.087	17.809	21.652	17.864	18.330	24.610	20.000	21.956	14.
14	19.039	21.507	18.839	22.949	20.460	22.110	16.964	20.926	20.095	17.853	17.002	9.
15	22.124	22.939	21.256	21.411	20.208	23.812	20.576	28.729	22.338	23.477	22.159	15.
16	37.920	35.929	39.168	34.258	32.842	28.641	34.169	38.879	37.443	30.523	35.099	29.
17	23.806	24.904	26.438	25.119	21.376	23.127	20.946	28.633	28.144	22.078	22.742	17.
18	11.190	10.260	15.668	14.377	8.588	14.476	8.182	16.780	12.610	11.280	12.296	18.
19	9.069	9.323	10.559	13.399	8.672	12.961	8.042	13.065	13.363	9.667	10.570	16.
20	14.979	13.517	15.607	14.488	12.207	15.598	12.191	20.377	12.096	13.777	13.246	17.
21	13.131	10.216	12.883	11.049	9.818	11.916	12.006	18.069	11.083	12.845	13.707	17.
22	16.900	13.020	15.078	12.914	13.206	16.464	17.084	21.738	14.555	17.786	18.064	24.
23	12.430	8.863	12.506	9.268	7.745	11.745	12.825	18.244	13.612	13.665	14.597	17.
24	16.509	14.266	18.838	15.292	12.427	16.467	15.319	21.105	13.135	15.473	15.475	23.
25	12.072	8.736	13.938	11.287	8.074	13.216	12.296	17.426	13.425	13.526	14.633	20.

注：1. 庙子沟组；2. 姜家梁组；3. 菜园组；4. 阳山组；5. 甘肃史前组；6. 柳湾合并组；7. 仰韶合并组；8
16. 山顶洞人；17. 柳江人；18. 华南组；19. 香港组；20. 湖南组；21. 西安组；22. 太原组；23. 青岛组；2

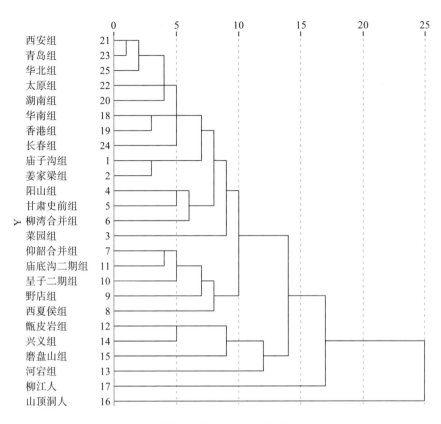

图 3.1　史前组与现代汉族组关系聚类图（男性）

二期组、野店组、西夏侯组聚为一类，代表了新石器时代中期至晚期古中原居民在黄河流域中游和下游的两个地方类型；华南地区与西南地区的新石器时代先民在面部特征方面具有较多的共性，因部分数据的缺失，兴义组、磨盘山组使用了史前各组的平均值，因此华南地区的甑皮岩组、河宕组与西南地区的兴义组、磨盘山组聚为一类。可见新石器时代早期至晚期的华南地区居民，新石器时代中期至晚期的黄河流域居民，新石器时代中期至晚期的内蒙古中南部及冀北地区的居民，后期居民基本都继承了本区域先期居民的体质特征。

图 3.1 的聚类表现了旧石器时代晚期居民、新石器时代居民与现代汉族各组的一种总体趋势。当我们开始思考现代汉族的来源时，根据图 3.1 我们发现新石器时代居民中，与现代汉族距离由近到远依次为古华北类型、古西北类型、古中原类型、古华南类型和古西南类型。聚类分析是根据不同颅骨组之间关系的远近绘制出来的综合示意图，组别越多，情况越复杂，比如，

根据欧氏距离来看，华南组与代表新石器时代古中原类型的仰韶合并组距离最小（8.182），但是与同属古中原类型的西夏侯组距离较远一些（16.780），仰韶合并组与西夏侯组聚为一类之后，无法在聚类图中真实表现与华南组的关系。

　　为了更清楚地讨论现代汉族的来源，我们简化一些聚类组别，将代表华北地区现代汉族的华北组、西安组、青岛组，代表华南地区的香港组、华南组分别与史前时期的柳江人、山顶洞人、甑皮岩组、河宕组、仰韶合并组、庙底沟二期组、阳山组、甘肃史前组、庙子沟组、姜家梁组、兴义组、磨盘山组进行聚类分析。

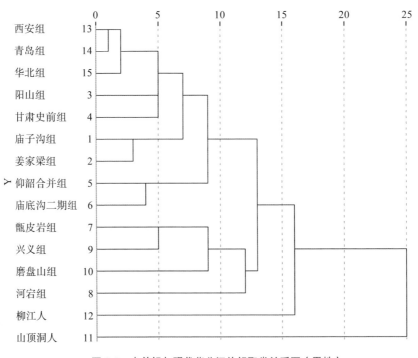

图 3.2　史前组与现代华北汉族组聚类关系图（男性）

　　通过图 3.2 可以看出，现代华北汉族的三个对比组首先聚类在一起，与他们距离最近的是古西北类型的阳山组和甘肃史前组，其次为古华北类型的庙子沟组和姜家梁组。古中原类型各组与华北汉族组相距稍远，古华南类型的甑皮岩组和河宕组、古西南类型的兴义组和磨盘山组与华北汉族各组距离最远。这一结果与步达生称古西北类型为"原中国人（proto-Chinese）"的看法基本一致。步达生于 1925 年 12 月对安特生从甘肃采集来的史前时期（实为新石器时代—青铜时代）人骨及河南新石器时代晚期的少量标本进行研究，并将其与现代华北人、藏族 A/B 组、北亚、朝鲜、日本等各组居民进行对比分析，认为甘肃河南新石器组与现代华北人最为相似，可将其称为"原中国人（proto-Chinese）"[①]。与现代华北居民或者说汉族居民之间体质特征的这种相似性，表明新石器时代古西北类型居民是现代华北汉族的重要来源。

通过图 3.3 可以看出，现代华南组和香港组首先聚为一类，与他们距离最近的是古中原类型的仰韶合并组和庙底沟二期组，其次为古华北类型的庙子沟组和姜家梁组。黄河上游古西北类型的阳山组、甘肃史前组与华南汉族组的距离稍远。相对来说，南方地区的甑皮岩组、河宕组、兴义组、磨盘山组与现代华南地区的汉族居民相距最远。

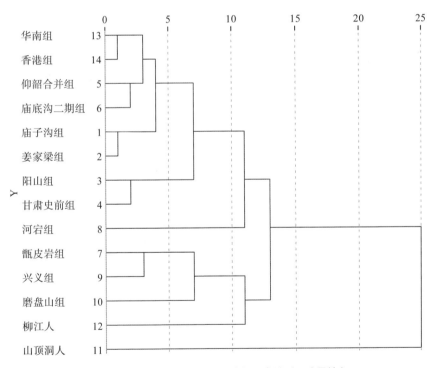

图 3.3　史前组与现代华南汉族组聚类关系图（男性）

---

①　步达生（Black D.）. 甘肃河南晚石器时代及甘肃史前后期之人类头骨与现代华北及其他人种之比较［J］. 古生物志丁种第六号第一册，1928：1-83.

我国学者或以北纬 30° 为界，或以长江为界，将现代中国人划分为南北两个类群[①]。同时考虑到新石器时代的居民基本上也可以划分为南北两个大类型，由此或认为现代中国人的南北地区性差异可能形成于新石器或更早的年代，"两种不同地区体征类型是我国新石器时代居民体征类型的延续和发展"[②]。虽然这些研究论及的都是整体中国人，但包含其中作为主体的汉族居民应具有同样的继承关系。然而图 3.2、3.3 的聚类结果说明，虽然我国新石器时代居民和现代汉族居民皆可以划分为华南、华北两大类群，但是现代华南居民并不是直接承袭新石器时代华南居民的体质特征发展而来的。华南汉族的祖先也应来自北方，历经一万余年复杂的迁徙和与华南本地居民的融合，形成了如今的华南汉族。

三、古中原类型与现代汉族的发源

由现代汉族各组、华北汉族各组、华南汉族各组分别与史前时期特别是新石器时代各颅骨组的对比分析得知，现代汉族居民与古西北类型、古中原类型居民的体质特征最为相近，与古华北类型也有比较密切的联系。值得注意的一点是，古西北类型与古中原类型在颅型方面基本具有一致性，都是偏长的中颅型、高颅型伴以偏狭的颅型，同时都具有中等偏狭的面宽和中等的上面部扁平度。不同之处在于古西北类型的上面高比古中原类型为高，因此面型较高而狭，另外，古西北类型居民为中眶型和狭鼻型，古中原类型居民的眶型较低，鼻型较阔。古华北类型和古中原类型的颅型特征也比较相似，区别在于古华北类型的面宽较古中原类型为窄，且具有较大的面部扁平度。这种体质上的相似性，需要我们对三种古代人种类型居民的关系进行探讨，进一步探索现代汉族形成的源头。

---

① 赵桐茂等. 免疫球蛋白同种异型 Gm 因子在四十个中国人群中的分布 [J]. 人类学学报，1987，6（1）：1-9；张振标. 现代中国人体质特征及其类型的分析 [J]. 人类学学报，1988，7（4）：314-323；刘武，杨茂有，王野城. 现代中国人颅骨测量特征及其地区性差异的初步研究 [J]. 人类学学报，1991，10（2）：96-106.

② 张振标. 现代中国人体质特征及其类型的分析 [J]. 人类学学报，1988，7（4）：314-323；刘武，杨茂有，王野城. 现代中国人颅骨测量特征及其地区性差异的初步研究 [J]. 人类学学报，1991，10（2）：96-106；王令红. 中国新石器时代和现代居民的时代变化和地理变异——颅骨测量性状的统计分析研究 [J]. 人类学学报，1986，5（3）：243-258.

古西北类型居民主要分布在甘青地区，目前所知的最早代表为宗日组、柳湾合并组和阳山组。宗日组在考古学文化上开始于马家窑文化，结束于齐家文化，绝对年代约为公元前 3290—2000 年①。柳湾合并组和阳山组文化特征属于马家窑文化的半山类型，绝对年代距今约 4650—4350 年②。在甘肃发现两例旧石器时代晚期的人类化石，武山人（距今约 3.8 万年）和泾川人（距今约 1.5万—4.8 万年）③，保存的部分颅骨表明二者与现代蒙古人种之间存在着遗传学上的联系，但还无法将马家窑文化居民追溯到其晚期智人祖先，只能说在旧石器时代晚期，已经有先民在甘青地区活动。由于尚未发现新石器早期的人骨材料，对于古西北类型的来源问题，目前还不能得出确切的结论。虽然考古学文化与创造它的人群并不能等同，考古学文化的差异与人群体质特征的差异也并非一致。但我们仍然可以从考古学文化的角度出发，寻找古西北类型来源的可能线索。

甘青地区的考古工作开展较早，始于 1920 年法国人桑志华在甘肃庆阳赵家岔和辛家沟的调查活动④。经过近一个世纪的发展，甘青地区的考古学文化序列基本清晰，东部地区的主要发展序列为前仰韶文化—仰韶文化—常山下层—东部齐家文化，西部地区的主要发展序列为庙底沟类型—石岭下类型—马家窑文化—齐家文化⑤。陇东地区的考古学文化与仰韶文化的关系更为密切，此前尚未发表该地区新石器时代的人骨资料。2022 年，承蒙镇原县博物馆邀请，本人有幸对博物馆馆藏的常山下层文化人骨进行了研究。该标本为 1例 45—50 岁的男性个体，年代为 2454—2208BC，颅面形态分析显示其与古中原类型和古西北类型都有相似之处，与古中原类型关系更为亲近，古 DNA分析也支持了这一结论。表明史前时期陇东居民与中原地区居民之间的密切联系。

关于马家窑文化的渊源，主要有两种看法：1. 认为马家窑文化源于仰韶文

①　陈洪海，格桑本，李国林.试论宗日遗址的文化性质［J］.考古，1998（5）：15-26.

②　张宏彦.中国史前考古学导论［M］.北京：高等教育出版社，2003：88.

③　谢骏义等.甘肃武山发现的人类化石［J］.史前研究，1987（4）：47-51；刘玉林等.甘肃泾川发现的人类化石和旧石器［J］.人类学学报，1984，3（1）：11-18；李海军.甘肃泾川更新世晚期人类头骨研究［J］.科学通报，2009，54（21）：3357-3363.

④　谢端琚.甘青地区史前考古［M］.北京：文物出版社，2002：2.

⑤　李水城.西北地区新石器时代考古研究［M］//李水城.东风西渐——中国西北史前文化之进程.北京：文物出版社，2009：1-25.

化，承袭庙底沟类型，与当地土著文化交流融合而成①。2. 马家窑文化与仰韶文化晚期是存在于不同空间的年代相当的两支考古学文化，马家窑文化的形成应另有源头，青海拉乙亥文化或许能够提供某些线索②。无论哪种看法，石岭下类型遗址的发掘与研究，将是解决马家窑文化渊源的关键。马家窑文化的来源尚不能确定，宗日组、阳山组和柳湾合并组的马家窑时代居民有可能源于甘青地区的土著先民，也有可能是古中原居民西迁，与当地居民逐渐融合而成。考虑到古中原类型居民较早的年代，以及和古西北类型在颅面特征上的相似性，后者具有很大的可能性。这一问题的最终解决有赖于甘青地区更早时期古人骨标本的发现，同时也可以期待新的研究方法，如能对黄河流域中上游新石器时代早、中期居民的古 DNA 进行研究，对探讨古西北类型居民的来源问题将会非常有帮助。

古华北类型居民最早的代表是庙子沟组，相当于仰韶文化晚期阶段，绝对年代上限距今 5500 年左右③。关于古华北类型的形成问题，朱泓先生从庙子沟居民出发进行了探讨。认为庙子沟文化人骨和中原仰韶文化居民的人骨具有很多相似之处，但差异也不容忽视。仰韶文化居民具有低面、低眶、阔鼻倾向和中等的面部扁平度，庙子沟居民却拥有中等的上面高及很大的上面部扁平度，偏低的中眶型和中鼻型。而这些差异正是古中原类型与古华北类型区别之所在，这些相异的体质因素"或许就是内蒙古中南部地区早期新石器时代原住居民所固有的性状"④。

同时从考古学文化的角度来看，庙子沟文化的形成，是中原仰韶文化繁荣时期部分仰韶居民沿黄河河谷北上，与河套地区居民融合共存的结果⑤。庙子沟文化是"在继承了庙底沟文化的主要因素的基础上，接受周围诸考古学文化因

① 严文明. 略论仰韶文化的起源和发展阶段 [M] // 严文明. 仰韶文化研究. 北京：文物出版社，1989：122-165；戴向明. 黄河流域新石器时代文化格局之演变 [J]. 考古学报，1998（4）：389-418；张强禄. 白龙江流域新石器时代文化谱系的初步研究 [J]. 考古，2005（2）：54-70.
② 吴汝祚. 甘青地区原始文化的概貌及其相互关系 [J]. 考古，1961（1）：12-19；张强禄. 马家窑文化与仰韶文化的关系 [J]. 考古，2001（1）：47-60.
③ 内蒙古文物考古研究所. 内蒙古察右前旗庙子沟遗址考古纪略 [J]. 文物，1989（12）：29-39+28.
④ 朱泓. 内蒙古察右前旗庙子沟新石器时代颅骨的人类学特征 [J]. 人类学学报，1994，13（2）：126-133；朱泓. 内蒙古长城地带的古代种族. 边疆考古研究（第 1 辑），2002：301-313.
⑤ 严文明. 内蒙古中南部原始文化的有关问题 [C] // 内蒙古考古文物研究所. 内蒙古中南部原始文化研究文集. 北京：海洋出版社，1991：3-12.

素的影响和渗透而发展起来的"①。因此，初步看来，以庙子沟居民为代表的古华北类型很有可能是古中原类型与内蒙古长城地带的原住居民体质和文化交流的结果。但是要明确地解决古华北类型的形成，还是有待于该地区更早的古人骨资料的发现。

通过以上分析我们推测，古华北类型和古西北类型的形成可能都与古中原类型有关，这三者又与现代汉族各组的形态特征距离最近。在中华文明起源的过程中，孕育了磁山文化、裴李岗文化、老官台文化、仰韶文化、庙底沟二期文化的中原地区发挥着中心作用。创造这些考古学文化的古中原类型居民，也是现代汉族形成的主要源头。

除了对古西北类型和古华北类型体质特征的影响，古中原类型也在向东北和华南地区扩张。对代表古东北类型的牛河梁人群的Y染色体分析表明，距今约5580—5000年的牛河梁居民携有C、N和O三种父系谱系，N为东北地区古代的原有成分，C可能与南下的游牧人群有关，O则可能是中原地区居民北上携带过去的单倍型类群②。对上海广富林组居民的研究表明，新石器时代晚期，古中原类型居民可能已经到达太湖东岸地区，并与古华南类型有了基因上的交流③。

小结

通过本章的分析我们得知，从旧石器时代早期生活在我国境内的古代先民，即与蒙古人种有某种遗传学上的联系。到了旧石器时代晚期，就已经存在"形成中的蒙古人种"，而且已经具有不同的类型，这种多态性可能就是后来形成我国境内蒙古人种不同类型的重要基础④。

① 魏坚. 试论庙子沟文化 [C] // 吉林大学考古系. 青果集——吉林大学考古专业成立二十周年考古论文集. 北京：知识出版社，1993：85-100.

② 辽宁省文物考古研究所. 辽宁牛河梁红山文化"女神庙"与积石冢群发掘简报 [J]. 文物，1986（8）：1-17；原海兵，朱泓，赵欣，王亚娟. 牛河梁红山文化人群的生物考古学探索 [J]. 边疆考古研究（第15辑），2014：307-313；李红杰. 中国北方古代人群Y染色体遗传多样性研究 [D]. 吉林大学博士学位论文，2012：36.

③ 朱泓，赵东月. 中国新石器时代北方地区居民人种类型的分布与演变 [J]. 边疆考古研究（第18辑），2016：329-346.

④ 韩康信. 中国新石器时代种族人类学研究 [C] // 田昌五，石兴邦. 中国原始文化论集——纪念尹达八十诞辰. 北京：文物出版社，1989：40-55.

到了新石器时代，随着人口的增加和地理隔离，各古代人群根据体质特征可以划分为不同的人种类型。新石器时代居民与我国现代汉族的居民在体质特征上还存在差异，但同时也具有明显的继承性。总体来说，古中原类型、古西北类型和古华北类型与现代汉族各组的距离最近，古中原类型与华南汉族的关系比较密切，古西北类型与华北汉族最为接近。虽然都大致可以划分为南北两种类型，但是现代华南居民并不是直接承袭新石器时代华南居民的体质特征发展而来，华南汉族的祖先最初也应来自北方。

根据目前的考古学资料和人骨资料，我们还无法确切地认定古西北类型和古华北类型居民的来源，但推测他们与古中原类型的北上和西进有关 [①]。古中原类型之所以作为现代汉族形成的主要源头，不仅在于他们在中原地区的继承和吸收，也在于他们不断的扩张和发展影响了周边居民体质特征的形成。新石器时代的古中原类型居民作为主源，与古西北类型、古华北类型一起，共同成为现代汉族的发端。

---

① 当然古华南类型新石器时代早期居民的年代比古中原类型更早一些，但是目前尚未发现古华南人群北上的确凿证据，古中原类型阔鼻低面的特征暂时可认为继承了山顶洞人的体质特点。参见颜訚. 从人类学上观察中国旧石器时代晚期与新石器时代的关系［J］. 考古，1965（10）：513-516.

第四章
青铜—早期铁器时代居民体质特征的变迁
——汉民族的初始形成过程

第一节 青铜—早期铁器时代人群的地理分布

本章所指青铜—早期铁器时代的范围，约为公元前 21 世纪至公元前 3、4 世纪，大致相当于古史传说中的夏代至春秋战国时期[①]。由于我国各地区进入青铜时代的时间有早有晚，并不一致，从绝对年代出发对古代人群进行人种类型的比较更为合适，因此将西北地区的齐家文化居民[②]和华南地区部分新石器时代居民也纳入这一章的研究范围。

相比新石器时代，青铜—早期铁器时代的古代居民在地理分布及体质特征等方面产生了一些新的变化。首先，人群数量大大增加了，并且分布的地理范围也更为广阔（表 3.1、4.1，图版一、图 4.1）。其次，人群数量的增加及流动性的增大，使得人群间的基因交流更为频繁。在黄河中下游地区、内蒙古长城沿线地带、东北地区、华南地区以及西南地区，青铜—早期铁器时代的居民基本继承了新石器时代本区域居民的体质形态特征。但相比以往，更多的不同人群之间的融合，让青铜—早期铁器时代居民的体质特征更为复杂，不同古人种

[①] 中国大百科全书总编辑委员会，考古学编辑委员会．中国大百科全书·考古学卷［M］．北京：中国大百科全书出版社，1986：399-400，638-639；蒋晓春．中国青铜时代起始时间考［J］．考古，2010（6）：76-82．

[②] 对于齐家文化发展阶段的归属，学者们多有讨论：或认为齐家文化属于铜石并用时代；或认为齐家文化已经进入青铜时代；或认为即使进入青铜时代，也是青铜时代的早期阶段；还有学者认为齐家文化晚期才明确属于青铜时代。对这一问题的讨论主要在于如何定义"青铜时代"，是以青铜器的制造和使用作为进入青铜时代的标准，还是青铜器在"考古记录中有显著的重要性"的时期。参见蒋晓春．中国青铜时代起始时间考［J］．考古，2010（6）：76-82；陈戈，贾梅仙．齐家文化应属青铜时代——兼谈我国青铜时代的开始及其相关的一些问题［J］．考古与文物，1990（3）：35-44；张忠培．齐家文化研究（下）［J］．考古学报，1987（2）：153-177．

表 4.1　青铜—早期铁器时代人群统计表

组　别	地 理 位 置	文化类型 / 距今年代	人 种 类 型
平洋组①	黑龙江省泰来县	春秋晚期—战国末期	古东北类型
关马山组②	吉林省九台市	战国时期	古东北类型
骚达沟组③	吉林省吉林市	战国前后	古东北类型
西团山组④	吉林省吉林市	约公元前 1000 年	古东北类型
万发拨子组⑤	吉林省通化市	春秋战国—西汉早中期	古东北类型
本溪组⑥	辽宁省本溪市	商周时期 距今 4000—3000 年	古东北类型
后套木嘎青铜—早期铁器时代组⑦	吉林省大安市	西周至西汉	古东北类型
大古堆组⑧	黑龙江省讷河市	春秋末期—战国早期	古东北类型
郑家洼子组⑨	辽宁省沈阳市	春秋末期—战国初期	古东北类型
水泉组⑩	内蒙古敖汉旗	战国时期	古东北类型
顺山屯组⑪	辽宁省康平县	商周时期 公元前 13 世纪前后	古华北类型
界力花组⑫	辽宁省阜新县	夏家店下层文化	古华北类型
平安堡组⑬	辽宁省彰武县	高台山文化	古华北类型
寨子塔组⑭	内蒙古准格尔旗	龙山晚期—夏早期	古华北类型 古中原类型
大甸子组⑮	内蒙古敖汉旗	夏末商初 公元前 1600 年前后	①组古华北类型 ②组古东北类型
白庙组⑯	河北省张家口市	春秋时期	Ⅰ组古华北类型 Ⅱ组古东北类型
朱开沟组⑰	内蒙古伊金霍洛旗	青铜时代早期	古华北类型
西岔遗址组⑱	内蒙古清水河县	殷墟晚期—西周早期	古华北类型 古中原类型
大堡山组⑲	内蒙古和林格尔县	战国晚期	古华北类型
南山根组⑳	内蒙古宁城县	西周—春秋时期	古华北类型

续 表

组 别	地 理 位 置	文化类型 / 距今年代	人 种 类 型
夏家店组[21]	内蒙古赤峰市	西周—春秋时期	古华北类型
上机房营子组[22]	内蒙古赤峰市	西周—春秋时期	古华北类型
龙头山组[23]	内蒙古克什克腾旗	西周—春秋时期	古华北类型
小黑石沟组[24]	内蒙古宁城县	西周—春秋时期	古华北类型
柳城组[25]	辽宁省朝阳市	西周晚期—战国晚期	古华北类型
军都山组[26]	北京市延庆县	东周时期	古华北类型
内阳垣组[27]	山西省乡宁县	春秋时期	古华北类型
窑子坡组[28]	山西省岢岚县	战国—汉代	古华北类型
土城子组[29]	内蒙古和林格尔县	战国中晚期	古中原类型
小双古城组[30]	内蒙古凉城县	战国早期	A 组古蒙古高原类型
			B 组古中原类型
毛庆沟组[31]	内蒙古凉城县	春秋晚期—战国中期	A 组古华北类型
			B 组古中原类型
饮牛沟组[32]	内蒙古凉城县	战国晚期	A 组古华北类型
			B 组古中原类型
忻州窑子组[33]	内蒙古凉城县	春秋晚期	A 组古蒙古高原类型
			B 组古中原类型
板城组[34]	内蒙古凉城县	春秋晚期	A 组古蒙古高原类型
			B 组古中原类型
瓦店组[35]	河南省禹州市	夏代?/龙山时代晚期	古中原类型
新庄组[36]	河南省开封市	二里头文化	古中原类型
游邀组[37]	山西省沂州市	夏代	古中原类型
白燕组[38]	山西省太谷县	夏商时期	古中原类型
聂村组[39]	河南省焦作市	商代晚期	古中原类型
梁王城组[40]	江苏省邳州市	西周时期	与现代亚洲蒙古东亚类型最为接近，面部也体现了北亚类型特点

组　别	地 理 位 置	文化类型 / 距今年代	人 种 类 型
横水组[41]	山西省绛县	西周—春秋早期	古中原类型
大河口组[42]	山西省翼城县	西周时期	古中原类型
蔚县合并组[43]	河北省蔚县	夏商时期	古中原类型
马家营组[44]	陕西省紫阳县	夏商时期	古中原类型
大司马组[45]	河南省武陟县	夏商时期	古中原类型
邹县组[46]	山东省邹县	商代	古中原类型
台西组[47]	河北省藁城县	不晚于晚商时期	古东北类型
薛村组[48]	河南省荥阳市	早商时期	古中原类型
殷墟中小墓组[49]	河南省安阳市	晚商时期	③组古东北类型
			②组古中原类型
商丘潘庙组[50]	河南省商丘市	春秋战国时期	古中原类型
桥北组[51]	山西省浮山县	商代晚期、西周早期春秋早期、春秋晚期	古中原类型
前掌大组[52]	山东省滕州市	商周时期	A 组古中原类型
			B 组古东北类型
鲁中南组[53]	山东滕州、兖州市	周—汉代	古中原类型
临淄组[54]	山东省临淄市	周—汉代	古中原类型
五村组[55]	山东省广饶县	周—汉代	古中原类型
西村周组[56]	陕西省凤翔县	先周时期	古中原类型
碾子坡组[57]	陕西省长武县	先周晚期、周代	古中原类型
后李官组[58]	山东省临淄市	周代	古中原类型
西吴寺组[59]	山东省兖州市	周代	古中原类型
曲村组[60]	山西省曲沃县	西周时期	古中原类型
上马组[61]	山西省侯马市	西周晚期—春秋战国	古中原类型
虫坪塬组[62]	陕西省宜川县	两周时期	接近蒙古人种东亚类型，个别个体可能受到北亚类型影响

组　别	地 理 位 置	文化类型 / 距今年代	人 种 类 型
孙家组 ⑥	陕西省旬邑县	战国时期	古中原类型为主体，可能受到古西北类型的影响
乔村组 ⑭	山西省侯马市	战国中晚期	古中原类型
瓦窑沟组 ⑮	陕西省铜川市	先周晚期	古中原类型
梁带村组 ⑯	陕西省韩城市	西周晚期—春秋早期	古中原类型（但包含了一些北亚或东北亚蒙古人种因素）
西麻青组 ⑰	内蒙古准格尔旗	西周晚期—春秋初期	古中原类型
毛家坪沟东组 ⑱	甘肃省甘谷县磐安镇	春秋战国时期	古中原类型
孙家南头组 ⑲	陕西省凤翔县	春秋时期	古中原类型
新丰组 ⑳	陕西省西安市临潼区	战国中晚期—秦末	古中原类型
湾李秦组 ㉑	陕西省西安市临潼区	战国—秦代	古中原类型
零口秦组 ㉒	陕西省西安市临潼区	战国时期	古中原类型
杨河固组 ㉓	河南省安阳市	东周时期	古中原类型，不排除古华北类型的影响
城阳组 ㉔	河南省信阳市	战国时期	接近古中原类型，包含古西北类型、古东北类型因素
南平皋组 ㉕	河南省焦作市	东周时期	古中原类型，不排除古华北类型的影响
宋庄组 ㉖	河南省鹤壁市	东周时期	古中原类型
官庄组 ㉗	河南省荥阳市	东周时期	古中原类型
水泉组 ㉘	内蒙古凉城县	战国晚期	古中原类型
后城嘴组 ㉙	内蒙古清水河县	战国时期	古中原类型
将军沟组 ㉚	内蒙古和林格尔县	战国中晚期	古中原类型
纱帽山组 ㉛	云南省昆明市	春秋中晚期—战国晚期（可能到东汉初年）	古中原类型
磨沟组 ㉜	甘肃省临潭县	齐家文化、寺洼文化	古西北类型
喇家组 ㉝	青海省民和县	齐家文化	古西北类型

组　别	地　理　位　置	文化类型 / 距今年代	人　种　类　型
杨洼湾组[64]	甘肃省宁定县	齐家文化	古西北类型
火烧沟组[65]	甘肃省玉门市	公元前 16 世纪	古西北类型
东灰山组[66]	甘肃省民乐县	夏代晚期 距今 3770±145 年	古西北类型
干骨崖组[67]	甘肃省酒泉市	夏商时期 前 1840—1600 年	古西北类型
九站组[68]	甘肃省合水县	先周晚期—西周晚期	古中原类型
核桃庄组[69]	青海省民和县	马厂类型（马排） 辛店文化（小旱地）	古西北类型
阿哈特拉山组[90]	青海省循化县	距今 3550—2710 年	古西北类型
李家山组[91]	青海省湟中县	距今 2740±150 年	古西北类型
上孙家寨卡约组[92]	青海省大通县	卡约文化	古西北类型
曲贡组[93]	西藏拉萨市	公元前 1368—1021 年	古西北类型
格布赛鲁组[94]	西藏札达县	公元前 16—11 世纪	古西北类型
三角城组[95]	甘肃省永昌县	距今 3300—2400 年	古蒙古高原类型
彭堡组[96]	宁夏固原县	春秋晚期—战国早期	古蒙古高原类型
张街组[97]	宁夏彭阳县	春秋战国时期	男性接近东北亚类型 女性接近北亚类型
王大户村组[98]	宁夏彭阳县	春秋战国时期	古蒙古高原类型？
焉布拉克组[99]	新疆哈密市	西周—春秋时期	M 组古西北类型 C 组欧罗巴人种 古欧洲人类型
绿城组[100]	内蒙古达来库布镇	西周时期	古西北类型
长阳组[101]	湖北省长阳县	距今 3000—2200 年	古华南类型？
曾侯乙墓组[102]	湖北省随州市	战国时期	？
猴子洞组[103]	四川省会理县	青铜时代	古蒙古高原类型和古西南类型的混合特征
卡莎湖组[104]	四川省炉霍县	商末周初—春秋中期	古西南类型
宴尔龙组[105]	四川省炉霍县	殷商早期—西周中期	古西南类型

续　表

组　别	地 理 位 置	文化类型 / 距今年代	人 种 类 型
呷拉宗组⑩	四川省炉霍县	西周晚期—战国早期	古西南类型
段家坪子组⑩	云南省巧家县	距今约 3600 年	古西南类型
布塔雄曲组⑩	西藏那曲地区	公元前 8—5 世纪	古西南类型
石岭岗组⑩	云南省泸水县	春秋战国时期	①组古中原类型 ②组古蒙古高原类型和古西南类型的混合特征
红土坡组⑩	云南省祥云县	战国—秦汉时期	古西南类型
堆子组⑪	云南省永胜县	战国—秦汉时期	古蒙古高原类型和古西南类型的混合特征
新店子组⑫	内蒙古和林格尔县	东周时期	古蒙古高原类型
阳畔组⑬	内蒙古清水河县	春秋中期—战国早期	古蒙古高原类型
井沟子组⑭	内蒙古林西县	春秋晚期—战国早期	古蒙古高原类型
西园组⑮	内蒙古包头市	春秋时期	古蒙古高原类型
桃红巴拉组⑯	内蒙古杭锦旗	战国早期	古蒙古高原类型
西嘴子组⑰	内蒙古清水河县	春秋中期—战国早期	古蒙古高原类型
崞县窑子组⑱	内蒙古凉城县	春秋晚期—战国早期	古华北类型 古蒙古高原类型
双塔组⑲	吉林省白城市	东周时期	古蒙古高原类型
古墓沟组⑳	新疆罗布泊地区	公元前 2135—1939 年	古欧洲人类型
小河墓地组㉑	新疆罗布泊地区	小河文化早期阶段	古欧洲人类型为主体，含有少量蒙古人种因素
下坂地组㉒	新疆喀什地区	公元前 2000—1000 年	与东欧草原青铜时代人群关系密切
楼兰铁板河组㉓	新疆罗布泊地区	距今约 3800 年	古欧洲人类型
天山北路组㉔	新疆哈密市	公元前 19 世纪—13 世纪	蒙古人种与欧罗巴人种混血
五堡组㉕	新疆哈密市	距今约 3200 年	M 组蒙古人种 C 组欧罗巴人种，但有些弱化

续　表

组　别	地 理 位 置	文化类型 / 距今年代	人 种 类 型
拜城克孜尔组⑯	新疆拜城县	西周—春秋时期	地中海东支类型
察吾呼四号墓地组⑰	新疆和静县	距今 3000—2500 年	接近古欧洲人类型
加瓦艾日克组⑱	新疆且末县	春秋晚期至战国时期	接近古欧洲人类型
吉尔赞喀勒组⑲	新疆塔什库尔干	距今 2600—2400 年	兼有欧罗巴人种和蒙古人种特征
流水组⑩	新疆和田于田县	公元前 1000 年前后	Ⅰ组地中海东支类型为主 Ⅱ组明显的蒙古人种特征 Ⅲ组欧罗巴人种特征弱化，混有蒙古人种因素
吉林台组⑪	新疆伊犁尼勒克县	索墩布拉克文化	介于欧罗巴人种和蒙古人种之间 与欧罗巴人种的中亚两河类型比较接近
萨恩萨依组⑫	新疆乌鲁木齐市	公元前 7 世纪前后	以蒙古人种北亚类型为主，同时混有欧罗巴人种因素
寒气沟组⑬	新疆哈密市	春秋战国时期	欧罗巴人种，与焉布拉克 C 组相近
阿拉沟组⑭	新疆乌鲁木齐市托克逊县	公元前 6 世纪—公元前 1 世纪	①组地中海东支类型 ③组中亚—两河类型 ②组是其他两组的过渡类型 另有少量蒙古人种支系
拜城多岗组⑮	新疆拜城县	春秋战国时期	接近古欧洲人类型
香宝宝组⑯	新疆塔什库尔干塔吉克自治县	春秋战国时期	接近地中海东支类型
索墩布拉克组⑰	新疆察布查尔县	公元前 5 世纪—前 3 世纪	Ⅰ组中亚两河类型 Ⅱ组古欧洲人类型

续　表

组　别	地 理 位 置	文化类型 / 距今年代	人 种 类 型
洋海组[⑯]	新疆鄯善县	战国前后	欧罗巴人种与蒙古人种混血 与焉布拉克 C 组接近
苏贝希组[⑩]	新疆鄯善县	战国—西汉	Ⅰ组古欧洲人类型 Ⅱ组地中海东支类型 Ⅲ组中亚两河类型 另有少量个体属欧洲人种和蒙古人种混合类型
南山石堆组[⑱]	新疆石河子市	战国—西汉	男性与中亚两河类型最接近 女性除了中亚两河类型，还有地中海类型因素

注：

① 潘其风. 平洋墓葬人骨的研究［M］//黑龙江省文物考古研究所. 平洋墓葬. 北京：文物出版社，1990：187-235.

② 朱泓，贾莹. 九台关马山石棺墓颅骨的人种学研究［J］. 考古，1991（2）：147-156.

③ 潘其风，韩康信. 吉林骚达沟石棺墓人骨的研究［J］. 考古，1985（10）：948-956.

④ 贾兰坡，颜誾. 西团山人骨的研究报告［J］. 考古学报，1963（2）：101-109.

⑤ 朱泓，贾莹，金旭东等. 通化万发拨子遗址春秋战国时期丛葬墓颅骨的观察与测量［J］. 边疆考古研究（第 3 辑），2004：293-300.

⑥ 朱泓. 本溪庙后山青铜时代居民的种系归属［C］//朱泓. 中国古代居民的体质人类学研究. 北京：科学出版社，2014：168-175.

⑦ 肖晓鸣. 吉林大安后套木嘎遗址人骨研究［D］. 吉林大学博士学位论文，2014.

⑧ 张全超，王长明，朱泓. 黑龙江讷河大古堆墓地出土人骨研究［J］. 北方文物，2012（3）：12-15.

⑨ 韩康信. 沈阳郑家洼子的两具青铜时代人骨［J］. 考古学报，1975（1）：157-164.

⑩ 朱泓，魏东. 内蒙古敖汉旗水泉遗址出土的青铜时代人骨［C］//朱泓主编. 东北、内蒙古地区古代人类的种族类型与 DNA. 长春：吉林人民出版社，2006.

⑪ 刘宁. 顺山屯青铜时代居民的人种学研究［J］. 辽海文物学刊，1994（1）：131-139.

⑫ 张全超，郭林. 辽宁阜新县界力花遗址出土人骨研究［J］. 考古，2014（6）：18-20.

⑬ 朱泓，王成生. 彰武平安堡青铜时代居民的种族类型［J］. 考古，1994（2）159-169.

⑭ 张全超，李墨岑，朱泓. 内蒙古准格尔旗寨子塔遗址出土人骨研究［J］. 边疆考古研究（第 14 辑），2013：315-322.

⑮ 潘其风. 大甸子墓葬出土人骨的研究［M］//中国社会科学院考古研究所. 大甸子——夏家店下层文化遗址与墓地发掘报告. 北京：科学出版社，1998：224-322.

⑯ 易振华. 河北宣化白庙墓地青铜时代居民的人种学研究［J］. 北方文物，1998（4）：8-17.

⑰ 潘其风. 朱开沟墓地人骨的研究［M］//内蒙古自治区文物考古研究所，鄂尔多斯博物馆. 朱开沟——青铜时代早期遗址发掘报告. 北京：文物出版社，2000：340-389.

⑱㉚㉞㉸㉹⑫⑬⑮⑰ 张全超.内蒙古和林格尔县新店子墓地人骨研究［M］.北京：科学出版社，2010.

⑲ 张旭.内蒙古大堡山墓地出土人骨研究［M］.北京：文物出版社，2022.

⑳㉑ 中国科学院考古研究所体质人类学组.赤峰、宁城夏家店上层文化人骨研究［J］.考古学报，1975（2）：157-169+171-172.

㉒ 张全超，陈国庆.内蒙古赤峰市上机房营子遗址夏家店上层文化时期人骨研究［J］.北方文物，2010（2）：25-28.

㉓ 陈山.克什克腾旗龙头山青铜时代颅骨的人类学研究［J］.人类学学报，2000，19（1）：21-31.

㉔ 朱泓.小黑石沟夏家店上层文化居民的人类学特征［C］//朱泓.东北、内蒙古地区古代人类的种族类型与DNA.长春：吉林人民出版社，2006.

㉕ 辽宁省文物考古研究所，朝阳市博物馆.朝阳袁台子——战国西汉遗址和西周至十六国时期墓葬［M］.北京：文物出版社，2010.

㉖ 潘其风.北京延庆军都山东周墓地出土人骨的观察与研究［M］//北京市文物考古研究所.军都山墓地——葫芦沟与西梁垙.北京：文物出版社，2009：675-760.

㉗㉛ 贾莹.山西浮山桥北及乡宁内阳垣先秦时期人骨研究［D］.吉林大学博士学位论文，2006.

㉘ 原海兵，王晓毅，朱泓.山西省岢岚县窑子坡遗址战国至汉代颅骨的人类学研究［J］.边疆考古研究（第11辑），2012：439-461.

㉙ 顾玉才.内蒙古和林格尔县土城子遗址战国时期人骨研究［M］.北京：科学出版社，2010.

㉛ 潘其风.毛庆沟墓葬人骨的研究［C］//田广金，郭素新.鄂尔多斯式青铜器.北京：文物出版社，1985：316-341.

㉜ 何嘉宁.内蒙古凉城县饮牛沟墓地1997年发掘出土人骨研究［J］.考古，2011（11）：80-86.

㉝ 张全超，韩涛，张群等.内蒙古凉城县忻州窑子墓地东周时期的人骨［J］.人类学学报，2016，35（2）：198-211.

㉟ 朱泓，王明辉，方启.河南禹州市瓦店新石器时代人骨研究［J］.考古，2006（4）：87-94.

㊱ 孙蕾，张小虎，朱泓.河南尉氏新庄遗址二里头人骨种系初探［J］.文物春秋，2017（5）：18-26.

㊲㊳ 朱泓.游邀遗址夏代居民的人类学特征［M］.忻州考古队.忻州游邀考古.北京：科学出版社，2005：188-214.

㊴ 孙蕾，冯春艳，韩涛，杨树刚.河南焦作聂村商代晚期墓地人骨研究［J］.华夏考古，2020（1）：123-128.

㊵ 朱晓汀.江苏邳州梁王城遗址西周墓地出土人骨研究［J］.东南文化，2016（6）：46-55+127-128.

㊶ 王伟.山西绛县横水西周墓地人骨研究［D］.吉林大学硕士学位论文，2012.

㊷ 郭林.翼城大河口墓地出土人骨的初步研究（2009—2011）［D］.吉林大学硕士学位论文，2015.

㊸ 朱泓.蔚县夏家店下层文化颅骨的人种学研究［J］.北方文物，1987（1）：4-13+22.

㊹ 韩康信，张君.陕西紫阳县马家营石棺墓人骨的鉴定［M］//陕西省考古研究所，陕西省安康水电站库区考古队.陕南考古报告集.西安：三秦出版社，1994：347-357.

㊺ 潘其风.河南武陟大司马遗址出土人骨［J］.文物，1999（11）：72-77.

㊻ 朱泓.邹县、兖州商周时期墓葬人骨的研究报告［J］.华夏考古，1990（4）：30-39.

㊼ 汪洋.藁城台西商代居民的人种学研究［J］.文物春秋，1996（4）：13-21.

㊽ 孙蕾，楚小龙，朱泓.河南荥阳薛村遗址早商人骨种系研究［J］.华夏考古，2013（1）：55-64.

㊾ 韩康信，潘其风.安阳殷墟中小墓人骨的研究［C］//中国社会科学院历史研究所，中国社会科学院考古研究所.安阳殷墟头骨研究.北京：文物出版社，1985：50-81；原海兵.殷墟中小墓人骨的综合研究［D］.吉林大学博士学位论文，2010.

㊿ 张君.河南商丘潘庙古代人骨种系研究［C］//中国社会科学院考古研究所.考古求知集.北京：中国社会科学出版社，1997：486-498.

㉒ 王明辉.前掌大墓地人骨研究报告［M］//中国社会科学院考古研究所.滕州前掌大墓地.北京：
文物出版社，2005：674-727.

㉓ 尚虹，韩康信，王守功.山东鲁中南地区周—汉代人骨研究［J］.人类学学报，2002，21（1）：
1-11.

㉔ 韩康信，松下孝幸.山东临淄周—汉代人骨体质特征研究及与西日本弥生时代人骨比较概报
［J］.考古，1997（4）：32-42.

㉕ 韩康信，常兴照.广饶古墓地出土人类学材料的观察与研究［J］.海岱考古（第一辑），1989：
390-403.

㉖ 焦南峰.凤翔南指挥西村周墓人骨的初步研究［J］.考古与文物，1985（3）：103.

㉗ 潘其风.碾子坡遗址墓葬出土人骨的研究［M］//中国社会科学院考古研究所.南邠州·碾子坡.
北京：世界图书出版公司，2007：423-489.

㉘ 张亚军.山东临淄后李官周代墓葬人骨研究［C］//山东省文物考古研究所，土井浜遗址人类学博
物馆.探索渡来系弥生人大陆区域的源流.日本山口县：アリフク印刷株式会社，2000：164-171.

㉙ 朱泓.兖州西吴寺龙山文化颅骨的人类学特征［J］.考古，1990（10）：908-914.

㉚ 潘其风.天马—曲村遗址西周墓地出土人骨的研究报告［M］//北京大学考古学系商周组，山西
省考古研究所.天马—曲村（1980—1989）.北京：科学出版社，2000：1138—1152.

㉛ 潘其风.上马墓地出土人骨的初步研究［M］//山西省考古研究所.上马墓地.北京：文物出版
社，1994：398-483.

㉜ 陈靓，丁岩，熊建雪，李彦峰.陕西宜川县虫坪塬遗址墓葬出土人骨研究［J］.考古与文物，
2018（2）：118-128.

㉝ 赵东月，豆海锋，刘斌.陕西旬邑孙家遗址战国时期居民体质特征研究［J］.北方文物，2022
（5）：70-78+100.

㉞ 潘其风.侯马乔村墓地出土人骨的人类学研究［M］//山西省考古研究所.侯马乔村墓地
（1959—1996）.北京：科学出版社，2004：1218—1299.

㉟ 陈靓.瓦窑沟青铜时代墓地颅骨的人类学特征［J］.人类学学报，2000，19（1）：32-42.

㊱ 郑兰爽.韩城梁带村芮国墓地出土人骨研究［D］.西北大学硕士学位论文，2012.

㊳ 洪秀媛.甘谷毛家坪沟东墓葬区出土人骨的研究［D］.西北大学硕士学位论文，2014.

㊴ 陈靓，田亚岐.陕西凤翔孙家南头秦墓人骨的种系研究［J］.西部考古（第三辑），2008：164-
173.

㊵ 邓普迎.陕西临潼新丰镇秦文化墓葬人骨研究［D］.西北大学硕士学位论文，2010.

㊶ 高小伟.临潼湾李墓地2009—2010年出土战国至秦代墓葬人骨研究［D］.西北大学硕士学位论
文，2012.

㊷ 周春茂.零口战国墓颅骨的人类学特征［J］.人类学学报，2002，21（3）：199-209.

㊸ 王一如，申明清，孔德铭，朱泓，孙蕾.河南安阳杨河固遗址东周墓葬出土人骨研究［J］.江汉
考古，2018（6）：110-117.

㊹ 孙蕾.信阳城阳城址八号墓颅骨形态学分析［J］.华夏考古，2020（5）：52-59.

㊺ 孙蕾，杨树刚.焦作温县南平皋遗址东周人骨研究［J］.中原文物，2016（2）：113-119.

㊻ 孙蕾，高振龙，周立刚，韩朝会.淇县宋庄东周墓殉人颅骨的形态学［J］.人类学学报，2020，
39（3）：420-434.

㊼ 周亚威，刘明明，陈朝云，韩国河.河南荥阳官庄遗址东周人骨研究［J］.华夏考古，2018
（3）：97-106.

㊽ 张全超，张群，孙金松，党郁，曹建恩等.内蒙古凉城县水泉墓地战国时期人骨研究［J］.边疆
考古研究，2016（1）：263-271.

⑧ 张全超，曹建恩，朱泓．内蒙古和林格尔县将军沟墓地人骨研究［J］．人类学学报，2006（4）：276-284.

⑧ 曾雯，潘其风，赵永生，朱泓．纱帽山滇文化墓地颅骨的人类学特征［J］．人类学学报，2014，33（2）：187-197.

⑧ 赵永生．甘肃临潭磨沟墓地人骨研究［D］．吉林大学博士学位论文，2013.

⑧ 王明辉．青海民和喇家遗址出土人骨研究［J］．北方文物，2017（4）：42-50.

⑧ 颜訚．甘肃齐家文化墓葬中头骨的初步研究［J］．考古学报，1955（1）：193-197.

⑧ 韩康信，谭婧泽，张帆．甘肃玉门火烧沟古墓地人骨的研究［M］//韩康信，谭婧泽，张帆．中国西北地区古代居民种族研究．上海：复旦大学出版社，2005：191-283.

⑧ 朱泓．东灰山墓地人骨的研究［M］//甘肃省文物考古研究所，吉林大学北方考古研究室．民乐东灰山考古．北京：科学出版社，1998：172-183.

⑧ 郑晓瑛．甘肃酒泉青铜时代人类头骨种系类型的研究［J］．人类学学报，1993，12（4）：327-336.

⑧ 朱泓．合水九站青铜时代颅骨的人种学分析［J］．考古与文物，1992（2）：46-55.

⑧ 王明辉，朱泓．民和核桃庄史前文化墓地人骨研究［M］//青海省文物考古研究所，青海省文物管理处，西北大学文博学院．民和核桃庄．北京：科学出版社，2004：281-320.

⑨ 韩康信．青海循化阿哈特拉山古墓地人骨研究［J］．考古学报，2000（3）：395-420.

⑨ 张君．青海李家山卡约文化墓地人骨种系研究［J］．考古学报，1993（3）：381-413.

⑨ 韩康信，谭婧泽，张帆．青海大通上孙家寨古墓地人骨的研究［M］//韩康信，谭婧泽，张帆．中国西北地区古代居民种族研究．上海：复旦大学出版社，2005：1-163.

⑨ 潘其风．曲贡遗址及石室墓出土人骨鉴定和研究报告［M］//中国社会科学院考古研究所，西藏自治区文物局．拉萨曲贡．北京：中国大百科全书出版社，1999：234-236.

⑨ 陈靓，傅家钰，夏格旺堆，拥措，席琳．西藏札达县格布赛鲁墓地2017年出土颅骨的种系研究［J］．西部考古（第二十五辑），2023：242-257.

⑨ 韩康信．甘肃永昌沙井文化人骨种属研究［M］//甘肃省文物考古研究所．永昌西岗柴湾岗——沙井文化墓葬发掘报告．兰州：甘肃人民出版社，2001：235-264.

⑨ 韩康信．宁夏彭堡于家庄墓地人骨种系特点之研究［J］．考古学报，1995（1）：109-125.

⑨ 韩康信，谭婧泽．彭阳张街春秋战国墓两具人骨［C］//韩康信，谭婧泽．宁夏古人类学研究报告集．北京：科学出版社，2009：30-40.

⑨ 韩康信，谭婧泽．彭阳古城王大户村春秋战国墓人骨的鉴定与种系［C］//韩康信，谭婧泽．宁夏古人类学研究报告集．北京：科学出版社，2009：41-49.

⑨ 韩康信．新疆哈密焉不拉克古墓人骨种系成分研究［J］．考古学报，1990（3）：371-390.

⑩ 魏东．额济纳旗绿城青铜时代墓葬出土的人骨研究［J］．边疆考古研究（第3辑），2004：284-292.

⑩ 张振标，王善才．湖北长阳青铜时代人骨的研究［J］．人类学学报，1992，11（3）：230-240.

⑩ 莫楚屏，李天元．曾侯乙墓人骨研究［M］//湖北省博物馆．曾侯乙墓（附录四）．北京：文物出版社，1989：585-617.

⑩ 张燕，赵东月，刘化石，高寒．四川会理县猴子洞遗址2017年出土人骨研究［J］．四川文物，2021（6）：104-116.

⑩⑩ 中桥孝博，冈崎健治，高椋浩史．川西高原青铜时代的人［C］//四川省考古研究院．西南地区北方谱系青铜器及石棺葬文化研究．北京：科学出版社，2013：164-191.

⑩ 吕正．云南昭通段家坪子墓地出土人骨颅面形态研究［D］．西北大学硕士学位论文，2023.

⑩ 原海兵，索朗·秋吉尼玛，吕红亮等．西藏那曲布塔雄曲青铜时代石室墓出土人骨研究［J］．藏学学刊，2017（1）：273-300+321.

⑩ 赵东月，朱泓，康利宏，李志丹．云南怒江石岭岗遗址人骨研究［J］．江汉考古，2016（2）：

104-113.
(110) 赵东月，张谷甲，闵锐．云南祥云红土坡墓地出土人骨颅面特征研究——兼谈“昆明”族属问题［J］．第四纪研究，2021，41（1）：255-266.
(111) 朱泓，赵东月，刘旭．云南永胜堆子遗址战国秦汉时期人骨研究［J］．边疆考古研究（第16辑），2015：315-327.
(114) 朱泓，张全超．内蒙古林西县井沟子遗址西区墓地人骨研究［J］．人类学学报，2007（2）：97-106.
(116) 潘其风，韩康信．内蒙古桃红巴拉古墓和青海大通匈奴墓人骨的研究［J］．考古，1984（4）：367-375.
(118) 朱泓．内蒙古凉城东周时期人骨研究［J］．考古学集刊，1991（7）：169-191.
(119) 张全超，王伟，李墨岑，张群，王立新，段天璟，朱泓．吉林省白城市双塔遗址东周时期人骨研究［J］．人类学学报，2015，34（1）：75-86.
(120) 韩康信．孔雀河古墓沟墓地人骨研究［M］// 韩康信．丝绸之路古代居民种族人类学研究．乌鲁木齐：新疆人民出版社，1993：33-58.
(121) 聂颖，朱泓，李文瑛，伊弟利斯·阿不都热苏勒．小河墓地古代人群颅骨的人类学特征［J］．西域研究，2020（3）：115-125+172.
(122) 魏东，王永笛，吴勇．新疆喀什下坂地墓地青铜时代人群颅骨的测量性状［J］．人类学学报，2020，39（3）：404-419.
(123) 王博．新疆楼兰铁板河女尸种族人类学研究［J］．新疆大学学报（哲学社会科学版），1994，22（4）：68-71.
(124) 魏东．新疆哈密地区青铜—早期铁器时代居民人种学研究［M］．北京：科学出版社，2017.
(125) 何惠琴，徐永庆．新疆哈密五堡古代人类颅骨测量的种族研究［J］．人类学学报，2002，21（2）：102-110.
(126) 陈靓，汪洋．新疆拜城克孜尔墓地人骨的人种学研究［J］．人类学学报，2005，24（3）：188-197.
(127) 韩康信，张君，赵凌霞．察吾呼三号、四号墓地人骨的体质人类学研究［M］// 新疆文物考古研究所．新疆察吾呼．北京：东方出版社，1999：299-337.
(128) 张雅军，张旭．新疆且末县加瓦艾日克墓地人骨研究［J］．人类学学报，2021，40（6）：981-992.
(129) 王明辉，张旭，巫新华．新疆塔什库尔干吉尔赞喀勒墓地人骨初步研究［J］．北方文物，2019（4）：42-52.
(130) 张建波．新疆于田流水墓地青铜时代人骨的体质人类学研究［D］．复旦大学硕士学位论文，2010.
(131) 张林虎．新疆伊犁吉林台库区墓葬人骨研究［M］．北京：科学出版社，2016.
(132) 付昶，阮秋荣，胡兴军等．乌鲁木齐萨恩萨依墓地出土头骨的人种学研究［J］．人类学学报，2010，29（4）：405-415.
(133) 崔静，王博．新疆哈密寒气沟墓地出土颅骨的研究［J］．人类学学报，1999，18（1），75-77.
(134) 韩康信．阿拉沟古代丛葬墓人骨研究［M］// 韩康信．丝绸之路古代居民种族人类学研究．乌鲁木齐：新疆人民出版社，1993：71-175.
(135) 张君．新疆拜城县多岗墓地人骨的种系研究［J］．边疆考古研究（第12辑），2012：397-422.
(136) 韩康信．塔什库尔干塔吉克自治县香宝宝古墓出土人头骨［M］// 韩康信．丝绸之路古代居民种族人类学研究．乌鲁木齐：新疆人民出版社，1993：371-377.
(137) 陈靓．新疆察布查尔县索墩布拉克墓地出土人头骨研究［J］．考古，2003（7）：79-94.
(138) 绍兴周，王博．吐鲁番盆地古墓人颅的种系研究——洋海古墓［J］．新疆文物，1991（3）：44-53.
(139) 陈靓．鄯善苏贝希青铜时代墓葬人骨的研究［C］// 吉林大学考古系．青果集——吉林大学考古系建系十周年纪念文集．北京：知识出版社，1998：237-250.
(140) 陈靓．新疆石河子南山石堆墓人骨的种系研究［J］．考古与文物，2002（1）：69-80.

类型间的界限日趋模糊。再次，青铜—早期铁器时代，除了延续新石器时代的古东北类型、古华北类型、古中原类型、古西北类型、古华南类型外，在新疆地区出现了古代欧罗巴人种的不同类型，同时越来越多的古蒙古高原类型居民在内蒙古及其临近地区被发现。

　　新疆维吾尔族自治区，简称新，位于我国西北边陲，地域广袤。古代文献中对新疆有明确记载，是在张骞出使西域之后[①]，事实上，新疆地区的文明史要更为悠久。到目前为止尚未在新疆发现旧石器时代的人骨材料，新石器时代人类遗存仅有 1 例在克孜勒苏柯尔克孜自治州阿图什市发现的男性青年个体，为残破的颅骨碎片，属于现代欧罗巴人种类型。有研究者认为头骨的年代可暂定为新石器时代，但还缺乏可靠的地层学的证据[②]。进入青铜—早期铁器时代，新疆地区出土的人骨材料渐趋增多，主要分布在东部新疆、天山地区以及塔里木盆地南缘。

　　新疆地处亚欧大陆的腹地，不仅是东西南北各种文化的交汇地带，也是东西方不同人种集团接触融合的中间地带。从青铜—早期铁器时代到晋唐时期，新疆地区的人种类型主要有欧罗巴人种、蒙古人种、欧罗巴人种和蒙古人种的混血类型。对罗布泊地区古墓沟墓地出土头骨的人类学研究表明，古墓沟墓地古代居民具有长颅型、中颅型伴以较高的颅高，明显后倾的前额，低而宽的面型，突度强烈的眉间和眉弓，鼻骨突起明显，低眶型，属于原始欧洲人种的古欧洲人类型[③]。古墓沟居民线粒体 DNA 的多态性分析也测得一组完全由欧洲谱系组成的序列[④]。近年来，崔银秋团队对塔里木盆地包括古墓沟墓地（2135—1939 BC）在内的青铜时代人群进行了全基因组分析，新的结果表明他们是一支遗传上独立的本地人群，其祖先形成可以追溯到全新世早期，与青铜时代的欧亚草原和中亚绿洲人群都没有直接的遗传联系。古墓沟墓地先民的古欧洲人类型表征，可能来自于他们与更新世古北欧亚（ANE, Ancient North Eurasian）人群的联系[⑤]。体质人类学与古 DNA 研究一起印证了早在 4000 年前，即存在由成分单一的欧

　　① 刘宁. 新疆地区古代居民的人种结构研究［D］. 吉林大学博士学位论文，2010：1.

　　② 新疆博物馆，北京自然博物馆，新疆地质局区测绘队. 阿图什发现人头骨的调查及初步研究［J］. 新疆文物，1998（3）：81-85.

　　③ 韩康信. 孔雀河古墓沟墓地人骨研究［M］// 韩康信. 丝绸之路古代居民种族人类学研究. 乌鲁木齐：新疆人民出版社，1993：33-58.

　　④ 崔银秋，许月，杨亦代，谢承志，朱泓，周慧. 新疆罗布诺尔地区铜器时代古代居民 mtDNA 多态性分析［J］. 吉林大学学报（医学版），2004，30（4）：650-652.

　　⑤ Zhang F, Ning C, Scott A, et al. The genomic origins of the Bronze Age Tarim Basin Mummies[J]. Nature, 2021(599): 256-261.

洲人种（至少在颅面形态特征方面）构成的人群在罗布泊地区生活，这也是迄今为止单纯的古欧洲人类型分布最东的一支。

单一成分的欧罗巴人群最东出现在罗布泊地区，目前尚未在新疆地区发现由单一的蒙古人种组成的人群。1986 年，哈密焉布拉克墓地出土了一批人骨，年代约为西周—春秋时期，墓地的文化特征与甘青地区考古学文化关系密切。对这批材料的观察和测量表明，在 29 例颅骨中有 21 例属于东方蒙古人种（焉布拉克 M 组），与亚洲蒙古人种的东亚类型尤其是藏族 B 组相近；有 8 例为西方欧罗巴人种（焉布拉克 C 组），与罗布泊地区的古墓沟居民比较接近[①]。同样是 1986 年，在哈密五堡出土了另一批材料，年代距今 3200 多年，有 13 例个体归属为蒙古人种（五堡 M 组），33 例个体与"欧洲人种支系"比较接近（五堡 C 组）[②]。哈密五堡与焉布拉克墓地证明在距今 3000 年左右蒙古人种已经西进到哈密地区并遭遇到欧洲人种，但没有证据表明他们存在基因的交流。

哈密天山北路墓地位于哈密市火车站南，年代为距今 3900—3300 年。对天山北路出土人骨的形态学分析表明他们的体质特征没有明显的种系差异，都同时表现出欧罗巴人种和蒙古人种的特点，处于两大人种间的过渡形态[③]。对哈密天山北路古代居民的线粒体 DNA 分析，证实天山北路人群的母系遗传结构由欧亚大陆东部和西部谱系共同构成，且以东部谱系居多（79.20%）。在古代东亚人群中，与甘青地区新石器时代的喇家居民的遗传距离较近，意味着甘青地区的古代人群对哈密地区人群具有遗传上的贡献。天山北路组与现代的西伯利亚南部人群关系最近，对现代汉族的形成尚未看出有直接的联系[④]。

新疆东部地区的人种类型从最早单一古欧洲人类型，到两大人种交错杂居，表明了蒙古人种又一程西行的开始。自哈密起，北经吐鲁番盆地、乌鲁木齐至伊犁南向且末与和田，都留下了东西方人群混合的痕迹[⑤]。对新疆吐鲁番盆

① 韩康信.新疆哈密焉布拉克古墓人骨种系成分研究 [J].考古学报，1990（3）：371-390.

② 何惠琴，徐永庆.新疆哈密五堡古代人类颅骨测量的种族研究 [J].人类学学报，2002，21（2）：102-110.

③ 魏东.新疆哈密地区青铜—早期铁器时代居民人种学研究 [D].吉林大学博士学位论文，2009：46.

④ 高诗珠.中国西北地区三个古代人群的线粒体 DNA 研究 [D].吉林大学博士学位论文，2009：65-67.

⑤ 绍兴周，王博.吐鲁番盆地古墓人颅的种系研究——洋海古墓 [J].新疆文物，1991（3）：44-53；付昶.乌鲁木齐萨恩萨依墓地出土人骨研究 [D].重庆师范大学硕士学位论文，2010；聂颖.伊犁恰甫其海水库墓地出土颅骨人类学研究 [D].吉林大学硕士学位论文，2014；张君.新疆且末县加瓦艾日克墓地人骨的主要研究结论 [C] //2002 年现代人类学国际研讨会论文集，2002：61-63；张建波.新疆于田流水墓地青铜时代人骨的体质人类学研究 [D].复旦大学硕士学位论文，2010.

地交河故城、苏贝希三处古墓的样本进行线粒体 DNA 分析显示，在母系谱系方面古代吐鲁番人群具有东亚与欧洲的混合特征，而且在遗传距离上吐鲁番古代人群比现代新疆土著群体更接近欧洲群体，这说明在新疆地区，随着西迁的东亚群体逐渐增加，欧洲谱系的影响呈弱化的趋势[①]。新疆的东部和北部，蒙古人种人群与甘青地区居民具有遗传学上的联系，西南部混合人群的人类学分析表明，东部人群贡献可能主要来自甘青和西藏地区[②]。

亚欧大陆东部人群在新疆境内西迁的路线有南北两条，亚欧大陆西部人群的古欧洲人类型如何进入罗布泊地区，如今尚未可知。到了东汉时期，地中海东支类型成为罗布泊的主要居民[③]。韩康信先生认为，地中海东支类型是中亚的古代地中海人种成分越过帕米尔高原，一支沿着塔里木盆地的南缘向东推进到罗布泊地区，一支沿塔里木盆地北上渗透到天山地区[④]。公元前几世纪，中亚两河类型居民顺伊犁河流域进入新疆地区，一直向东推进，直至唐代，我国内陆地区出现的欧罗巴人种类型都与中亚两河类型非常接近。

第二节　青铜—早期铁器时代居民与现代汉族体质特征的比较

一、数据与来源

为了探明现代汉族的体质特征与青铜—早期铁器时代居民体质特征的联系，以及新石器时代发展到青铜—早期铁器时代古代居民特质上的变化，我们需要选取一些颅骨组进行比较分析。现代汉族依然选用华北组、华南组、西安

① 崔银秋，段然慧，周慧，朱泓.新疆古代居民的遗传结构分析［J］.高等学校化学学报，2002，23（12）：2278-2280.

② 谭婧泽，李黎明，张建波，傅雯卿，管海娟，敖雪，王玲娥，巫新华，韩康信，金力，李辉.新疆西南部青铜时代欧亚东西方人群混合的颅骨测量学证据［J］.科学通报，2012，57（28-29）：2666-2673.

③ 韩康信.楼兰城郊古墓人骨人类学特征的研究［M］//韩康信.丝绸之路古代居民种族人类学研究.乌鲁木齐：新疆人民出版社，1993：345-351；张全超，陈靓.新疆喀什地区晋唐时期古代居民的人种学研究［J］.边疆考古研究（第2辑），2004：368-377.

④ 韩康信.新疆古代居民的种族人类学研究和维吾尔族的体质特点［J］.西域研究，1991（2）：1-13.

组、青岛组、湖南组、香港组、太原组、长春组，新石器时期各组我们选用庙子沟组、姜家梁组、仰韶合并组、庙底沟二期组、柳湾合并组、阳山组、甑皮岩组、河宕组，这些颅骨组前文均已详述，此章不复赘言。

青铜—早期铁器时代北方地区我们选择龙头山组、东灰山组、后李官组、火烧沟组、殷墟中小墓②组、殷墟中小墓③组、西村周组、商丘潘庙组、磨沟齐家组、磨沟寺洼组、上孙家寨卡约组、李家山组、上马组、朱开沟组、本溪组、平洋组、新店子组、双塔组，南方地区选择宴尔龙组、呷拉宗组、长阳组和昙石山组。

龙头山组[①]：本组颅骨标本出土于内蒙古自治区赤峰市克什克腾旗龙头山青铜时代遗址，属于夏家店上层文化，其中男性标本 11 例，女性标本 3 例。男女两性颅骨的形态特征相近，皆表现为中颅型、高颅型伴以狭颅型，偏狭的中上面型，略低的中眶型和中等偏阔的鼻型。与现代东亚蒙古人种最为接近，同时在颅型、面宽和面部扁平度方面受到了北亚蒙古人种的影响。

东灰山组[②]：本组颅骨标本出土于甘肃省民乐县东灰山四坝文化遗址，男性 4 例，女性 1 例。东灰山古代居民的颅面特征表现为偏短的高颅型、较窄的额型和面型以及偏阔的鼻型，与现代东亚蒙古人种具有最多的一致性，同时其较为倾斜的前额、略低矮的鼻根以及较大的面部扁平度与现代北亚蒙古人种表现出较多的相似性。

后李官组[③]：本组颅骨标本出土于山东省临淄地区后李官村的周代墓地，其中男性 10 例，女性 7 例。后李官组居民的体质特征表现为中颅型、高颅型伴以中狭颅型，狭面型，偏大的面部扁平度，偏阔的鼻型和中面型，与现代亚洲蒙古人种的东亚类型最为接近。

火烧沟组[④]：本组颅骨标本出土于甘肃省玉门市火烧沟墓地，男女各 60例，遗址的碳十四测年约为公元前 16 世纪。火烧沟男性居民的颅面特征为中颅型、高颅型结合狭颅型，中面型，中等的眶型和鼻型，女性居民除了颅型稍

---

①　陈山.克什克腾旗龙头山青铜时代颅骨的人类学研究［J］.人类学学报，2000，19（1）：21-31.

②　朱泓.东灰山墓地人骨的研究［M］//甘肃省文物考古研究所，吉林大学北方考古研究室.民乐东灰山考古.北京：科学出版社，1998：172-183.

③　张亚军.山东临淄后李官周代墓葬人骨研究［C］//山东省文物考古研究所，土井浜遗址人类学博物馆.探索渡来系弥生人大陆区域的源流.日本山口县：アリフク印刷株式会社，2000：164-171.

④　韩康信，谭婧泽，张帆.甘肃玉门火烧沟古墓地人骨的研究［M］//韩康信，谭婧泽，张帆.中国西北地区古代居民种族研究.上海：复旦大学出版社，2005：191-283.

低阔、面型稍窄外，其余多数特征皆与男性居民基本相似。火烧沟组与现代亚洲蒙古人种的东亚类型最为接近。

殷墟中小墓②组[1]：本组颅骨标本出土于河南省安阳市殷墟遗址中距王陵较远的中小墓，其中男性47例，女性29例。殷墟中小墓②组的颅骨形态特征为中颅型、高颅型结合狭颅型，中等偏大的上面部扁平度，偏低的眶型和阔鼻型，接近现代亚洲蒙古人种的东亚类型。

殷墟中小墓③组[2]：在安阳殷墟中小墓出土的头骨中，除了体质上接近东亚蒙古人种的殷墟中小墓②组外，另有8例男性头骨特征有所不同，命名为殷墟中小墓③组。他们的颅高偏低，面宽很大，鼻根较高，呈现出现代亚洲蒙古人种东亚类型与北亚类型混合的性状。

西村周组[3]：本组颅骨标本出土于陕西省凤翔县南指挥西村周墓，为先周时期周人遗存。西村周组居民在体质形态上与现代亚洲蒙古人种的东亚类型比较接近，同时在眶型和鼻型方面体现了南亚类型因素。

商丘潘庙组[4]：本组颅骨标本出土于河南省商丘县潘庙遗址，年代为春秋战国时期。可用于人类学观察和测量的头骨共8具，其中男性7例，女性1例。商丘潘庙古代男性居民的颅骨特征表现为中长颅型、高颅型伴以狭颅型，中等的眶型和鼻型，与现代东亚蒙古人种最为接近。女性居民为圆颅型、正颅型和阔颅型，狭额。

磨沟齐家组[5]：本组颅骨标本出土于甘肃省临潭县磨沟墓地齐家文化墓葬，男性161例，女性109例。磨沟齐家文化居民的颅骨形态特征为中颅型、高颅型结合狭颅型，中上面型，中等偏大的面部扁平度，中等的眶型和鼻型，男女两性标本的颅骨测量特征具有同质性，与现代亚洲蒙古人种的东亚类型最为相似。

磨沟寺洼组[6]：本组颅骨标本出土于甘肃省临潭县磨沟墓地寺洼文化墓葬，

① 韩康信，潘其风.安阳殷墟中小墓人骨的研究［C］//中国社会科学院历史研究所，中国社会科学院考古研究所.安阳殷墟头骨研究.北京：文物出版社，1985：50-81.
② 韩康信，潘其风.安阳殷墟中小墓人骨的研究［C］//中国社会科学院历史研究所，中国社会科学院考古研究所.安阳殷墟头骨研究.北京：文物出版社，1985：50-81.
③ 焦南峰.凤翔南指挥西村周墓人骨的初步研究［J］.考古与文物，1985（3）：103；朱泓.关于殷人与周人的体质类型比较［J］.华夏考古，1989（1）：103-108.
④ 张君.河南商丘潘庙古代人骨种系研究［C］//中国社会科学院考古研究所.考古求知集.北京：中国社会科学出版社，1997：486-498.
⑤ 赵永生.甘肃临潭磨沟墓地人骨研究［D］.吉林大学博士学位论文，2013：158-198.
⑥ 赵永生.甘肃临潭磨沟墓地人骨研究［D］.吉林大学博士学位论文，2013：158-198.

男女各 5 例。磨沟寺洼文化居民的颅骨形态特征为中颅型、高颅型结合狭颅型，偏阔的中上面型，偏大的面部扁平度，偏低的眶型和偏阔的鼻型，男女两性标本的颅骨测量特征具有同质性。与现代亚洲蒙古人种的各区域类型进行比较，同东亚类型具有最多的相似性。

上孙家寨卡约组[①]：本组颅骨标本出土于青海省大通县上孙家寨墓地卡约文化墓葬，男性标本 117 例，女性标本 104 例。上孙家寨卡约文化居民的颅面特征表现为中颅型、高颅型伴以狭颅型，中等的眶型和鼻型，与现代亚洲蒙古人种的东亚类型最为接近。

李家山组[②]：本组颅骨标本出土于青海省湟中县李家山卡约文化墓地，男性 16 例，女性 8 例，人骨的碳十四年代为距今 2740±150 年。李家山古代居民的颅骨形态表现为中颅型、高颅型（颅长高指数位于高颅型下限）结合中颅型，高而宽的面型，较大的面部扁平度，偏狭的中鼻型和中眶型。与现代亚洲蒙古人种的各类型进行比较，研究者认为其"在形态学上的地区类群性质似乎不特别明确"。

上马组[③]：本组颅骨标本为山西省侯马市上马墓地中的 170 例男性个体，年代为西周晚期至春秋战国时期。上马组居民的体质类型与现代东亚蒙古人种最为接近，但也含有一些东北亚蒙古人种和南亚蒙古人种的因素。

朱开沟组[④]：本组颅骨标本出土于内蒙古自治区伊克昭盟伊金霍洛旗朱开沟青铜时代早期遗址，男性 19 例，女性 18 例。朱开沟组居民的颅面特征为偏短的中颅型、高颅型伴以中颅型，较大的上面部扁平度，偏低的眶型和接近中鼻的阔鼻型。主体特征接近亚洲蒙古人种的东亚类型，同时也受到北亚类型的影响。

本溪组[⑤]：本组颅骨标本出土于辽宁省本溪市山城子乡庙后山遗址，年代

① 韩康信，谭婧泽，张帆．青海大通上孙家寨古墓地人骨的研究［M］//韩康信，谭婧泽，张帆．中国西北地区古代居民种族研究．上海：复旦大学出版社，2005：1-163.

② 张君．青海李家山卡约文化墓地人骨种系研究［J］．考古学报，1993（3）：381-413.

③ 潘其风．上马墓地出土人骨的初步研究［M］//山西省考古研究所．上马墓地．北京：文物出版社，1994：398-483.

④ 潘其风．朱开沟墓地人骨的研究［M］//内蒙古自治区文物考古研究所，鄂尔多斯博物馆．朱开沟——青铜时代早期遗址发掘报告．北京：文物出版社，2000：340-389.

⑤ 朱泓．本溪庙后山青铜时代居民的种系归属［C］//朱泓．中国古代居民的体质人类学研究．北京：科学出版社，2014：168-175.

为距今 4000—3000 年，可进行人类学观察与测量的有 4 例男性个体。本溪组
居民具有高而偏狭的颅型，较大的面部扁平度，高而宽的面型，"在基本种系
特征上应归属于东亚蒙古人种范畴，但同时在某些个别的面部性状上又表现出
明显的北亚人种或东北亚人种的影响"。

平洋组[①]：本组颅骨标本出土于黑龙江省泰来县平洋镇砖厂墓地，男性 15
例，女性 10 例。平洋组居民的颅骨形态，中长颅型、正颅型或高颅型伴以中
狭颅型，偏低的眶型，中等的鼻型，面部较扁平，表现了现代亚洲蒙古人种东
北亚类型、北亚类型和东亚类型相混合的特征。

新店子组[②]：本组颅骨标本出土于内蒙古自治区和林格尔县新店子东周时
期墓地，男性 15 例，女性 10 例。新店子古代居民一般具有特圆颅型、正颅型
和阔颅型，偏阔的面宽，较大的上面部扁平度，偏低的眶型和偏狭的中鼻型，
相对于男性，女性的低颅性质更加明显，眶型也略高。新店子组居民的基本颅
骨形态特征与现代北亚蒙古人种十分相似，近代对比组中，与代表蒙古人种北
亚类型的布里亚特组、蒙古组关系最近。

双塔组[③]：本组颅骨标本出土于吉林省白城市双塔遗址东周时期墓葬，男
性 6 例，女性 3 例。双塔组古代居民一般具有圆颅型、正颅型和偏阔的中颅
型，较大的面宽和面部扁平度，低眶，偏狭的中鼻型，女性的颅型比男性更为
短宽。双塔组居民的颅面测量特征与现代亚洲蒙古人种的北亚类型居民较为一
致，在近代对比组中，与蒙古组、通古斯组关系最近。

宴尔龙组：本组颅骨标本出土于四川省甘孜藏族自治州炉霍县雅德乡宴尔
龙墓地。墓地年代为殷商早期至西周中期[④]。宴尔龙组男性居民的颅骨测量特征
表现为长颅型、正颅型和狭颅型，中等的上面部宽度和中等的眶型[⑤]。

呷拉宗组：本组颅骨标本出土于四川省甘孜藏族自治州炉霍县仁达乡呷拉

① 潘其风.平洋墓葬人骨的研究［M］//黑龙江省文物考古研究所.平洋墓葬.北京：文物出版社，
1990：187-235.

② 张全超.内蒙古和林格尔县新店子墓地人骨研究［D］.吉林大学博士学位论文，2005.

③ 张全超，王伟，李墨岑，张群，王立新，段天璟，朱泓.吉林省白城市双塔遗址东周时期人骨研
究［J］.人类学学报，2015，34（1）：75-86.

④ 四川省文物考古研究院，日本九州大学考古研究室，甘孜藏族自治州文化旅游局，炉霍县文化旅
游局.炉霍县宴尔龙石棺葬墓地发掘报告［C］//四川省考古研究院.西南地区北方谱系青铜器及石棺葬文
化研究.北京：科学出版社，2013：11-33.

⑤ 中桥孝博，冈崎健治，高椋浩史.川西高原青铜时代的人［C］//四川省考古研究院.西南地区北
方谱系青铜器及石棺葬文化研究.北京：科学出版社，2013：164-191.

宗遗址，遗址年代为西周晚期至战国早期[1]。呷拉宗组男性居民的颅骨测量特征表现为接近长颅的中颅型、正颅型和中颅型，狭上面型和高眶型[2]。

长阳组[3]：本组颅骨标本出土于湖北省长阳土家族自治县深潭湾遗址，共16例，年代为距今3000—2200年。长阳组青铜时代居民的颅面性状表现为低面、阔鼻，与现代亚洲蒙古人种的南亚类型最为接近，同时与安阳殷墟组有些相似，其体质的形成过程可能也"受到黄河流域新石器时代居民基因漂流的影响"。

昙石山组[4]：本组颅骨标本出土于福建闽侯昙石山遗址，男性3例，女性6例，年代为距今3300年左右。昙石山组的颅面形态特征表现为长颅型、正颅型结合狭颅型，较小的面部扁平度，低面，低眶，阔鼻，与现代南亚蒙古人种最为接近。

二、青铜—早期铁器时代居民与现代汉族居民及新石器时代居民体质特征的比较

对以上各青铜—早期铁器时代颅骨组与现代汉族组、新石器时代各组在14个测量项目或指数方面进行比较，具体包括颅骨最大长、颅骨最大宽、颅高、面宽、上面高、总面角、鼻颧角、颅长宽指数、颅长高指数、颅宽高指数、垂直颅面指数、上面指数、眶指数和鼻指数（表4.2）。在此基础上计算欧氏距离（表4.3），并生成聚类图（图4.1）。

根据聚类图我们可以看出38组对比组大致可以分为八大类。西安组、青岛组、华北组、华南组、龙头山组、东灰山组、后李官组、湖南组、火烧沟组、商丘潘庙组、磨沟齐家组、殷墟中小墓②组、香港组、西村周组、上孙家寨卡约组、李家山组聚为第一大类。第二大类包括庙子沟组、姜家梁组、朱开沟组和磨沟寺洼组。上马组、仰韶合并组、庙底沟二期组为第三大类。太原组

① 四川省文物考古研究院，日本九州大学考古研究室，甘孜藏族自治州文化旅游局，炉霍县文化旅游局. 四川炉霍呷拉宗遗址考古发掘简报［C］//四川省考古研究院. 西南地区北方谱系青铜器及石棺葬文化研究. 北京：科学出版社，2013：36-71.

② 中桥孝博，冈崎健治，高椋浩史. 川西高原青铜时代的人［C］//四川省考古研究院. 西南地区北方谱系青铜器及石棺葬文化研究. 北京：科学出版社，2013：164-191.

③ 张振标，王善才. 湖北长阳青铜时代人骨的研究［J］. 人类学学报，1992，11（3）：230-240.

④ 韩康信，张振标，曾凡. 闽侯昙石山遗址的人骨［J］. 考古学报，1976（1）：121-129.

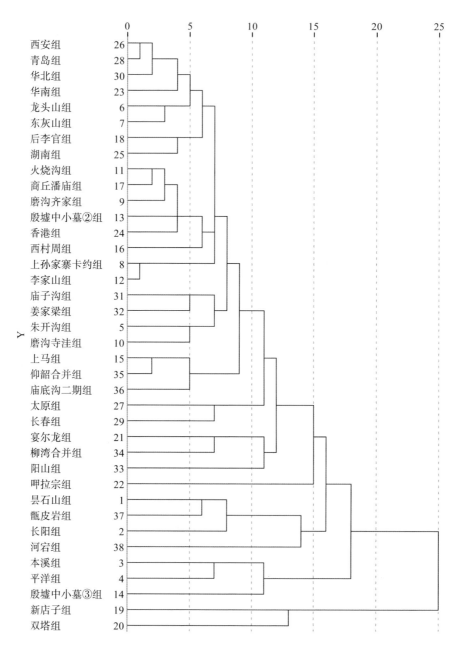

图 4.1 青铜—早期铁器时代人群与新石器时代人群、现代汉族居民关系聚类图（男性）

表 4.2　青铜—早期铁器时代人群与新石器时代人群、现代汉族

马丁号	测量项目↓ 组别→	昙石 山组	长阳组	本溪组	平洋组	朱开 沟组	龙头 山组	东灰 山组	上孙家寨 卡约组
1	颅骨最大长	189.70	186.40	192.80	190.54	179.07	178.28	176.70	182.70
8	颅骨最大宽	139.20	143.30	144.00	144.80	139.89	137.29	137.63	139.90
17	颅高	141.30	141.30	143.50	140.11	138.10	137.16	136.05	137.90
45	面宽	135.60	134.50	145.30	144.90	135.20	135.01	133.33	136.10
48	上面高 sd	71.10	68.40	75.50	77.08	71.77	74.44	73.10	76.70
72	总面角	81.00	[85.18]	85.00	90.89	87.33	84.06	83.83	85.70
77	鼻颧角	143.80	146.90	151.00	147.13	149.32	151.16	148.13	146.90
8：1	颅长宽指数	73.40	76.90	74.80	75.89	78.22	77.18	78.39	76.70
17：1	颅长高指数	73.80	75.10	74.50	74.09	77.58	76.66	77.01	75.70
17：8	颅宽高指数	99.50	99.10	99.65	97.30	98.75	99.67	98.08	98.50
48：17sd	垂直颅面指数	48.10	47.90	52.61	54.43	52.20	54.71	53.81	55.70
48：45sd	上面指数	52.50	50.80	51.96	53.06	52.45	54.88	55.66	56.50
54：55	鼻指数	57.00	50.60	48.02	49.40	51.74	50.07	50.63	47.30
52：51	眶指数 R	80.00	80.90	76.60	77.77	76.00	79.35	81.16	83.00
马丁号	测量项目↓ 组别→	双塔组	宴尔 龙组	呷拉 宗组	华南组	香港组	湖南组	西安组	太原组
1	颅骨最大长	181.30	190.30	186.00	179.90	179.31	179.51	180.70	175.51
8	颅骨最大宽	148.50	140.30	141.00	140.90	139.58	141.18	138.80	137.73
17	颅高	131.20	139.50	134.00	137.80	140.19	134.82	137.00	135.15
45	面宽	143.80	139.00	138.00	132.60	133.36	134.45	133.85	131.99
48	上面高 sd	75.10	75.00	78.00	73.80	72.85	72.03	74.32	75.82
72	总面角	87.00	86.00	85.00	81.70	86.28	84.71	84.35	85.49
77	鼻颧角	150.30	[147.33]	[147.33]	145.10	144.64	145.36	146.56	145.15
8：1	颅长宽指数	82.30	73.80	75.80	78.75	77.84	78.65	76.81	78.47
17：1	颅长高指数	73.70	73.30	72.00	77.02	78.18	74.80	75.82	77.00
17：8	颅宽高指数	92.90	100.00	95.00	97.80	100.44	95.50	98.70	98.13
48：17sd	垂直颅面指数	58.30	53.76	58.21	53.60	51.97	53.43	54.26	56.10
48：45sd	上面指数	52.80	54.70	56.52	55.67	54.63	53.57	55.52	57.44
54：55	鼻指数	47.80	49.60	51.80	48.50	49.16	48.92	47.56	45.27
52：51	眶指数 R	73.20	78.60	88.10	78.49	77.90	82.06	83.62	85.19

注：［ ］原值缺失，为青铜—早期铁器时代各对比组平均值。

…居民的比较（男性）（长度：mm，角度：°，指数：%）

磨沟齐家组	磨沟寺洼组	火烧沟组	李家山组	殷墟中小墓②组	殷墟中小墓③组	上马组	西村周组	商丘潘庙组	后李官组	新店子组
81.17	176.90	182.78	182.20	184.04	187.18	181.62	180.63	182.00	179.10	173.80
37.08	136.60	138.78	140.00	140.13	142.67	143.41	136.81	137.70	140.30	153.27
36.74	136.62	139.27	136.50	140.32	134.83	141.11	139.29	141.70	136.80	129.18
35.26	138.04	136.25	138.60	133.08	145.40	137.36	131.48	135.00	133.50	142.08
73.62	71.45	73.82	77.30	73.81	75.08	75.02	72.60	74.90	70.90	73.91
84.99	83.06	86.68	87.00	83.81	84.63	82.42	81.05	85.70	87.90	88.00
46.49	148.43	145.07	147.40	144.38	144.74	148.73	145.80	146.80	145.40	148.77
75.73	77.24	75.90	76.93	76.50	76.27	78.55	75.75	75.90	78.40	88.13
75.45	77.22	76.12	74.96	76.09	72.08	77.69	77.16	77.90	77.30	72.80
99.82	99.99	100.66	97.60	99.35	94.53	98.62	102.04	101.70	99.30	84.57
53.84	53.21	53.14	56.99	53.11	55.68	53.09	52.30	53.20	51.50	57.29
54.42	51.90	54.41	55.88	53.98	51.64	54.59	55.10	55.60	53.10	51.93
49.05	51.68	49.92	47.01	50.98	51.41	50.43	53.84	50.50	48.50	48.06
77.50	77.46	78.45	82.02	78.59	79.32	78.08	79.25	78.50	82.00	74.71

…岛组	长春组	华北组	庙子沟组	姜家梁组	阳山组	柳湾合并组	仰韶合并组	庙底沟二期组	甑皮岩组	河宕组
80.10	178.40	178.50	177.63	178.27	181.80	185.93	180.70	179.43	190.40	181.40
37.30	141.40	138.20	137.03	134.20	133.30	136.41	142.56	143.75	138.80	132.50
36.40	135.10	137.20	140.93	138.10	133.90	139.38	142.53	143.17	140.00	142.50
33.40	134.12	132.70	136.64	136.63	131.70	137.24	136.37	140.83	134.60	130.50
73.90	75.40	75.30	73.50	75.53	75.60	78.19	73.38	73.48	67.70	67.90
84.52	84.35	83.39	82.33	82.59	89.20	89.21	81.39	85.75	83.50	82.30
45.65	145.37	145.10	149.81	146.76	146.60	146.49	146.40	147.56	144.75	142.60
76.24	80.30	77.56	77.22	75.76	73.31	73.92	79.10	80.31	72.93	73.10
75.74	76.30	77.02	79.57	78.74	73.76	74.74	78.62	77.64	73.53	78.40
99.34	95.60	99.53	102.95	102.33	101.84	100.96	99.41	99.47	100.86	106.20
54.18	55.85	54.20	52.05	54.58	56.29	56.57	51.60	54.06	48.36	45.70
55.40	56.14	56.80	53.68	55.71	56.93	57.60	54.58	51.86	47.62	51.30
46.07	41.90	45.21	49.90	49.00	47.25	49.09	52.08	50.17	52.50	51.60
81.59	80.08	80.68	74.94	77.39	79.29	78.46	77.18	77.71	79.38	80.30

	27	28	29	30	31	32	33	34	35	36	37	38
0												
0	0.000											
3	7.691	0.000										
1	8.795	8.835	0.000									
2	6.760	3.871	7.458	0.000								
33	16.898	12.430	16.509	12.072	0.000							
9	13.018	8.863	14.266	8.736	7.103	0.000						
53	12.910	9.271	15.292	11.287	16.486	11.877	0.000					
20	16.461	11.747	16.467	13.216	15.473	12.103	10.044	0.000				
08	17.084	12.823	15.319	12.296	9.106	11.877	19.172	15.775	0.000			
08	18.063	14.596	15.475	14.633	11.323	14.049	20.317	15.847	7.969	0.000		
78	24.815	17.939	23.803	20.492	19.181	19.997	20.650	18.991	16.948	19.288	0.000	
31	22.438	17.480	24.767	18.595	16.271	16.761	20.087	21.652	17.864	21.956	14.980	0.000

村周组；17. 商丘潘庙组；18. 后李官组；19. 新店子组；20. 双塔组；21. 宴尔龙组；22. 呷拉宗组；23. 华南组；

表 4.3　青铜—早期铁器时代人群与新石器时代人群、现代汉族居民的欧氏距离（男性）

3	14	15	16	17	18	19	20	21	22	23	24	25	26
000													
900	0.000												
31	15.088	0.000											
39	20.561	11.508	0.000										
89	17.918	8.422	7.889	0.000									
58	18.297	11.492	11.404	10.099	0.000								
483	25.275	26.648	34.021	32.345	27.723	0.000							
702	14.872	17.690	25.866	22.893	21.104	14.111	0.000						
365	11.849	12.272	15.429	11.276	15.644	32.333	20.742	0.000					
981	13.500	16.706	18.953	17.463	17.217	29.054	21.053	14.461	0.000				
46	17.610	8.033	9.011	9.165	8.691	27.027	19.798	14.902	16.755	0.000			
36	18.902	8.952	8.634	5.915	6.424	29.493	21.797	14.459	19.152	6.644	0.000		
316	15.071	10.971	12.472	12.337	6.488	24.093	17.937	15.281	13.678	7.238	9.663	0.000	
34	16.766	10.389	10.290	8.870	7.258	29.032	21.198	13.348	12.549	7.096	8.573	6.515	0.00
737	22.135	15.872	15.044	14.204	10.800	29.140	23.735	20.315	16.300	10.957	12.458	10.300	7.73
08	17.727	11.640	10.263	8.869	7.504	29.753	21.697	13.936	14.852	7.078	7.986	7.504	3.36
818	18.790	13.307	17.010	14.765	11.469	23.861	17.791	18.187	17.084	8.994	12.214	9.143	9.37
00	19.599	11.422	10.872	9.478	8.930	29.471	22.049	16.011	16.738	6.033	7.859	8.954	5.39
696	20.908	9.837	10.093	8.327	13.012	31.876	22.894	16.689	22.698	11.190	9.067	14.979	13.1
093	19.492	11.767	9.340	7.640	12.526	32.592	23.308	15.620	19.296	10.260	9.320	13.517	10.2
675	20.990	17.823	14.110	12.259	13.586	34.180	24.960	15.430	17.281	14.377	13.395	14.488	11.0
320	16.066	13.801	14.758	9.086	15.056	33.256	22.319	8.827	14.817	14.476	12.957	15.598	11.9
67	17.432	4.614	9.848	8.530	11.780	28.636	20.686	14.404	19.542	8.182	8.041	12.191	12.0
344	15.552	6.960	15.333	11.041	12.463	25.628	17.243	14.837	19.637	12.296	10.570	13.246	13.7
028	18.674	17.567	15.381	16.006	16.755	37.010	27.819	13.314	21.995	18.126	16.759	17.773	17.7
590	27.679	20.390	12.422	15.298	16.796	42.556	34.688	21.329	27.761	18.426	15.176	20.431	18.3

齐家组；10.磨沟寺洼组；11.火烧沟组；12.李家山组；13.殷墟中小墓②组；14.殷墟中小墓③组；15.上马组；16.阳山组；34.柳湾合并组；35.仰韶合并组；36.庙底沟二期组；37.甑皮岩组；38.河宕组。

	1	2	3	4	5	6	7	8	9	10	11	12	
1	0.000												
2	11.030	0.000											
3	18.278	16.850	0.000										
4	19.465	17.373	9.178	0.000									
5	17.130	12.356	19.883	18.252	0.000								
6	18.616	15.613	20.952	20.082	7.649	0.000							
7	18.886	15.684	24.048	22.260	8.684	5.179	0.000						
8	17.796	14.764	18.209	15.647	12.252	9.008	9.681	0.000					
9	15.557	13.387	19.098	17.592	7.681	6.403	7.665	8.145	0.000				
10	17.668	15.275	21.502	20.838	7.142	6.853	7.831	12.995	7.584	0.000			
11	13.727	11.282	16.924	14.974	8.084	8.901	9.935	7.729	4.594	9.664	0.000		
12	19.700	16.619	17.786	14.170	12.707	9.845	11.074	3.908	9.081	13.207	9.090	0.000	
13	11.670	9.995	17.939	16.927	9.546	10.346	10.443	9.059	6.917	11.515	5.165	11.431	0.
14	17.663	17.493	14.515	10.711	17.413	18.026	19.066	14.670	15.453	17.205	14.662	12.770	15
15	15.697	12.022	15.703	15.651	8.899	9.336	10.838	9.704	9.726	10.749	8.629	10.859	8.
16	13.170	13.760	22.894	22.891	10.899	9.587	9.092	12.754	8.654	10.088	9.229	15.299	7.
17	14.684	12.892	18.013	17.299	8.836	8.218	9.944	8.803	6.515	10.254	4.513	10.893	6.
18	17.717	11.433	22.345	19.750	8.308	9.879	7.813	9.977	8.567	10.440	8.256	11.497	9.
19	36.808	31.326	33.352	28.890	26.506	28.537	27.651	28.498	29.234	28.337	30.036	26.398	30
20	27.899	23.459	21.397	17.546	18.424	19.960	21.071	19.477	19.786	20.101	20.401	16.840	21.
21	12.743	12.712	10.450	9.994	14.752	14.807	17.099	10.956	11.346	16.315	9.288	11.390	10
22	19.784	19.575	21.143	17.434	19.308	16.169	16.156	10.607	15.874	19.262	15.710	10.256	15
23	16.922	13.537	21.501	20.254	9.629	8.702	7.117	9.059	7.467	10.469	8.603	11.101	6.
24	16.467	12.139	20.930	19.258	7.107	9.056	8.395	10.134	6.849	9.646	5.789	12.048	6.
25	17.657	12.970	22.082	19.236	10.085	9.866	7.260	8.947	8.781	10.771	9.870	9.742	9.
26	17.250	13.692	20.974	19.100	11.143	7.596	6.539	4.716	7.054	11.105	7.917	7.451	8.
27	24.277	20.424	27.664	24.733	15.516	11.440	8.744	9.983	12.369	14.921	13.902	11.317	14.
28	18.097	14.683	21.825	20.059	11.112	7.794	6.933	6.465	5.747	10.654	7.713	8.534	8.
29	23.995	18.748	23.859	21.196	14.382	12.372	11.130	9.896	11.805	15.051	13.353	10.079	13
30	19.989	16.476	23.206	21.582	12.036	8.588	7.304	7.665	7.682	11.729	9.348	9.828	9.
31	18.656	16.115	20.612	21.616	8.787	8.383	10.914	14.196	9.493	7.497	10.340	15.261	11
32	18.946	18.154	21.929	21.472	11.143	7.408	9.169	11.159	7.019	8.064	8.986	12.157	11.
33	21.220	19.906	24.561	21.898	14.912	11.883	12.754	11.575	9.414	15.145	11.409	12.224	13.
34	17.868	17.710	16.932	14.099	14.417	12.656	15.002	9.016	9.811	15.699	8.520	9.164	11
35	14.525	11.765	18.113	18.386	9.267	11.015	11.376	12.440	10.674	10.681	9.270	14.115	7.
36	18.700	13.661	16.236	15.134	9.749	12.362	13.735	12.831	12.467	11.544	10.508	12.759	11
37	8.289	9.126	18.229	19.768	16.869	19.299	19.941	18.841	15.615	17.813	14.179	20.417	13.
38	16.037	16.371	27.451	28.681	18.204	18.980	18.447	21.185	16.692	17.251	16.130	23.768	15.

注：1. 昙石山组；2. 长阳组；3. 本溪组；4. 平洋组；5. 朱开沟组；6. 龙头山组；7. 东灰山组；8. 上孙家寨卡约组；9. 磨洋
4. 香港组；25. 湖南组；26. 西安组；27. 太原组；28. 青岛组；29. 长春组；30. 华北组；31. 庙子沟组；32. 姜家梁组；33

和长春组聚为第四大类。宴尔龙组、柳湾合并组和阳山组聚为第五大类。第六大类包括昙石山组、甑皮岩组、长阳组和河宕组。本溪组、平洋组、殷墟中小墓③组聚为第七大类。新店子组和双塔组为第八大类。

第一大类由除了太原组和长春组之外的现代汉族各组和 10 组青铜—早期铁器时代颅骨组组成。单独聚为第四大类的太原组和长春组的欧氏距离系数显示，太原组与现代汉族的华北组距离最近（6.760），其次为西安组（7.730）、青岛组（7.691），与古代组中的东灰山组（8.744）、上孙家寨卡约组（9.983）关系相对最为密切。长春组与现代华北组的距离最近（7.458），其次为太原组（8.795）和青岛组（8.835），在古代组中，与上孙家寨卡约组距离最近（9.896），因此太原组和长春组基本上可以划归在第一大类中。在上一章我们对现代汉族与史前时期居民进行聚类分析时，现代汉族各组首先聚为一类，然后才依次与新石器时代各区域类型组聚在一起，说明不同时代同一地区居民的体质差异远远大于同一时代不同地区居民体质之间的差异，即现代汉族与新石器时代居民（尤其是古华北类型和古西北类型）的体质特征在一定程度上具有继承性，但仍有较大的区别。到了青铜—早期铁器时代，开始有颅骨组与现代汉族各组开始在同一聚类内互有交错，表明青铜—早期铁器时代居民与现代汉族居民在体质特征上有了更为明确的联系。

第二大类内，代表古华北类型的新石器时代的庙子沟组和姜家梁组，青铜—早期铁器时代的朱开沟组和磨沟寺洼组首先分别聚为一小类，两小类又聚为一大类，意味着随着时间的变化古华北类型在体质特征上依然具有延续性。磨沟寺洼组原被认为属于古西北类型，但是相对于磨沟齐家组，寺洼组的颅骨最大长变短，上面高变低，鼻颧角增大，面宽增加，鼻型变阔，这些变化使得其颅面形态更接近古华北类型，因此与朱开沟组聚在一起。在古代对比组中，磨沟寺洼组与龙头山组（6.853）和朱开沟组（7.142）的欧氏距离最近，磨沟齐家组（7.584）和东灰山组（7.831）次之，同聚类结果比较一致。

第三大类的仰韶合并组、庙底沟二期组和上马组是古中原类型的代表。上马组首先与仰韶合并组聚在一起，再与庙底沟二期组相聚，表明从新石器时代发展到青铜—早期铁器时代，古中原类型居民的体质特征也一脉相承。

第五大类为宴尔龙组、柳湾合并组和阳山组，柳湾合并组和阳山组是新石器时代古西北类型的代表，和属于同一类型的上孙家寨卡约组、李家山组，火烧沟组、东灰山组、磨沟齐家组和磨沟寺洼组，并未在很近的刻度内聚在一起，聚类情况表明到了青铜—早期铁器时代古西北类型分化为几个亚型①，即卡约文化组、齐家—四坝文化组、磨沟寺洼组。呷拉宗组的欧氏距离系数表明与李家山组（10.256）和上孙家寨卡约组（10.607）的距离最近。同样位于西南地区，与呷拉宗组年代相近、地理位置相邻的宴尔龙组也与古西北类型的柳湾合并组（8.827）和火烧沟组（9.288）的距离最小。这表明了甘青地区先民对西南地区古代居民体质特征的影响。

第六大类由新石器时代的甑皮岩组、河宕组、昙石山组和青铜时代的长阳组组成，这四组居民均代表古华南类型。表明从新石器时代到青铜时代，古华南类型的颅面特征变化较小，与现代汉族主体居民的体质形态仍有较大距离。

第七大类包括本溪组、平洋组和殷墟中小墓③组，这三组代表青铜时代的古东北类型，与现代汉族各组的距离较远。

第八大类为新店子组和双塔组，皆与现代亚洲蒙古人种的北亚类型最为接近，属于古蒙古高原类型，在青铜—早期铁器时代各组中，不仅与现代汉族距离最远，与其他古代居民组在体质特征上也有明显的差异。在与近代人群的对比中，新店子组和双塔组都与蒙古组的距离较近，与华南组、华北组的距离较远。对同属古蒙古高原类型的井沟子居民的线粒体 DNA 分析也表明，该组人群与古代鲜卑人、现代鄂伦春人、鄂温克族遗传距离最近，存在很强的基因连续性②。说明古蒙古高原类型古代居民为现代东北地区少数民族体质特征的形成做出了贡献。

结合第二、三、五聚类，可以看出从新石器时代到青铜—早期铁器时代，古中原类型、古西北类型、古华北类型的古代人群在体质特征上具有继承性，第一大类内与现代汉族居民聚为一类的各组又表明他们在颅骨形态上发生了一些变化，从而比同时代其他人群更为接近现代汉族。

不论是通过表 4.2 的数据对比还是图 4.1 的聚类结果，东灰山组和龙头山组都与现代汉族各组的距离最近，我们可以通过对这两组古代居民测量数据的分析来探讨他们以及他们所代表的古人种类型在颅面特征上发生的变化。

东灰山组居民一般被认为属于先秦时期古人种中的古西北类型，与新石器时代的青海柳湾合并组和民和阳山组居民进行对比，可以看出东灰山组的颅骨

---

① 赵永生.甘肃临潭磨沟墓地人骨研究［D］.吉林大学博士学位论文，2013：215.

② 葛斌文.井沟子古代人群的遗传分析［D］.吉林大学硕士学位论文，2008.

最大长的绝对值减小，颅骨最大宽值略微增加，颅高值增大，因此颅形变短、变宽、变高；上面高变小，结合增大的颅高，垂直颅面指数变小，即相对于颅高面部变低了；总面角变小，鼻颧角增大，表明面部突出程度有所增加，但上面部扁平度也增大了；眶形变高，鼻型略宽。我们进一步推测，变短变宽的颅型以及增大的上面部扁平度，可能是受到了某些蒙古人种北亚类型体质因素的影响。变低的面型、减小的面角以及变阔的鼻型，可能受到了古中原类型居民的影响。东灰山古代居民在颅面特征上表现出比较明显的个体差异，也许这正暗示了"当时的人类群体间或许存在着较之新石器时代更为频繁的社会交往、人口迁移和基因交流"[①]。

其他古西北类型居民如磨沟齐家组、火烧沟组、上孙家寨卡约组，李家山组，与东灰山组具有共同的变化趋势，只是变化的幅度有所差异，如颅骨最大宽值增加，颅形变短、变宽、变高；总面角变小；除了火烧沟组，鼻颧角都有所增大；鼻宽增大等。其他项目与新石器时代居民相比相差不大或组别之间略有差异。

龙头山组居民一般被认为同其他夏家店上层文化居民一样，属于先秦时期古人种中的古华北类型。相对于庙子沟组和姜家梁组，龙头山组的颅高变低，颅型变宽；面宽稍微变窄，总面角增大，鼻颧角增大，说明面部突出程度增加，但上面部扁平度也增大；眶型变高，鼻型变宽。青铜—早期铁器时代古华北类型的另一代表朱开沟组同样颅骨最大宽增大，颅形变短、变宽、变低；颧宽变小，但上面指数依然减小，面型变低；鼻型变阔。不同之处在于朱开沟组的面角增大了，侧面反映了不同人群之间颅骨形态特征变化的复杂性。

古中原类型居民如后李官组、商丘潘庙组、殷墟中小墓[②]组、西村周组等，相对于庙底沟二期组和仰韶合并组，颅骨最大长绝对值均有所增加（除后李官组外），使得颅形变长；颧宽变窄，上面高值增加，面型变高窄；眶形皆变高；鼻形方面后李官组变窄，西村周组变宽，其他组别变化不大。可以推测，青铜—早期铁器时代中原地区居民受到了来自西北或北方的颅型偏长、面型高窄、眶型较高的人群的影响。上马组的颅骨最大宽、上面高、面宽、鼻颧角的绝对值都大于青铜—早期铁器时代同类型其他各组，表明其较多地受到来

---

① 朱泓.东灰山墓地人骨的研究［M］//甘肃省文物考古研究所,吉林大学北方考古研究室.民乐东灰山考古.北京：科学出版社，1998：172-183.

自北方地区的影响，这可能与上马组的年代偏晚且处于民族大融合的春秋战国时期有关。

通过以上的分析，我们总结出一些看法。东灰山组位于甘肃省民乐县六坝乡东灰山四坝文化遗址，龙头山组出土于内蒙古赤峰市克什克腾旗龙头山夏家店上层遗址，二者所属文化不同，年代也略有差异，地理直线距离近 1500 公里，在青铜—早期铁器时代诸组人群中，他们之间的体质形态特征最为相近[①]，而这不太可能是直接进行基因交流的结果。龙头山组居民与东灰山组居民一样，都受到了来自具有短颅、阔颅、面部扁平度较大的人群和低面阔鼻人群的影响，因此他们之间的相似性应该是一种在原有体质特征的基础上，在古中原类型居民和北亚人种因素类群的共同作用下的一种趋同性。古中原类型居民吸收了可能来自古华北类型和古西北类型的窄面高眶人群的特征，同样表现出了这种趋同性。

在青铜—早期铁器时代，不同群体的体质特征的变化是不均衡的，有些人群的种系类型归属非常明晰，有些颅骨形态特征变得复杂，有些则因为频繁的迁徙碰撞，使得体质特征的类型界限变得非常模糊，我们有时只能根据考古学文化的特点和选择对比组来判断他们的人种类型。这种因为人群的交流融合而导致体质特征界限模糊的趋同性正是现代汉族形成的人种学基础。龙头山组和东灰山组与现代汉族的关系最为密切，可能与他们跟其他古人种类型因素融合的程度更高有关。

第三节　青铜—早期铁器时代人群的交流与汉民族的形成

目前可以追溯到的汉民族最早的源头是新石器时代主要分布在今陕西河南山东一带的古中原类型居民，随着古中原类型居民的向外扩张，形成过程受其影响的古华北类型和古西北类型，也成为现代汉族居民的另外两支重要来源。由前文的分析我们可知，由于人群之间的进一步交流和融合，到青铜—早期铁器时代，古西北类型、古华北类型和古中原类型居民相比于新石器时代，与现

[①]　他们的主要差别还是在面部扁平度和面高方面，这也是古西北类型和古华北类型的区别所在。

代汉族居民的体质特征更为接近。这一节我们主要探讨青铜—早期铁器时代古代人群的迁徙和交流，这一互动过程也是汉民族形成的初始过程。

这一阶段的人群交流可以分为两个层次，第一层次为"蒙古大人种"和"欧罗巴大人种"的交流，主要发生在新疆地区，如前所述，欧罗巴人种因素最东到达哈密地区，来自中国西北地区、蒙古北部和外贝加尔湖的蒙古人种人群，小规模的西进与欧罗巴人种发生融合[①]。从颅骨形态特征来看，青铜—早期铁器时代新疆地区古代居民与现代汉族居民差异很大，分子考古学表明这一时期的新疆居民主要与现代中亚人群或南西伯利亚人群比较接近[②]。

第二层次为"蒙古大人种"即古东北类型、古华北类型、古西北类型、古中原类型、古华南类型、古蒙古高原类型和古西南类型等几个古人种类型之间的交流，这一层次的迁徙交流又可概括为三种模式：一、古中原类型居民向周边地区的扩张；二、古中原类型居民对周边居民的吸纳；三、边疆地区居民的互动。

一、古中原类型居民向周边地区的扩张

新石器时代各种古人种类型中，以古中原类型的人骨材料最为丰富，主要分布在陕西、河南、山东一带。到青铜—早期铁器时期，古中原类型居民除了延续在中原地区的主体地位外，还进一步向四周扩张。

青铜—早期铁器时代的内蒙古中南部是古蒙古高原类型、古华北类型和古中原类型居民交错杂居的地区。在位于准格尔旗的寨子塔遗址龙山晚—夏早期的墓葬中，已有古华北类型和古中原类型两种不同古人种类型个体的存在，而且寨子塔组居民总体体现出一种混合性状[③]，说明两组人群正在逐渐融合的过程中。到了春秋战国时期，古蒙古高原类型开始出现在内蒙古中南部，在乌兰察布市凉城县境内，就分布着很多各类型居民杂居交融的人群，如代表古蒙古高

---

①　李春香，崔银秋，周慧.利用分子遗传学方法探索新疆地区人类起源和迁徙模式［J］.自然科学进展，2007，17（6）：817-821.

②　谢承志.新疆塔里木盆地周边地区古代人群及山西虞弘墓主人DNA分析［D］.吉林大学博士学位论文，2007：43；高诗珠.中国西北地区三个古代人群的线粒体DNA研究［D］.吉林大学博士学位论文，2009：66.

③　张全超，李墨岑，朱泓.内蒙古准格尔旗寨子塔遗址出土人骨研究［J］.边疆考古研究（第14辑），2013：315-322.

原类型但同时存在接近古华北类型个体的崞县窑子组[①],古中原类型和古蒙古高原类型混居的小双古城组[②]、板城组[③]和忻州窑子组[④],以及古中原类型和古华北类型混居的饮牛沟组[⑤]和毛庆沟组[⑥]等。

除了向北扩张,中原地区的古代居民与西北地区居民也存在体质的交流,前文讨论的东灰山组、磨沟齐家组、李家山组等古代人群,相较于新石器时代的本地区居民,表现出低面、阔鼻的趋势,应该是受到中原地区居民的影响。

古中原类型在青铜—早期铁器时代的南部边界,根据目前出土的人骨材料,大概在今天的湖北地区。湖北随县曾侯乙墓出土人骨的体质形态特征表明,该组人群具有长颅型、高颅型结合狭颅型,中上面型,中等的眶高和鼻宽,相对于现代华南人和华北人,与殷墟中小墓更为接近[⑦]。同样位于湖北地区,位置偏南的长阳青铜时代组则表现为低颅阔面的南亚蒙古人种特征,同时与安阳殷墟组也有些相似,可能受到了古中原类型的影响[⑧]。表明古中原类型居民在春秋战国时期已在湖北北部地区生活,与湖北南部地区的古华南类型居民也有着体质方面的交流。青铜—早期铁器时期,古华南类型发现的资料较少,湖北地区也是目前所知古华南类型北上的边界。

在西南方向,古中原类型居民走了更远。近年发表的一批云南昆明纱帽山滇文化墓地的颅骨资料表明,春秋中晚期—战国晚期(或可晚至东汉初年)纱帽山居民具有中颅型、高颅型伴以狭颅型,中等的面型和上面部扁平度,偏狭的鼻型和偏低的眶型,与现代亚洲蒙古人种的东亚类型最为接近,其次为东北亚类型和南亚类型。与古代对比组中的瓦窑沟组、火烧沟组关系最为密切[⑨]。反映出纱帽山组居民的体质特征为古中原类型,但同时也受到了其他人群的影

① 朱泓.内蒙古凉城东周时期墓葬人骨研究[J].考古学集刊,1991(7):169-191.

② 张全超.内蒙古和林格尔县新店子墓地人骨研究[D].吉林大学博士学位论文,2005:64.

③ 张全超.内蒙古和林格尔县新店子墓地人骨研究[D].吉林大学博士学位论文,2005:66.

④ 曹建恩、孙金松、杨星宇.内蒙古凉城县忻州窑子墓地发掘简报[J].考古,2009(3):105-113.

⑤ 何嘉宁.内蒙古凉城县饮牛沟墓地1997年发掘出土人骨研究[J].考古,2011(11):80-86.

⑥ 潘其风.毛庆沟墓葬人骨的研究[C]//田广金,郭素新.鄂尔多斯式青铜器.北京:文物出版社,1985:316-341.

⑦ 莫楚屏,李天元.曾侯乙墓人骨研究[M]//湖北省博物馆.曾侯乙墓(附录四).北京:文物出版社,1989:585-617.

⑧ 张振标,王善才.湖北长阳青铜时代人骨的研究[J].人类学学报,1992,11(3):230-240.

⑨ 曾雯,潘其风,赵永生,朱泓.纱帽山滇文化墓地颅骨的人类学特征[J].人类学学报,2014,33(2):187-197.

响，古中原类型居民在青铜—早期铁器时代晚期，已经抵达今天我国的滇中地区。

二、古中原类型居民对周边居民的吸纳

古中原类型居民在向外扩张的同时，周边地区的居民如古东北类型、古西北类型等也陆续进入中原地区，与中原地区的原住居民逐渐交流融合。

古东北类型在新石器时代发现不多，是主要生活在东北地区的土著居民。青铜—早期铁器时代，古东北类型居民的一支或几支向南迁移，在河北石家庄藁城台西商代遗址[①]、河南安阳殷墟中小墓和山东滕州前掌大商周时期墓地，都发现了具有古东北类型特点的人骨遗存。

殷墟遗址位于河南省安阳市西北郊，是商王朝后期的都城所在。不仅发现了宫殿宗庙等文化遗迹和大批的甲骨、陶器、铜器、玉石器等珍贵文物，还出土了大量的人类遗骸[②]。目前殷墟的人骨资料一般分为两个部分：距离王陵较远的殷墟中小墓中出土的人骨和殷墟王陵附近祭祀坑中出土的人骨。潘其风与韩康信将殷墟中小墓的人骨材料分为三组，第①组包括全部头骨，第③组为8例具有低颅、宽面性质的头骨，第②组为排除第③组以外的头骨，殷墟中小墓②组与现代亚洲蒙古人种的东亚类型最为接近，殷墟中小墓③组则具有某些北方蒙古人种的特点，而且他们的墓葬规格较高，随葬品丰富，大多都有成组的青铜或铅制礼器，有的还有殉狗甚至殉人，殷墟中小墓③组可能代表了殷王族的体质类型[③]。按照先秦时期古人种类型的分类，殷墟中小墓②组属于古中原类型，一直是中原地区的原住民，殷墟中小墓③组属于古东北类型，可以推测，商人的血统中至少有一部分来自于北方地区。

前掌大商周时期墓地位于山东省滕州市官桥镇前掌大村，该墓地居民表现出两种不同的颅面形态特征。A组以现代东亚蒙古人种的特征为主，同时含有南亚蒙古人种因素，为古中原类型；B组主要表现出北亚蒙古人种特征，与近代蒙古组、布里亚特组比较接近，属于古东北类型。两组居民的体质特征已经

---

①　汪洋.藁城台西商代居民的人种学研究［J］.文物春秋，1996（4）：13-21.

②　郑振香.殷墟发掘六十年概述［J］.考古，1988（10）：929-941.

③　韩康信，潘其风.安阳殷墟中小墓人骨的研究［C］//中国社会科学院历史研究所，中国社会科学院考古研究所.安阳殷墟头骨研究.北京：文物出版社，1985：50-81.

有了融合的迹象，如 A 组颅高降低，面宽相对较大；B 组却有较高的颅高和较窄的颧宽，这应该是基因交流的结果，即使得他们的颅骨特征趋于一种中间形态。另外，两组居民在墓地分布、墓葬形式、埋葬习俗等方面没有规律性的差异，说明他们在文化上也经过了比较好的融合[①]。从新石器时代开始到青铜时代，山东地区居民一直都是以古中原类型为主，少见其他古人种类型，因此前掌大 A 组应是当地土著居民，B 组可能来自北方或者安阳地区。来自北方的人群给黄河下游地区一直承袭新石器时代体质特征的商周居民带来一些影响，他们的颅长高指数变小，面型变为典型的中面型，更接近近代华北地区居民[②]。

除了古东北类型居民，在殷墟西北冈祭祀坑中发现了更多的来自周边地区的人群。殷墟祭祀坑的人骨材料被分为五个组别[③]，祭祀坑 I 组的颅面特征具有亚洲蒙古人种北亚类型和东亚类型的混合形态；祭祀坑 II 组比较接近亚洲蒙古人种的南亚类型，可能来自于南方；祭祀坑 III 组只有两例个体，其主体特征接近亚洲蒙古人种的东亚类型，可以与祭祀坑 IV 组和 V 组合并为一组。属于不同古人种类型的人群共时出现在同一个遗址中，可能与商王征战四方掠夺异族人口为奴有关[④]。商作为当时华北平原上最强大的政体，与在其统治之下的众多地方势力之间组成了一个松散的联盟，因此"除了军事实力可以体现商的强大之外，再没有其他权力资源可以被用来支持商王的权威"[⑤]，殷墟祭祀坑中的人骨基本反映了这个现实。武王灭商后，西周并没有停下向四方军事扩张的步伐，"扩张的结果一定会产生无数的奴仆与丰厚物品，源源不断地流向陕西的王畿地区"[⑥]。军事行为在一定程度上促进了商周时期大规模的人口流动。

有关西北地区居民对古中原类型居民造成的影响，我们可以从分子考古学的研究中获得线索。横北墓地位于山西省绛县横水镇横北村，根据出土铜器上

　　① 王明辉 . 前掌大墓地人骨研究报告［M］// 中国社会科学院考古研究所 . 滕州前掌大墓地 . 北京：文物出版社，2005：674-727.
　　② 曾雯，赵永生 . 山东地区古代居民体质特征演变初探［J］. 东南文化，2013（4）：65-70.
　　③ 杨希枚 . 河南安阳殷墟墓葬中人体骨骼的整理和研究［C］// 中国社会科学院历史研究所，中国社会科学院考古研究所 . 安阳殷墟头骨研究 . 北京：文物出版社，1985：21-48.
　　④ 韩康信，潘其风 . 殷墟祭祀坑人头骨的种系［C］// 中国社会科学院历史研究所，中国社会科学院考古研究所 . 安阳殷墟头骨研究 . 北京：文物出版社，1985：82-107.
　　⑤ 李峰 . 西周的政体［M］. 北京：三联书店出版社，2010：30.
　　⑥ 李峰 . 西周的政体［M］. 北京：三联书店出版社，2010：37.

的铭文可知是一处西周中晚期的倗国墓地。倗国在史籍上并没有记载，可能是西周时期的一个小封国。倗系隗姓，横北居民应是汉化较早的戎狄的一支[①]。横北墓地人群的颅骨形态特征归属于古中原类型[②]，Y染色体遗传结构分析表明，横水人群的单倍型O属于亚单倍型O3a3，其分化的年代要晚于青海西宁陶家寨人群中的O3a，"即陶家寨古代人群中的单倍型O要比横北人群中的更加古老，可能是横北人群中单倍型O3a3的祖先型之一"，西北河湟地区的古代居民对中原地区古代居民的父系构成具有基因贡献[③]。这与考古学文化的发展具有一致性，甘青地区的齐家文化居民是古西北类型的重要代表，关于齐家文化的东迁，陈小三认为有南、北两条交通线路。北线是沿着黄河谷地，直到内蒙古中南部地区；南线为绕过陇山，顺汧河抵达宝鸡一带，然后沿着渭水或泾河到达关中地区。由关中地区向东，又分为伊、洛河和丹江两条交流路线[④]。内蒙古中南部地区古代居民体质特征的西北因素，我们暂时还没有可靠的线索来进行探讨。但前文中我们讨论的古中原类型自新石器时代到青铜—早期铁器时代颅面形态特征的变化，支持了古西北类型东进对中原地区居民的体质产生了影响。

对横北墓地居民线粒体DNA的研究表明，横北墓地居民的单倍型类群与现代北方汉族在种类和比例上都非常接近，横北居民或与其有相似遗传结构的古代居民与现代北方汉族的遗传关系非常密切[⑤]。商周时期，周边诸如北方、西北和南方地区的居民陆续进入中原地区，为古中原类型居民所同化、融合，同时也促使古中原类型居民体质特征发生一些改变，使之更加接近现代汉族居民。

商周时期，古中原类型居民对北方地区居民、西北地区居民以及南方地区居民体质特征的融合吸收，是汉民族的前身华夏族体质特征形成的一个重要阶段。到了春秋时期，人群的融合进一步加剧，同时为了抵抗戎人的扩张，"华"或"夏"作为中原诸国一种共同的"政治意识形态或者策略"出现了。随着戎狄与"诸夏"在生活和生产方式上的差异越发明晰，"这种西周时期逐渐形成，到东周时期被充分认识，同时与'戎'和'狄'形成鲜明对照的文化与民

① 吉琨璋，宋建忠，田建文.山西横水西周墓地研究三题［J］.文物，2006（8）：45-49.
② 王伟.山西绛县横水西周墓地人骨研究［D］.吉林大学硕士学位论文，2012.
③ 李红杰.中国北方古代人群Y染色体遗传多样性研究［D］.吉林大学博士学位论文，2012：69.
④ 陈小三.河西走廊及其临近地区早期青铜时代遗存研究［D］.吉林大学博士学位论文，2012：174.
⑤ 赵永斌.中国汉族北方母系起源的遗传学初探［D］.吉林大学博士学位论文，2011：45.

族统一体"，成为日后形成汉民族的核心，并且在以后的历史发展中吸纳了更多的人群，"在这一点上，西周国家给周人世界贡献了一种新的文化身份——'华夏'"①。

三、边疆地区居民的互动

边疆居民的互动主要体现在古蒙古高原类型、古华北类型、古东北类型和古西北与西南地区居民之间的交流。

到目前为止，新石器时代古蒙古高原类型人群仅发现一组，位于内蒙古呼伦贝尔盟哈克镇的哈克组居民。到了青铜—早期铁器时代，古蒙古高原类型开始增多，以北起阴山南麓、南达晋陕地区、东抵张北坝上草原、西至鄂尔多斯高原西北的内蒙古中南部②为中心，向西延伸到宁夏固原③、甘肃永昌④地区，近年新发现的双塔组⑤人骨材料表明古蒙古高原类型最东已到达今吉林白城地区。其中西段地区年代略早，永昌三角城组居民归属于沙井文化，距今约3300—2400年，东段和中段各组居民最早年代皆为东周时期。在山西忻州岢岚县发现一组战国晚期—西汉早期的古代居民，主体特征为高颅型、狭颅型，高面型，偏大的面部扁平度，偏高的中眶型和中鼻型，属于古华北类型。但是他们颅型较短，面型较宽，应是受到了古蒙古高原类型的影响⑥。

古蒙古高原类型居民多以游牧生活为主，这使他们的活动空间非常广阔，在现有的考古学和体质人类学资料的基础上，我们还无法判断人群的扩张是由东向西还是由北向南，抑或是交错进行。新石器时代到青铜—早期铁器时代，

---

① 李峰.西周的灭亡——中国早期国家的地理和政治危机［M］.上海：上海古籍出版社，2007：322-331.
② 魏坚.内蒙古中南部汉代墓葬［M］.北京：中国大百科全书出版社，1998：1.
③ 韩康信.宁夏彭堡于家庄墓地人骨种系特点之研究［J］.考古学报，1995（1）：109-125；韩康信，谭婧泽.彭阳古城王大户村春秋战国墓人骨的鉴定与种系［C］//韩康信，谭婧泽.宁夏古人类学研究报告集.北京：科学出版社，2009：41-49.
④ 韩康信.甘肃永昌沙井文化人骨种属研究［M］//甘肃省文物考古研究所.永昌西岗柴湾岗——沙井文化墓葬发掘报告.兰州：甘肃人民出版社，2001：235-264.
⑤ 张全超，王伟，李墨岑，张群，王立新，段天璟，朱泓.吉林省白城市双塔遗址东周时期人骨研究［J］.人类学学报，2015，34（1）：75-86.
⑥ 原海兵，王晓毅，朱泓.山西省岢岚县窑子坡遗址战国至汉代颅骨的人类学研究［J］.边疆考古研究（第11辑），2012：439-461.

他们的体质特征未有明显的变化。

古东北类型居民在新石器时代发现较少，目前所见只有黑龙江密山新开流组、吉林大安后套木嘎组和内蒙古敖汉旗大南沟组，到了青铜—早期铁器时代，出土材料逐渐增多。

大甸子组人骨标本出土于内蒙古敖汉旗大甸子夏家店下层文化墓葬，用于测量分析的男性个体66例，女性68例。通过形态观察，大甸子组古代居民可以划分为区别明显的两种类型：第一类具有中长颅型结合高颅型和狭颅型，整体颅形显得高且狭长，中等的面宽和上面高，脸型狭长，中等的眶型和鼻型，应为古华北类型；第二类表现为圆颅型或特圆颅型结合高颅型和正、阔颅型，颅形显得高而宽短，面部宽扁，中等偏低的眶型和偏阔的鼻型，属于古东北类型。两种类型居民墓葬的分布并没有明显的区别和界限，埋葬方式也仅是因性别有异而非按居民类型区分，推测二者共同生活的时间已经很长[1]。在新石器时代，敖汉旗地区由单一的古东北类型居民构成，到了青铜时代，古华北类型居民已经北上到此地，与古东北类型居民混居。至早期铁器时代，古东北类型和古华北类型的交流，已经推进到今河北地界[2]。

新石器时代古华北类型居民发现不多，集中在内蒙古中南部及附近地区。到了青铜—早期铁器时代，根据目前出土的人骨资料，古华北类型居民主要分布在两个区域：一个仍然是内蒙古中南部地区，南至山西省南部的临汾乡宁[3]；一个是辽宁与内蒙古交界的赤峰地区，向东到达沈阳康平[4]，主要是夏家店下层文化和夏家店上层文化居民。

古华北类型居民向东与古东北类型居民在敖汉旗大甸子遗址遭遇，并继续东进，形成古东北类型居民交错混居的格局。目前还暂未发现古华北类型居民与古西北类型居民共同出现在一个遗址或墓地的情况，但是通过前面我们对东灰山组和其他古西北类型居民的颅面特征的分析，古西北类型在发展的过程中，受到了面部扁平度较大的人群的影响，也可能与古华北类型有关。

古西北类型新石器时代居民如柳湾合并组、阳山组、宗日组、菜园组等发

①　潘其风.大甸子墓葬出土人骨的研究［M］//中国社会科学院考古研究所.大甸子——夏家店下层文化遗址与墓地发掘报告.北京：科学出版社，1998：224-322.

②　易振华.河北宣化白庙墓地青铜时代居民的人种学研究［J］.北方文物，1998（4）：8-17.

③　贾莹.山西浮山桥北及乡宁内阳垣先秦时期人骨研究［D］.吉林大学博士学位论文，2006.

④　刘宁.顺山屯青铜时代居民的人种学研究［J］.辽海文物学刊，1994（1）：131-139.

现于青海、宁夏地区。到了青铜—早期铁器时代，古西北类型沿河西走廊向西扩张，直到新疆东部的哈密地区。进入新疆以后，他们与东进的古代欧罗巴人种交流融合，新疆地区有很多呈现出两大人种混血特征的古代居民，为其东部欧亚谱系做出基因贡献的就有来自甘青地区的居民。

除了哈密焉布拉克 M 组，目前发现分布最北的古西北类型居民为绿城组，位于内蒙古自治区额济纳旗达来库布镇东南 50 公里处，年代为西周时期，可能与四坝文化有关。绿城组居民具有中颅型、正颅型和偏阔的中颅型，狭上面型，中眶型和狭鼻型，与古西北类型的干骨崖组最为接近[1]。但是与西北和中原地区的青铜时代居民相比，绿城组居民的颅高绝对值偏低，这种低颅的特点可能受到了北亚蒙古人种因素的影响。

西北地区与西南地区居民的体质交流，可能在新石器时代就已经开始了。到了青铜—早期铁器时代，四川几组颅骨材料的出土，为我们探讨这个问题提供了研究资料。通过对四川炉霍卡莎湖、宴尔龙和呷拉宗组居民颅骨形态的观察测量，研究者认为它们兼具了南方和北方因素，应是南北方基因交流的结果[2]。

小结

我们通过上一章的分析得知，旧石器时代晚期居民和新石器时代居民虽然是现代汉族的源头所在，但与现代汉族在体质特征上还未见直接的关联。到了青铜—早期铁器时代，各区域古人种类型在延续本地特征的同时，由于人群之间的迁徙碰撞，有些分属于不同古人种类型的古代人群在体质上开始有了一种趋同性的变化。这种变化使得青铜—早期铁器时代居民尤其是古中原类型和古西北类型与现代汉族居民在体质特征上更为接近。

这一时期的人群互动主要包括了两个层面，即"蒙古大人种"与"欧罗巴大人种"的交流和"蒙古大人种"下各古人种类型之间的融合。距今 4000 年左右，表现为欧罗巴人种特征的古欧洲人类型居民出现在罗布泊地区，但是整

---

[1] 魏东 . 额济纳旗绿城青铜时代墓葬出土的人骨研究［J］. 边疆考古研究（第 3 辑），2004：284-292.
[2] 中桥孝博，冈崎健治，高椋浩史 . 川西高原青铜时代的人［C］// 四川省考古研究院 . 西南地区北方谱系青铜器及石棺葬文化研究 . 北京：科学出版社，2013：164-191.

个青铜—早期铁器时代，欧罗巴人种因素人群始终没有迈过新疆东部边界，对现代汉族居民的体质特征没有产生实质性的影响。"蒙古大人种"下各古人种类型的融合过程是现代汉族产生的初始过程，以古中原类型居民为主体的商周人群，不断吸收融合来自北方、西北和南方地区人群的体质特征，同时向周边继续扩张，这种吸纳与扩张使之成为汉民族形成的核心。这一过程较"华夏"这一意识形态的出现为早，也就是说在作为意识上的"华夏"出现之前，体质上的"华夏"已经在形成了。

边疆地区古华北类型和古蒙古高原类型，古东北类型和古华北类型，古西北类型与古华北类型、古蒙古高原类型以及西南地区居民的交流，是现代边疆地区各民族包括汉族居民体质形成的基础。

第五章
秦汉—宋元时期古代居民体质特征的变迁
——汉民族的基本形成与发展

第一节　秦汉至明清时期古代人群的发现与分布

汉王朝的建立，使得汉族作为一个民族称谓首次登上了历史舞台。本章主要通过研究秦汉以降我国古代居民的体质特征及其两千年来的发展变化，进一步探讨汉民族体质特征的形成时间和形成过程。

相对于新石器时代和青铜—早期铁器时代，我国秦汉至明清时期发表的人骨资料不多，且主要集中在汉晋时期（表5.1，图版三）。

公元前221年，齐国灭亡，秦统一六国。嬴政自称为始皇帝，本自期"二世三世至于万世，传之无穷"[1]。然仅至二世胡亥，便爆发了农民起义，随后诸侯并起，秦亡。秦朝仅传续十几年，目前发表的人骨资料，属于秦代或包含秦代的有秦始皇帝陵区山任窑址出土的修陵人墓地[2]、陕西华县东阳地区发掘的一批周—秦—汉墓葬[3]、陕西临潼湾李战国至汉唐时期[4]以及新丰战国至秦末[5]的秦人墓葬。除了山任组，其余几组并未将秦代人骨单独进行分析比较，因此归入前章春秋战国时期描述。

---

①　（西汉）司马迁撰，韩兆琦评注.史记［M］.长沙：岳麓书社，2012：129.

②　张君.秦始皇帝陵区山任窑址出土人骨的研究［M］//秦始皇兵马俑博物馆.秦始皇陵园考古报告2001—2003.北京：文物出版社，2007：340-369.

③　何嘉宁.陕西华县东阳墓地2001年出土周—秦—汉人骨鉴定及研究［M］//华县东阳.北京：科学出版社，2006：438-461.

④　高小伟.临潼湾李墓地2009—2010年出土战国至秦代墓葬人骨研究［D］.西北大学硕士学位论文，2012.

⑤　邓普迎.陕西临潼新丰镇秦文化墓葬人骨研究［D］.西北大学硕士学位论文，2010.

表 5.1　秦汉至明清时期古代人群的特征与分布

组　别	地 理 位 置	距 今 年 代	人 种 类 型
山任组①	陕西省西安市临潼区	秦代	总体与现代亚洲蒙古人种东亚类型趋近
老山汉墓组②	北京市石景山区	西汉	与现代亚洲蒙古人种东亚类型较为接近
罗泊湾组③	广西贵县	西汉	现代亚洲蒙古人种南亚类型的特征
山普拉组④	新疆和田洛浦县	距今约 2200 年	地中海东支类型
胜金店组⑤	新疆吐鲁番地区	距今约 2200—2050 年	蒙古人种和欧罗巴人种混杂的特征
恰甫其海组⑥	新疆伊犁特克斯县	公元前 2 世纪—公元 3 世纪	中亚两河类型与亚洲蒙古人种东亚类型混血
昭苏组⑦	新疆昭苏县	公元前后	中亚两河类型 少量个体蒙古人种与欧罗巴人种混血
黑沟梁组⑧	新疆哈密巴里坤县	公元前后	A 组接近古西北类型 B 组欧罗巴人种因素明显
察吾呼三号墓地组⑨	新疆和静县	距今 2000—1800 年	有些特征接近欧洲人种 有些又接近亚洲人种或介于两者之间
大通匈奴组⑩	青海省大通县	汉代	与现代亚洲蒙古人种北亚类型相似
良辅组⑪	陕西省澄城县	汉代	与现代亚洲蒙古人种东亚类型最为接近，同时具有南亚类型因素
济宁潘庙组⑫	山东省济宁市	汉代	与现代亚洲蒙古人种东亚、南亚类型接近
大保当组⑬	陕西省神木县	汉代	与现代亚洲蒙古人种东亚类型最为接近，同时表现出北亚类型因素
西屯汉代组⑭	北京市延庆县	汉代	与现代亚洲蒙古人种的东亚类型最为相似，其次是东北亚类型
郑州汉代组⑮	河南郑州市	汉代	与现代亚洲蒙古人种东亚类型最为接近，同时也表现出南亚、东北亚和北亚类型因素

续　表

组　别	地　理　位　置	距今年代	人　种　类　型
扎赉诺尔组⑯	内蒙古呼伦贝尔盟新巴尔虎右旗	汉代	A组与现代亚洲蒙古人种北亚类型接近
			B组现代亚洲蒙古人种北亚类型、东北亚类型混合特征，个别东亚类型因素
完工组⑰	内蒙古呼伦贝尔盟陈巴尔虎旗	汉代	与现代亚洲蒙古人种东北亚类型相似居多，个别表现出北亚类型和东亚类型因素
南杨家营子组⑱	内蒙古赤峰市巴林左旗	汉魏时期	与现代亚洲蒙古人种东北亚类型相似居多，个别东亚类型因素
邢家店组⑲	吉林省农安县	汉代	与现代亚洲蒙古人种东北亚类型相似居多，个别东亚类型因素
姑姑庵组⑳	内蒙古清水河县	汉代	与现代亚洲蒙古人种东亚类型最为接近，为古中原类型后裔
纳林套海组㉑	内蒙古磴口县	汉代	与现代亚洲蒙古人种东北亚类型接近
呼和乌素组㉒	内蒙古察右前旗呼和乌素乡	战国—汉代*	与现代亚洲蒙古人种东亚类型最为接近
查干陶勒盖组㉓	内蒙古鄂尔多斯市	汉代	古华北类型
敖包圪台组㉔	内蒙古鄂尔多斯市	汉代	古蒙古高原类型
西黑岱组㉕	内蒙古鄂尔多斯市	汉代	古蒙古高原类型、古中原类型和古华北类型的混合倾向
		金元时期	古蒙古高原类型
石砚子组㉖	宁夏海原县	汉代	古蒙古高原类型与古中原类型的高度融合
周家嘴头组㉗	宁夏德隆县	汉代	古中原类型
中卫—中宁汉代组㉘	宁夏中卫、中宁	汉代	与现代亚洲蒙古人种东亚类型，特别是现代华北类型最为接近
宣河—长乐汉代组㉙	宁夏中卫市	汉代	与现代亚洲蒙古人种东亚类型最为接近
九龙山—南塬组㉚	宁夏固原市	汉代—明清时期	与现代亚洲蒙古人种东亚类型最为接近

组　别	地 理 位 置	距 今 年 代	人 种 类 型
上孙家寨汉代组③①	青海省大通县	汉晋时期	与现代亚洲蒙古人种东亚类型最为接近
陶家寨组③②	青海省西宁市	汉晋时期	与现代亚洲蒙古人种东亚类型最为接近
老官山组③③	四川省成都市	汉代	与现代亚洲蒙古人种南亚类型最为接近，其次为北亚类型
旗杆山组③④	内蒙古察右前旗	东汉晚期	接近现代亚洲蒙古人种北亚类型，包含东北亚类型因素
故如甲木组③⑤	西藏阿里地区	公元3—4世纪	母系来源以亚欧大陆东部类型为主，少量亚欧大陆西部类群
统万城组③⑥	陕西省靖边县	北朝时期	男性古蒙古高原类型 女性兼具古中原类型与古西北类型特点
		隋唐时期	北方各古人种类型混合特征及少量欧罗巴人种因素
星港城组③⑦	山西省大同市	北魏时期	接近古中原类型
巴音哈达组③⑧	内蒙古鄂托克前旗	北魏时期	接近现代亚洲蒙古人种北亚类型
巴音布鲁克机场组③⑨	新疆巴音郭楞蒙古自治州和静县巴音布鲁克镇	不晚于汉代	地中海东支类型
营盘墓地组④⓪	新疆尉犁县	汉晋时期	接近欧罗巴人种，又有一些蒙古人种因素
尼雅古城组④①	新疆和田民丰县	东汉时期	欧罗巴人种的特征，也表现某些蒙古人种特征
楼兰城郊组④②	新疆罗布泊地区	东汉时期 距今2000年	地中海东支类型 1例蒙古人种（接近南西伯利亚类型）
大槽子组④③	青海省海东市平安县	东汉时期	现代亚洲蒙古人种东亚类型和东北亚类型的混合特征
东大井组④④	内蒙古乌兰察布盟商都县	东汉	主要与现代亚洲蒙古人种北亚类型接近，个别东亚类型因素
三道湾组④⑤	内蒙古乌兰察布盟察右后旗	东汉时期	与现代亚洲蒙古人种北亚类型接近，少数个体受东亚类型影响

组　别	地 理 位 置	距今年代	人 种 类 型
大安渔场组[46]	吉林省大安县	汉晋时期	主要与现代亚洲蒙古人种北亚类型接近，个别东亚类型因素
叭沟组[47]	内蒙古兴和县	汉魏时期	主要与现代亚洲蒙人种北亚类型接近，个别东亚类型因素
大同组[48]	山西省大同市	北魏时期	？
西屯北朝组[49]	北京市延庆县	南北朝时期	与现代亚洲蒙古人种的东亚类型最为相似
朝阳组[50]	辽宁省朝阳市	魏晋时期	与现代亚洲蒙古人种北亚类型接近，少数个体受东亚类型影响
七郎山组[51]	内蒙古乌兰察布盟右中旗	魏晋时期	与现代亚洲蒙古人种北亚类型接近
喇嘛洞组[52]	辽宁省北票市	公元3世纪末—4世纪中叶	与现代亚洲蒙古人种东亚类型最为接近，与北亚蒙古人种亦关系密切
喀什晋唐组[53]	新疆喀什叶城县、莎车县	晋唐时期	地中海东支类型
交河故城组[54]	新疆吐鲁番地区	高昌回鹘	与现代亚洲蒙古人种东亚类型关系比较密切，混有少量欧罗巴人种性状
田弘墓组[55]	宁夏固原市	北周	具有蒙古人种北方变体的倾向
虞弘墓组[56]	山西省太原市	隋代	具有欧罗巴人种特点
吴忠西郊组[57]	宁夏吴忠市	唐代	与现代亚洲蒙古人种东亚类型最为接近
吴忠明珠园组[58]	宁夏吴忠市	唐代	与现代亚洲蒙古人种东亚类型最为接近
史道洛墓组[59]	宁夏固原市	唐代	具有欧罗巴人种特点
安伽墓组[60]	陕西省西安市	北周	具有欧罗巴人种特点
紫薇组[61]	陕西省西安市	唐代	主体延续古中原类型特征，同时体现出了现代亚洲蒙古人种北亚类型，东北亚类型等因素 另有M477属于欧罗巴人种的中亚—两河类型

续　表

组　别	地 理 位 置	距今年代	人 种 类 型
西大新校区组⑫	陕西省西安市	唐代	与现代亚洲蒙古人种南亚类型相对接近，同时表现出东亚类型、北亚类型和东北亚类型的因素，不排除受到少量来自欧罗巴人种因素的影响
郑州唐代组⑬	河南郑州市	唐代	与现代亚洲蒙古人种东亚类型最为接近，同时也表现出南亚、北亚和东北亚类型因素
拉甫却克组⑭	新疆哈密地区	隋末唐初至高昌回鹘时期（公元581—1092年）	古西北类型
			欧罗巴人种与蒙古人种东亚类型的混合特征
三灵组⑮	黑龙江省宁安县	渤海国时期	与现代亚洲蒙古人种东亚类型最为相似其次为东北亚类型
谢尔塔拉组⑯	内蒙古呼伦贝尔市海拉尔区	公元9—10世纪	与现代亚洲蒙古人种的北亚类型最为接近
郑州宋代组⑰	河南郑州市	宋代	与现代亚洲蒙古人种东亚类型最为接近，同时也表现出南亚、北亚和东北亚类型因素
山嘴子组⑱	内蒙古宁城县	辽代	与现代亚洲蒙古人种北亚类型接近，也表现出东亚、东北亚类型因素
耶律羽之组⑲	内蒙古赤峰市阿鲁科尔沁旗	辽代	与现代亚洲蒙古人种北亚类型接近，一些个体反映了也有东亚类型成分
豪欠营组⑳	内蒙古乌兰察布盟察右前旗	辽代	女性接近现代亚洲蒙古人种南亚类型和东亚类型，男性与古蒙古高原类型相近
萧氏后族组㉑	辽宁省法库县和阜新市	辽代	与现代亚洲蒙古人种北亚类型接近，一些个体反映了也有东亚类型成分
叶茂台七号组㉒	辽宁省法库县	辽代	接近古蒙古高原类型
查干吐末组㉓	吉林省松原市前郭尔罗斯蒙古族自治县	辽代	与现代亚洲蒙古人种北亚类型、东北亚类型接近
邵岗组㉔	宁夏永宁县	西夏时期	与现代亚洲蒙古人种东亚类型接近，也表现出北亚类型因素

续　表

组　别	地　理　位　置	距　今　年　代	人　种　类　型
城卜子组⑦⑤	内蒙古四子王旗	金元时期	与现代亚洲蒙古人种东亚类型最为接近，但又表现出北亚类型因素，也不能排除其他人种例如欧洲人种的影响
张湾组⑦⑥	宁夏彭阳县	金代	接近现代亚洲蒙古人种东亚类型
开城组⑦⑦	宁夏固原市	元代	与现代亚洲蒙古人种东亚类型接近，但具有明显的短颅化倾向
银川沙滩组⑦⑧	宁夏银川市	明清时期	更多地趋向蒙古人种的变异方向
万发拨子明代组⑦⑨	吉林省通化市	明代	与现代亚洲蒙古人种东亚类型相近，又表现出北亚因素
僰人悬棺组⑧⑩	四川省珙县	明代	与现代亚洲蒙古人种南亚类型具有较多的一致性
北辰张湾组⑧①	天津市	明代	中国北方类型
周懿王墓及祔葬墓⑧②	河南省荥阳市	明代	与华南地区的广西壮族组最为接近
执信中学组⑧③	广州市	明清时期	兼具现代亚洲蒙古人种东亚和南亚类型特征
桃花园组⑧④	天津市蓟县	明清时期	与现代亚洲蒙古人种的东亚类型相似
榆次组⑧⑤	山西省晋中市	明清时期	主体为现代亚洲蒙古人种的东亚类型，混有欧罗巴人种因素
东山组⑧⑥	福建省东山县	明末清初	与现代亚洲蒙古人种东亚类型接近，且与南亚类型关系密切
郧县组⑧⑦	湖北省郧县	明清时期	与东山组、华南组最为接近
顺德组⑧⑧	广东省佛山市	清代	近似华南人
尼尔基组⑧⑨	黑龙江省尼尔基库区	清代	归入现代亚洲蒙古人种北亚类型，同时与东亚类型也有若干相似之处
郑韩故城组⑨⓪	河南省新郑市	清代	接近现代亚洲蒙古人种的东亚类型和东北亚类型

注：* 呼和乌素组的年代虽为战国—汉代，但保存比较完整的颅骨基本在汉代，因此放在这一时段。

① 张君. 秦始皇帝陵区山任窑址出土人骨的研究［M］//秦始皇兵马俑博物馆. 秦始皇帝陵园考古报告 2001—2003. 北京：文物出版社，2007：340-369.

② 朱泓，周慧，林雪川. 老山汉墓女性墓主人的种族类型、DNA 分析和颅像复原［J］. 吉林大学社会科学学报，2004（2）：21-27.

③ 彭书琳，张文光，魏博源．广西贵县罗泊湾西汉墓殉葬人骨［J］．考古，1986（6）：563-570+584.

④ 韩康信．新疆洛浦山普拉古墓人骨的种系问题［J］．人类学学报，1988，7（3）：239-248+287.

⑤ 李志丹．新疆吐鲁番胜金店墓地人骨研究［D］．吉林大学硕士学位论文，2015.

⑥ 聂颖．伊犁恰甫其海水库墓地出土颅骨人类学研究［D］．吉林大学硕士学位论文，2014.

⑦ 韩康信，潘其风．新疆昭苏土墩墓古人类学材料的研究［J］．考古学报，1987（4）：503-523+541-544.

⑧ 魏东．新疆哈密地区青铜—早期铁器时代居民人种学研究［M］．北京：科学出版社，2017.

⑨ 韩康信，张君，赵凌霞．察吾呼三号、四号墓地人骨的体质人类学研究［M］//新疆文物考古研究所．新疆察吾呼．北京：东方出版社，1999：299-406.

⑩ 潘其风，韩康信．内蒙古桃红巴拉古墓和青海大通匈奴墓人骨的研究［J］．考古，1984（4）：367-375+392.

⑪ 韩巍．陕西澄城良辅墓地汉代人骨研究［D］．吉林大学硕士学位论文，2005.

⑫ 朱泓．山东济宁潘庙汉代墓葬人骨研究［J］．人类学学报，1990（3）：260-264+285.

⑬ 王昉．陕西神木大保当汉代墓葬人骨再分析［D］．吉林大学硕士学位论文，2014.

⑭㊾ 周亚威．北京延庆西屯墓地人骨研究［D］．吉林大学博士学位论文，2014.

⑮㊳㊸ 孙蕾．荥阳薛村遗址人骨研究报告［M］．北京：科学出版社，2015.

⑯ 朱泓．从扎赉诺尔汉代居民的体质差异探讨鲜卑族的人种构成［J］．北方文物，1989（2）：45-51+63.

⑰⑱ 潘其风，韩康信．东汉北方草原游牧民族人骨的研究［J］．考古学报，1982（1）：117-136.

⑲ 朱泓，王培新．吉林农安县邢家店北山墓地的古代人骨［J］．考古，1989（4）：368-374+392.

⑳ 张全超，曹建恩，朱泓．内蒙古清水河县姑姑庵汉代墓地人骨研究［J］．人类学学报，2011，30（1）：64-73.

㉑ 张全超，胡延春，朱泓．磴口县纳林套海汉墓人骨研究［J］．内蒙古文物考古，2010（2）：136-142.

㉒ 魏东．察右前旗呼和乌素战国—汉代墓葬出土颅骨的人类学特征［J］．边疆考古研究（第1辑），2002：342-351.

㉓ 阿娜尔，朱泓．鄂尔多斯查干陶勒盖墓地人骨研究［J］．内蒙古社会科学（汉文版），2017，38（5）：90-96.

㉔ 胡春柏，齐溶青，李强，朱泓．鄂尔多斯市伊金霍洛旗敖包圪台汉代墓地人骨研究［J］．草原文物，2016（2）：125-137.

㉕ 朱泓，胡春佰，齐溶青，李强．内蒙古准格尔旗西黑岱墓地人骨研究［J］．华夏考古，2017（2）：128-142.

㉖ 韩涛，张群，赵惠杰，张雯欣，张全超．宁夏海原石砚子墓地人骨研究［J］．文博，2018（4）：96-104+72.

㉗ 李鹏珍，王晓阳，邹梓宁，杨剑．宁夏隆德县周家嘴头汉代墓葬人骨研究［J］．边疆考古研究，2021（2）：243-250.

㉘ 韩康信，谭婧泽．中卫—中宁汉代人骨研究［C］//韩康信，谭婧泽．宁夏古人类学研究报告集．北京：科学出版社，2009：50-83.

㉙ 韩康信，谭婧泽．中卫宣河、长乐汉代人骨［C］//韩康信，谭婧泽．宁夏古人类学研究报告集．北京：科学出版社，2009：84-103.

㉚ 韩康信，谭婧泽．固原九龙山—南塬古墓地人骨鉴定报告［C］//韩康信，谭婧泽．宁夏古人类学研究报告集．北京：科学出版社，2009：182-226.

㉛ 韩康信，谭婧泽，张帆．青海大通上孙家寨古墓地人骨的研究［M］//韩康信，谭婧泽，张帆．中国西北地区古代居民种族研究．上海：复旦大学出版社，2005：1-163.

㉜ 张敬雷．青海省西宁市陶家寨墓地人骨人类学研究［M］．北京：科学出版社，2016.

㉝ 原海兵，谢涛，何锟宇．成都市天回镇老官山汉墓出土颅骨的观察与测量［J］．边疆考古研究，2018（1）：261-286.

㉞ 胡春佰，陈永志，张红星，李春雷．内蒙古察右前旗旗杆山东汉晚期鲜卑墓葬颅骨研究［J］．文物春秋，2021（2）：11-22+96.
㉟ 张雅军，张旭，赵欣，仝涛，李林辉．从头骨形态学和古 DNA 探究公元 3～4 世纪西藏阿里地区人群的来源［J］．人类学学报，2020，39（3）：435-449.
㊱ 赵东月，吕正，邢福来，苗轶飞，陈靓．统万城遗址出土人骨颅面测量性状［J］．人类学学报，2022，41（5）：816-825.
㊲ 周亚威，周雪艳，侯晓刚．北魏平城时期星港城遗址的人种类型［J］．北方民族大学学报，2021（1）：112-117.
㊳ 阿娜尔，朱泓．内蒙古鄂托克前旗巴音哈达墓地北魏时期人骨研究［J］．边疆考古研究，2018（1）：287-296.
㊴ 王安琦，张全超，朱永明．新疆和静县巴音布鲁克机场墓葬群出土人骨研究［J］．边疆考古研究，2022（1）：304-318.
㊵ 陈靓．新疆尉犁县营盘墓地古人骨的研究［J］．边疆考古研究（第 1 辑），2002：323-341.
㊶ 崔静，王博，吐尔逊江，甘子明．新疆和田民乐县尼雅遗址墓葬出土颅骨种族人类学研究［J］．解剖学杂志，2000，23（1）：84-86.
㊷ 韩康信．楼兰城郊古墓人骨人类学特征的研究［M］// 韩康信．丝绸之路古代居民种族人类学研究．乌鲁木齐：新疆人民出版社，1993：345-351.
㊸ 李墨岑．青海平安大槽子东汉墓地人骨研究［D］．吉林大学硕士学位论文，2015.
㊹ 陈靓，朱泓，郑丽慧．内蒙古东大井东汉时期鲜卑墓葬人骨研究［J］．内蒙古文物考古，2003（1）：77-86.
㊺ 朱泓．察右后旗三道湾汉代鲜卑族颅骨的人种学研究［C］// 朱泓．中国古代居民的体质人类学研究．北京：科学出版社，2014：369-384.
㊻ 朱泓．吉林省大安县渔场墓地汉晋时期人骨研究［J］．边疆考古研究（第 2 辑），2004：353-361.
㊼ 张全超，周蜜．内蒙古兴和县叭沟墓地汉魏时期鲜卑族人骨研究［C］// 东北、内蒙古地区古代人类的种族类型与 DNA. 长春：吉林人民出版社，2006：67-79.
㊽ 韩巍．山西大同北魏时期居民的种系类型分析［J］．边疆考古研究（第 4 辑），2006：270-280.
㊿ 朱泓，刘振陆．朝阳魏晋时期鲜卑墓葬人骨研究［J］．辽海文物学刊，1996（2）：80-91.
(51) 郑丽慧，朱泓，陈靓．内蒙古七郎山魏晋时期鲜卑墓葬人骨研究［C］// 东北、内蒙古地区古代人类的种族类型与 DNA. 长春：吉林人民出版社，2006：112-120.
(52) 陈山．喇嘛洞墓地三燕文化居民人骨研究［M］．北京：科学出版社，2013.
(53) 张全超，陈靓．新疆喀什地区晋唐时期古代居民的人种学研究［J］．边疆考古研究（第 2 辑），2004：368-377.
(54) 崔静，邵兴周，王博．新疆吐鲁番交河古城墓葬和遗址出土颅骨的初步研究［J］．解剖学杂志，1996（5）：444-449.
(55) 韩康信，谭婧泽．固原北周田弘墓人骨研究［C］// 韩康信，谭婧泽．宁夏古人类学研究报告集．北京：科学出版社，2009：171-181.
(56) 谢承志．新疆塔里木盆地周边地区古代人群及山西虞弘墓主人 DNA 分析［D］．吉林大学博士学位论文，2007.
(57) 韩康信，谭婧泽．吴忠西郊唐墓人骨鉴定研究［C］// 韩康信，谭婧泽．宁夏古人类学研究报告集．北京：科学出版社，2009：104-145.
(58) 韩康信，谭婧泽．吴忠明珠园唐墓人骨［C］// 韩康信，谭婧泽．宁夏古人类学研究报告集．北京：科学出版社，2009：146-157.
(59) 韩康信，谭婧泽．固原唐代史道洛墓人骨研究［C］// 韩康信，谭婧泽．宁夏古人类学研究报告集．北京：科学出版社，2009：158-170.
(60) 韩康信．北周安伽墓人骨鉴定［M］// 陕西省考古研究所．西安北周安伽墓．北京：文物出版社，

2003：92-102.
(61) 陈靓．西安紫薇田园都市唐墓人骨种系初探［J］．考古与文物，2008（5）：95-105.
(62) 陈靓．西北大学新校区唐墓出土人骨的人种学研究［J］．西部考古（第二辑），2007：211-217.
(64) 贺乐天，王永强，魏文斌．新疆哈密拉甫却克墓地人的颅面部测量学特征［J］．人类学学报，2022，41（6）：1017-1027.
(65) 方启．黑龙江省宁安县三灵墓地渤海人骨研究［J］．边疆考古研究（第4辑），2005：281-300.
(66) 张君．谢尔塔拉墓地的人骨初析［M］// 中国社会科学院考古研究所，呼伦贝尔民族博物馆，海拉尔区文物管理所．海拉尔谢尔塔拉墓地．北京：科学出版社，2006：109-121.
(68) 朱泓．内蒙古宁城山嘴子辽墓契丹族颅骨的人类学特征［J］．人类学学报，1991（4）：278-287+377.
(69) 周蜜．内蒙古阿鲁科尔沁旗辽代耶律羽之墓地人骨研究［J］．边疆考古研究（第4辑），2005：301-319.
(70) 内蒙古文物工作队，乌盟文物工作站．契丹女尸——豪欠营辽墓清理与研究［M］．呼和浩特：内蒙古人民出版社，1985.
(71) 顾玉才，陈山，张全超．辽代萧氏后族墓地出土人骨的研究［J］．边疆考古研究（第4辑），2006：329.
(72) 么乃亮，张旭，都惜青．辽宁法库叶茂台七号辽墓出土人骨研究［J］．东北史地，2016（3）：16-19.
(73) 贾莹，朱泓．前郭尔罗斯蒙古族自治县查干吐末辽墓出土人骨研究［C］// 东北、内蒙古地区古代人类的种族类型与 DNA. 长春：吉林人民出版社，2006：195-211.
(74) 韩康信，谭婧泽．闽宁村西夏人骨鉴定报告［C］// 韩康信，谭婧泽．宁夏古人类学研究报告集．北京：科学出版社，2009：297-313.
(75) 郑丽慧．内蒙古四子王旗城卜子元代墓葬出土人骨的人种学研究［C］// 东北、内蒙古地区古代人类的种族类型与 DNA. 长春：吉林人民出版社，2006：212-234.
(76) 赵惠杰，韩涛，张全超．宁夏彭阳县张湾金代砖雕墓人骨研究［J］．北方文物，2020（2）：66-70.
(77) 韩康信，谭婧泽．固原开城东山坡元代人骨研究［C］// 韩康信，谭婧泽．宁夏古人类学研究报告集．北京：科学出版社，2009：247-274.
(78) 韩康信，谭婧泽．银川沙滩明清时代伊斯兰墓葬人骨鉴定［C］// 韩康信，谭婧泽．宁夏古人类学研究报告集．北京：科学出版社，2009：314-326.
(79) 贾莹，朱泓，金旭东，赵殿坤．通化万发拨子墓葬颅骨人种的类型［J］．社会科学战线，2006（2）：286-289.
(80) 朱泓．“僰人悬棺”颅骨的人种学分析［J］．南方民族考古，1987（1）：133-141.
(81) 李法军，盛立双，朱泓．天津北辰张湾明代沉船出土人骨鉴定与初步分析［J］．边疆考古研究，2016（2）：393-417.
(82) 孙蕾，孙凯．明代周懿王墓及祔葬墓人骨研究［J］．华夏考古，2019（2）：33-38.
(83) 陈博宇．广州市执信中学墓地明清时期人骨研究［J］．文博学刊，2021（4）：4-20.
(84) 张敬雷，李法军，盛立双，朱泓．天津市蓟县桃花园墓地人骨研究［J］．文物春秋，2008（2）：34-38.
(85) 侯侃．山西榆次高校新校区明清墓葬人骨研究［D］．吉林大学硕士学位论文，2013.
(86) 张振标．福建历史时期人骨的种族特征［J］．人类学学报，1996，15（4）：324-334.
(87) 周蜜，田桂萍．湖北郧县李泰家族墓群与马檀山墓地明清时期人骨研究［J］．江汉考古，2015（6）：95-105.
(88) 黄新美，曾志民．广东顺德近代人的颅骨研究［J］．解剖学通报，1984，7（3）：252-256.
(89) 张全超，孙志超，张群，赵永军，朱泓．黑龙江省尼尔基库区的清代达斡尔人骨［J］．人类学学报，2015，34（3）：367-376.
(90) 周亚威，王一鸣，樊温泉，沈小芳．郑韩故城北城门遗址清代居民颅骨的形态学分析［J］．天津师范大学学报（自然科学版），2019，39（4）：76-80.

至汉晋时期，发现的人骨材料逐渐增多，主要分布在西北地区的新疆、宁夏、青海、陕西及东北、内蒙古地区。南方地区发现较少，发表数据的广西贵县罗泊湾组为殉葬人骨，全部为女性[①]。

隋唐时期的人骨材料主要出土于新疆、宁夏、陕西、山西、河南和黑龙江，以宁夏为多，陕西、新疆次之。山西、河南、黑龙江皆仅发表一组。

宋元之间，以辽代契丹人骨材料为多，基本都分布在内蒙古、辽宁和吉林地区，另外还在宁夏永宁出土了一批可能是西夏人或党项羌人的标本。目前发表的宋代人骨标本仅有两批，即宁夏固原的九龙山—南塬组和河南郑州宋代组。

明清之际，除了发现桃花园组、东山组、顺德组、榆次组、万发拨子组等汉族标本，还出土了僰人、达斡尔人以及伊斯兰墓葬，为研究我国少数民族的渊源提供了线索。明清时期各组在第二章已有详细叙述，在此不复赘言。

第二节　秦汉—宋元时期古代居民与现代汉族的比较研究

一、数据与来源

为了进一步明确我国秦汉—宋元时期古代居民与现代汉族居民体质特征上的联系，我们按照时间和地域的变化，选择了汉晋时期的陶家寨组、上孙家寨汉代组、西屯汉代组、郑州汉代组、姑姑庵组、三道湾组、朝阳组，唐代的九龙山—南塬唐代组、紫薇组、郑州唐代组、三灵组，宋代的郑州宋代组、九龙山—南塬宋代组，辽代的山嘴子组、耶律羽之组等15组材料与现代汉族各组进行比较（表5.2）。

新疆地区各古代人群在这一时期依然以欧罗巴人种为主要的人种成分，因此未列入对比组。青铜—早期铁器时代按照古东北类型、古蒙古高原类型、古华北类型、古西北类型、古中原类型和古华南类型，选择本溪组、平洋组、新店子组、双塔组、龙头山组、朱开沟组、上孙家寨卡约组、东灰山组、殷墟中

---

① 彭书琳，张文光，魏博源.广西贵县罗泊湾西汉墓殉葬人骨［J］.考古，1986（6）：563–570+584.

表 5.2　秦汉—宋元时期古代居民与现代汉族颅骨测量数据

马丁号	测量项目↓ 组别→	昙石山组	长阳组	本溪组	平洋组	东灰山组	上孙家寨 卡约组	朱开沟组
1	颅骨最大长	189.70	186.40	192.80	190.54	176.70	182.70	179.07
8	颅骨最大宽	139.20	143.30	144.00	144.80	137.63	139.90	139.89
17	颅高	141.30	141.30	143.50	140.11	136.05	137.90	138.10
48	上面高 sd	71.10	68.40*	75.50	77.08	73.10	76.70	71.77
45	面宽	135.60	134.50	145.30	144.90	133.33	136.10	135.20
72	总面角	81.00	—	85.00	90.89	83.83	85.70	87.33
77	鼻颧角	143.80	146.90	151.00	147.13	148.13	146.90	149.32
8:1	颅长宽指数	73.40	76.90	74.80	75.89	78.39	76.70	78.22
17:1	颅长高指数	73.80	75.10	74.50	74.09	77.01	75.70	77.58
17:8	颅宽高指数	99.50	99.10	99.65	97.30	98.08	98.50	98.75
48:17sd	垂直颅面指数	48.10	47.90	52.61	54.43	53.81	55.70	52.20
48:45sd	上面指数	52.50	50.80	51.96	53.06	55.66	56.50	52.45
54:55	鼻指数	57.00	50.60	48.02	49.40	50.63	47.30	51.74
52:51	眶指数 R	80.00	80.90	76.60	77.77	81.16	83.00	76.00
马丁号	测量项目↓ 组别→	三道湾组	郑州唐代组	郑州宋代组	九龙山— 南塬唐代组	九龙山— 南塬宋代组	紫薇组	三灵组
1	颅骨最大长	181.69	183.49	177.51	183.10	181.80	182.18	177.10
8	颅骨最大宽	148.51	140.45	133.47	139.90	140.70	139.76	141.44
17	颅高	130.65	142.69	134.93	141.20	142.00	142.81	142.44
48	上面高 sd	78.91	73.50	72.78	76.90	79.20	74.99	73.86
45	面宽	141.08	139.90	136.51	139.00	135.60	140.64	136.86
72	总面角	87.50	84.13	83.60	85.40	84.20	84.15	84.40
77	鼻颧角	152.19	143.32	139.89	145.10	142.50	142.97	148.10
8:1	颅长宽指数	81.88	75.36	75.28	76.40	77.40	76.80	80.29
17:1	颅长高指数	72.00	76.46	75.18	77.30	78.20	78.49	80.65
17:8	颅宽高指数	88.02	101.32	102.06	101.30	101.20	101.98	100.87
48:17sd	垂直颅面指数	60.60	53.27	53.90	54.80	55.70	50.80	51.86
48:45sd	上面指数	56.21	51.75	51.73	55.50	55.90	53.95	53.95
54:55	鼻指数	48.86	51.10	52.38	47.70	47.20	50.01	47.46
52:51	眶指数 R	78.22	79.38	78.26	78.40	77.20	78.84	77.09

注：* 原值为 n-pr，为了便于与其他组比较，在原值基础上 +2.5 mm。一原值缺失，计算时采用了各组平均值。†原值

比较（男性）（长度：mm，角度：°，指数：%）

龙头…口组	殷墟中小墓②组	西村周组	新店子组	双塔组	姑姑庵组	西屯汉代组	郑州汉代组	陶家寨组	上孙家寨汉代组	朝阳组
8.28	184.04	180.63	173.80	181.30	177.10	181.79	179.90	183.98	181.20	185.00
7.29	140.13	136.81	153.27	148.50	138.40	140.28	141.20	140.32	139.70	150.00
7.16	140.32	139.29	129.18	131.20	139.60	139.78	138.50	135.56	136.20	131.50
4.44	73.81	72.60	73.91	75.10	72.30	74.10	75.40	75.91	75.80	76.05
5.01	133.08	131.48	142.08	143.80	132.80	135.85	142.94	137.73	137.73	137.75
4.06	83.81	81.05	88.00	87.00	86.50	82.03	85.75	84.38	85.30	85.50
1.16	144.38	145.80	148.77	150.30	141.00	144.87	142.07	145.96	146.60	155.50
7.18	76.50	75.75	88.13	82.30	78.20	77.24	79.22	76.38	77.30	81.13
6.66	76.09	77.16	72.80	73.70	78.80	76.88	76.59	73.81	75.90	71.02
9.67	99.35	102.04	84.57	92.90	100.90	99.60	97.41	96.77	97.70	87.67
4.71	53.11	52.30	57.29	58.30	51.79†	53.29	55.56	56.09	54.80	57.91
4.88	53.98	55.10	51.93	52.80	54.44†	55.12	53.35	55.61	55.20	55.20
0.07	50.98	53.84	48.06	47.80	47.50	49.86	49.96	48.94	48.40	49.12
9.35	78.59	79.25	74.71	73.20	79.10	79.34	80.95	81.24	83.70	76.05

…嘴…组	耶律羽之组	华南组	香港组	湖南组	西安组	太原组	青岛组	长春组	华北组	
0.28	171.00	179.90	179.31	179.51	180.70	175.51	180.10	178.40	178.50	
8.78	154.50	140.90	139.58	141.18	138.80	137.73	137.30	141.40	138.20	
5.15	133.25	137.80	140.19	134.82	137.00	135.15	136.40	135.10	137.20	
5.47	78.35	73.80	72.85	72.03	74.32	75.82	73.90	75.40	75.30	
1.56	142.50	132.60	133.36	134.45	133.85	131.99	133.40	134.12	132.70	
4.40	86.00	81.70	86.28	84.71	84.35	85.49	84.52	84.35	83.39	
0.06	149.00	145.10	144.64	145.36	146.56	145.15	145.65	145.37	145.10	
2.63	90.31	78.75	77.84	78.65	76.81	78.47	76.24	80.30	77.56	
4.66	77.41	77.02	78.18	74.80	75.82	77.00	75.74	76.30	77.02	
1.31	85.68	97.80	100.44	95.50	98.70	98.13	99.34	95.60	99.53	
7.22	58.14	53.60	51.97	53.43	54.26	56.10	54.18	55.85	54.20	
3.77	54.86	55.67	54.63	53.57	55.52	57.44	55.40	56.14	56.80	
9.51	46.17	48.50	49.16	48.92	47.56	45.27	46.07	41.90	45.21	
7.50	83.18	78.49	77.90	82.06	83.62	85.19	81.59	80.08	80.68	

值缺失，根据原文所给数值算出。

小墓②组、西村周组、昙石山组和长阳组，这些组别在前章皆有详述。

陶家寨组[①]：本组颅骨标本出土于青海省西宁市陶家寨汉晋时期墓地。陶家寨组古代居民的颅骨形态特征表现为中颅型、正颅型结合偏狭的中颅型，狭面型，中等偏大的上面部扁平度，中等的眶型和鼻型。与现代亚洲蒙古人种的东亚类型具有最多的一致性，与近代华北组、华南组和藏族 B 组关系密切。

上孙家寨汉代组[②]：本组颅骨标本出土于青海省大通县上孙家寨汉代墓葬，男性 51 例，女性 22 例。上孙家寨组古代居民的颅面形态特征表现为中颅型、高颅型伴以趋中的狭颅型，狭面型，偏大的面部扁平度，中等的眶型和鼻型。与现代亚洲蒙古人种的东亚类型最为接近，同时与现代藏族表现出比较密切的关系。

西屯汉代组[③]：本组颅骨标本出土于北京市延庆城西的西屯墓地的汉代墓葬，西屯墓地延续时间较长，由战国时期历经汉代、魏晋北朝、唐代、辽代至明清时期。西屯汉代组居民的体质特征为中颅型、正颅型结合偏狭的中颅型，狭额型，狭面型，中等偏大的上面部扁平度，中等的眶型和鼻型，与现代亚洲蒙古人种的东亚类型最为相似。

郑州汉代组[④]：本组颅骨标本出土于河南省郑州市荥阳薛村遗址和新郑多处遗址的汉代墓葬。郑州汉代组居民的颅骨形态特征表现为中颅型、高颅型结合偏狭的中颅型，偏狭的中额型，中上面型，中等偏大的上面部扁平度，偏阔的中鼻型和中眶型，与现代亚洲蒙古人种的东亚类型最为相近，同时与北亚类型、东北亚类型和南亚类型均存在不同程度的相似性。

姑姑庵组[⑤]：本组颅骨标本出土于内蒙古清水河县姑姑庵汉代墓地，男性 6 例，女性 7 例。姑姑庵组居民的颅骨形态特征表现为中颅型、高颅型结合狭颅型，偏狭的面型伴以中等的面部扁平度，中鼻型和偏低的中眶型，与现代亚洲蒙古人种的东亚类型较为一致，很有可能是"古中原类型"居民的后裔。

①　张敬雷.青海省西宁市陶家寨汉晋时期墓地人骨研究［D］.吉林大学博士学位论文，2008.

②　韩康信，谭婧泽，张帆.青海大通上孙家寨古墓地人骨的研究［M］//韩康信，谭婧泽，张帆.中国西北地区古代居民种族研究.上海：复旦大学出版社，2005：1-163.

③　周亚威.北京延庆西屯墓地人骨研究［D］.吉林大学博士学位论文，2014.

④　孙蕾.郑州汉唐宋墓葬出土人骨研究［D］.吉林大学博士学位论文，2013.

⑤　张全超，曹建恩，朱泓.内蒙古清水河县姑姑庵汉代墓地人骨研究［J］.人类学学报，2011，30（1）：64-73.

三道湾组[①]：本组颅骨标本出土于内蒙古自治区乌兰察布盟察右后旗三道湾鲜卑墓地，男性 8 例，女性 2 例，年代约为东汉时期。三道湾组的颅骨形态特征表现为圆颅型、阔颅型，垂直颅面指数所反映的低颅高面型，较大的上面部扁平度，其基本种系成分与现代亚洲蒙古人种的北亚类型接近，少数个体较窄的面型、较高的颅型和较小的面部扁平度，可能受到了带有东亚蒙古人种特征的人群的影响。女性居民的低颅性质较男性居民更为明显，鼻型也稍阔。

朝阳组[②]：本组颅骨标本出土于辽宁省朝阳市双塔区和朝阳县十二台乡等处的魏晋时期墓葬，族属当为慕容鲜卑，其中男性 2 例，女性 3 例。朝阳组居民的颅骨形态特征为偏低而宽阔的短颅型，较高而相当扁平的面型，女性鼻型较男性为阔，他们的基本种系成分应为现代亚洲蒙古人种的北亚类型，但在某些个别体质特征上诸如面宽略窄等可能暗示了该群体的东亚类型成分。

九龙山—南塬唐代组[③]：本组颅骨标本出土于宁夏固原市九龙山和南塬两处墓地的唐代墓葬，墓地的年代由汉延至明清。九龙山—南塬唐代居民的颅面特征与现代亚洲蒙古人种的东亚类型最为接近。

紫薇组[④]：本组颅骨标本出土于陕西省西安市长安区郭杜镇北的"紫薇田园都市"唐代墓葬，男性 20 例，女性 19 例。紫薇组居民的颅骨形态特征表现为中颅型、高颅型伴以狭颅型，中额型，中等偏小的面部扁平度，偏阔的中鼻型和偏低的眶型，与现代亚洲蒙古人种的南亚、东亚类型接近，同时较大的面宽值可能受到了北亚类型和东北亚类型成分的影响。

郑州唐代组[⑤]：本组颅骨标本出土于河南省郑州市荥阳薛村遗址和新郑多处遗址的唐代墓葬。郑州唐代组居民的体质特征表现为中颅型、高颅型伴以狭颅型，偏狭的中额型，中上面型，中等偏大的上面部扁平度，偏狭的阔鼻型和中眶型，与现代亚洲蒙古人种的东亚类型最为接近，南亚类型次之，同时也表现出了较多的北亚类型和东北亚类型因素。

① 朱泓.察右后旗三道湾汉代鲜卑族颅骨的人种学研究［C］//朱泓.中国古代居民的体质人类学研究.北京：科学出版社，2014：369-384.
② 朱泓，刘振陆.朝阳魏晋时期鲜卑墓葬人骨研究［J］.辽海文物学刊，1996（2）：79-89.
③ 韩康信，谭婧泽.固原九龙山—南塬古墓地人骨鉴定报告［C］//韩康信，谭婧泽.宁夏古人类学研究报告集.北京：科学出版社，2009：182-226.
④ 陈靓.西安紫薇田园都市唐墓人骨种系初探［J］.考古与文物，2008（5）：95-105.
⑤ 孙蕾.郑州汉唐宋墓葬出土人骨研究［D］.吉林大学博士学位论文，2013.

三灵组[①]：本组颅骨标本出土于黑龙江省宁安县渤海上京城北约 4 公里处，是一处渤海国的贵族墓地，男性 5 例，女性 6 例。三灵组居民的颅骨形态特征表现为长颅型、高颅型伴以狭颅型，中上面型，偏大的面部扁平度，中等的眶型和鼻型，女性的颅型较男性偏短偏阔。总体特征介于古华北类型和古东北类型之间，与现代东亚蒙古人种最为接近，同时也表现出某些东北亚类型的因素，近代对比组中与华北组最为接近。

郑州宋代组[②]：本组颅骨标本出土于河南省郑州市荥阳薛村遗址和新郑多处遗址的宋代墓葬。郑州宋代组的体质特征为偏长的中颅型、高颅型伴以狭颅型，中上面型，中等偏小的面部扁平度，阔鼻型和中眶型，与现代亚洲蒙古人种的东亚类型最为接近，并且与南亚类型和东北亚类型也存在一定程度的相似性。

九龙山—南塬宋代组[③]：本组颅骨标本出土于宁夏固原市九龙山和南塬两处墓地的宋代墓葬，墓地的年代由汉延至明清。九龙山—南塬宋代居民的颅骨形态与现代东亚蒙古人种最为接近。

山嘴子组[④]：本组颅骨标本出土于内蒙古自治区赤峰市宁城县山嘴子辽代契丹墓葬，男性 9 例，女性 3 例。山嘴子组古代居民具有圆而阔的颅型结合长高比例上的正颅型，中上面型，中等的眶型和鼻型，女性的颅型较男性偏高偏狭一些。其主体特征与现代亚洲蒙古人种的北亚类型接近，但是也不能排除东亚蒙古人种和东北亚蒙古人种的因素，在近代各组中同蒙古组距离最近。

耶律羽之组[⑤]：本组颅骨标本出土于内蒙古自治区赤峰市阿鲁科尔沁旗辽代耶律羽之家族墓地，男性 6 例，女性 2 例。耶律羽之组的颅骨形态特征表现为超圆颅型、高颅型伴以阔颅型，狭额型，中上面型，较大的上面部扁平度，狭鼻型和低眶型。与现代亚洲蒙古人种的北亚类型接近，同时与东亚类型也存在一定相似之处，在近代组中和蒙古组的距离最近。

① 方启.黑龙江省宁安县三灵墓地渤海人骨研究［J］.边疆考古研究（第 4 辑），2005：281-300.

② 孙蕾.郑州汉唐宋墓葬出土人骨研究［D］.吉林大学博士学位论文，2013.

③ 韩康信，谭婧泽.固原九龙山—南塬古墓地人骨鉴定报告［C］//韩康信，谭婧泽.宁夏古人类学研究报告集.北京：科学出版社，2009：182-226.

④ 朱泓.内蒙古宁城山嘴子辽墓契丹族颅骨的人类学特征［J］.人类学学报，1991，10（4）：278-287.

⑤ 周蜜.内蒙古阿鲁科尔沁旗辽代耶律羽之墓地人骨研究［J］.边疆考古研究（第 4 辑），2005：301-319.

二、比较与分析

将以上各对比组进行欧氏距离的计算并生成聚类图。根据图 5.1 我们可以看出聚类结果很是明晰，35 组对比组可以分为六大类（表 5.3）。

西安组、青岛组、华北组、上孙家寨汉代组、上孙家寨卡约组、陶家寨组、湖南组、太原组、长春组、东灰山组、龙头山组、朱开沟组、姑姑庵组、香港组、西屯汉代组、殷墟中小墓②组、华南组、西村周组聚为第一大类，包含了全部的现代汉族组。第二大类包括郑州唐代组、紫薇组、九龙山—南塬唐代组、九龙山—南塬宋代组、郑州汉代组和三灵组。郑州宋代组单独为第三大类。代表青铜—早期铁器时代古华南类型的福建闽侯昙石山组和湖北长阳组聚为第四大类。代表青铜—早期铁器时代古东北类型的辽宁本溪组和黑龙江平洋组聚为第五大类。代表青铜—早期铁器时代古蒙古高原类型的新店子组和双塔组与山嘴子组、朝阳组、三道湾组、耶律羽之组聚为第六大类。

我们在上一章已经讨论过，古华南类型和古东北类型的古代居民与现代汉族居民的关系较远，古蒙古高原类型则相对最远。与青铜—早期铁器时代古蒙古高原类型体质特征较为相近的朝阳组和三道湾组为鲜卑人群，山嘴子组和耶律羽之组为契丹人群，汉代鲜卑族与辽代契丹族在种系类型上具有明显的共性，从目前出土的人骨材料来看，"契丹族源于鲜卑、匈奴血统，而非当地的土著祖先"[①]。朝阳组、三道湾组、山嘴子组和耶律羽之组的颅骨形态特征都与北亚蒙古人种接近，但也都或多或少地表现出了现代亚洲蒙古人种东亚类型或东北亚类型的成分，说明从青铜—早期铁器时代到汉晋、宋辽时期，南下的古蒙古高原类型居民逐渐与当地土著或北上的具有东亚类型特征的居民有了基因的交流。鲜卑和契丹居民与近代组中的蒙古组、通古斯组距离最近，从聚类图看，这四组居民与现代汉族居民的距离最远。对鲜卑人群线粒体 DNA 的分析也表明与现代汉族的遗传关系较远，暗示了他们对于现代汉族基因库的形成起次要作用[②]。

---

① 朱泓. 契丹族的人种类型及其相关问题［J］. 内蒙古大学学报（哲学社会科学版），1991（2）：36-41.

② 赵永斌，于长春，周慧. 汉族起源与发展的遗传学探索［J］. 吉林师范大学学报（自然科学版），2012（4）：45-49.

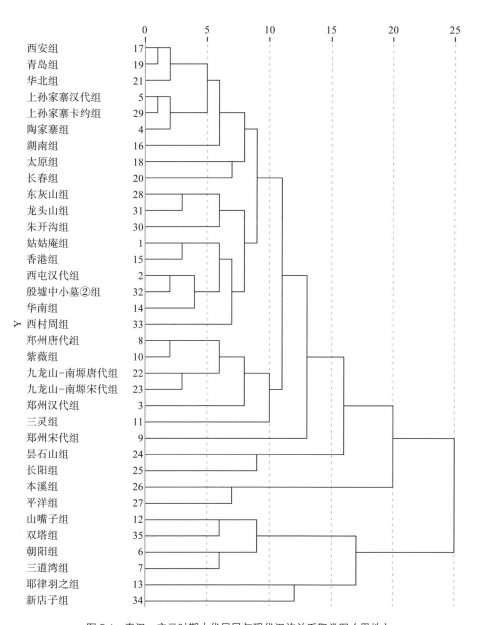

图 5.1　秦汉—宋元时期古代居民与现代汉族关系聚类图（男性）

　　现代汉族各组全部包含在第一大类内，这也是需要我们进一步分析的重点所在。第一大类可以清楚地分为三个小类，第Ⅰ小类包括西安组、青岛组、华北组、代表古西北类型的上孙家寨卡约组，继承了古西北类型主体特征的上孙家寨汉代组和陶家寨组，以及湖南组、太原组和长春组；第Ⅱ小类为青铜—早期铁器时代的东灰山组、龙头山组和朱开沟组；第Ⅲ小类为汉代姑姑庵组、西屯汉代组、香港组、华南组、代表古中原类型的殷墟中小墓②组和西村周组。

　　第Ⅰ小类的西安组、青岛组、华北组、湖南组、太原组和长春组，为现代汉族北方类型的代表，青铜—早期铁器时代的上孙家寨卡约组、汉代的上孙家寨汉代组和陶家寨组与他们的关系最近。上孙家寨卡约组（距今约3300—3000年）和汉代组（距今约2000年）居民的体质特征非常相近，皆具有中颅型、高颅型伴以狭颅型，中等的眶型和鼻型，较大的上面部扁平度。在此基础上，从青铜—早期铁器时代到汉代，依然有一些变化发生，表现为颅骨最大长变短，颅高变低，上面高减小，面宽增加，鼻型稍阔。上孙家寨墓地位于青海省西宁市大通县，秦汉以前的河湟地区是古代羌人活动栖息之地，上孙家寨卡约组体现了本地土著羌人的体质特征。西汉武帝时，为了出击匈奴，首先“西逐诸羌，乃度河、湟”，设置护羌都尉，大量中原地区汉人由此开始迁入河湟谷地[1]，汉与羌的初步融合，造成了上孙家寨古代居民体质特征的变化。同时这种变化也发生在陶家寨组古代居民中。继承了先秦时期古西北类型体质特征的西北羌人与承袭了古中原类型体质特征的中原汉人的交流与融合，是现代北方汉族形成的重要基石。分子考古学研究也支持这一看法，对上孙家寨卡约居民的mtDNA遗传分析表明，上孙家寨卡约文化人群的母系遗传结构与现代西南少数民族相近，而汉晋时期人群更接近现代汉族[2]。对陶家寨M5的14例个体进行mtDNA的分析，表明他们与现代中国北方汉族及南方藏缅语系民族具有较近的亲缘关系[3]。

　　第Ⅲ小类的香港组、华南组为现代南方汉族的代表，他们与汉代的姑姑庵组、西屯组、殷墟中小墓②组、西村周组关系最近。先秦时期的殷墟中小墓②组、西村周组为古中原类型的代表，与香港组即有较近的距离。到了汉代，姑

---

① （南朝宋）范晔. 后汉书［M］. 北京：中华书局，1999：1944.

② 张芃胤，徐智，许渤松，韩康信，周慧，金力，谭婧泽. 青海大通上孙家寨古代居民mtDNA遗传分析. 人类学学报［J］. 2013，32（2）：204-218.

③ 李胜男. 青海西宁陶家寨墓地M5号墓古人群线粒体DNA研究［D］. 吉林大学硕士学位论文，2009：21.

姑庵组居民除了继承古中原类型的主体特征外，颅骨最大长变短，面部扁平度变小，鼻型变窄，可能受到了高眶人群的影响。西屯汉代组的面高增大，鼻型变窄，应该是北上的古中原类型居民与当地东周时期土著居民（古华北类型）长期融合的结果。以先秦时期的古中原类型为基本特征，融合了古华北类型因素的汉代居民，是形成我国现代南方汉族的主要奠基者。

第二大类包括唐代郑州组、紫薇组、九龙山—南塬唐代组、三灵组、九龙山—南塬宋代组和郑州汉代组，与现代汉族各组的距离较近，仅次于第一大类的各古代对比组。郑州汉代组的体质特征比较复杂，如前所述，与现代亚洲蒙古人种的东亚类型最为接近，较多地体现出先秦时期古中原类型的特点，同时也表现出现代亚洲蒙古人种南亚类型、北亚类型和东北亚类型成分，可能受到来自西北羌系民族、北方游牧民族的影响。欧氏距离显示，郑州汉代组与上孙家寨汉代组、陶家寨组及郑州唐代组、紫薇组的关系较近。郑州唐代组、西安紫薇组、三灵组都是以现代亚洲蒙古人种的东亚类型为主，同时表现出南亚类型、北亚类型和东北亚类型因素，也更多地受到了汉族以外其他民族的影响。九龙山—南塬唐代组和宋代组距离最近，具有强烈的同质性，接近现代东亚蒙古人种。

第三大类为郑州宋代组，郑州宋代组的颅骨指数特征与古中原类型十分一致，欧氏距离表明其与汉代各组和现代青岛组距离较小。

第四大类为代表古华南类型的昙石山组与长阳组，第五大类为代表古东北类型的本溪组和平洋组。郑州宋代组在聚类中的位置在汉唐各组居民与古代华南地区、古代东北地区居民之间，说明宋代中原地区的汉族逐渐融入了华南地区、东北地区的古代居民的体质成分，虽然这两个地区居民的融合在青铜—早期铁器时代也时有发生，但对中原地区居民的体质的影响，远没有宋代表现明显。这暗示了自汉唐开始，东北居民、华南居民对现代汉族体质特征的形成也作出了贡献。

总的来说，相比于青铜—早期铁器时代，汉代居民与现代汉族居民的体质特征更为接近。继承先秦时期古西北类型，主要融合中原地区居民体质特征的古代人群，与现代北方汉族比较接近；以先秦时期古中原类型为主体，吸收西北羌人、北方游牧人群的古代居民，与现代南方汉族的体质比较接近。中原地区居民与现代南方汉族的这种相似性，可能是由不同历史阶段尤其是汉唐时期中原汉族不断大量南迁造成的。原来的中原地区居民因为北方各族的不断融入在体质上发生了变化，南迁移民的古中原类型特性反而较好地保留下来。

纵观汉唐宋三代，汉代组与现代汉族的关系更密切，年代相对较近的唐宋组反而相对疏远，出现这一结果的原因主要是唐宋时期的对比组非常少，宋代只有两组，唐代稍多，但是地域集中，基本都在西安、郑州地区，样本量稀少且分布不均，容易造成统计误差。而且，人群的迁徙与融合不可能是同步进行的，它在时空上具有一种不平衡性，因此我们需要足够多的组别来了解人群体质的发展变迁。

三、现代汉族体质特征的基本形成

通过以上分析我们可知汉代居民与现代汉族的关系已经非常密切，为了进一步明确现代汉族体质特征究竟形成于何时，我们在前面的对比组中选出郑州汉代组、郑州唐代组、郑州宋代组、固原九龙山—南塬宋代组，与现代华北组、华南组进行对比研究，计算欧氏距离（表5.4）并生成聚类图（图5.2）。

根据聚类图我们可以看出，现代汉族华北组和华南组在很近的刻度内聚在一起，因为他们之间的体质特征非常相似，随后与西北地区的九龙山—南塬宋代组聚为一类。郑州汉代组和郑州唐代组聚为一类，郑州宋代组位于现代汉族和唐宋居民之间。

聚类结果说明，到宋代，西北地区就有居民与现代汉族的体质特征极为相近了，并且与华北汉族的相似性（9.724）略大于华南汉族（9.749）。中原地

表5.4　汉、唐、宋古代居民与现代华北、华南汉族的欧氏距离（男性）

	1	2	3	4	5	6
1	0.000					
2	9.477	0.000				
3	13.907	13.200	0.000			
4	11.640	10.264	15.258	0.000		
5	12.394	12.111	13.436	9.749	0.000	
6	13.270	13.784	13.214	9.724	6.033	0.000

注：1.郑州汉代组；2.郑州唐代组；3.郑州宋代组；4.九龙山—南塬宋代组；5.华南组；6.华北组。

	1	2	3	4	5	6	7	8	9	10	11	12
1	0.000											
2	9.365	0.000										
3	13.191	9.969	0.000									
4	14.337	8.175	9.654	0.000								
5	12.267	7.849	8.689	4.904	0.000							
6	28.399	23.028	22.879	18.631	20.730	0.000						
7	27.403	22.834	19.952	17.468	18.985	7.925	0.000					
8	12.394	7.384	9.477	11.331	11.289	26.033	25.557	0.000				
9	11.367	12.240	13.907	14.476	13.945	30.047	28.550	13.200	0.000			
10	11.264	7.598	9.618	12.700	11.719	27.369	26.498	4.914	13.746	0.000		
11	10.155	9.323	12.874	14.980	12.755	25.032	24.636	11.898	16.749	9.974	0.000	
12	21.990	17.036	14.323	14.346	15.187	10.775	8.912	19.382	24.066	20.070	17.770	0.0
13	31.300	29.665	25.181	27.654	26.545	21.890	17.729	32.507	35.199	32.187	27.874	16.
14	8.872	5.216	12.394	9.573	9.132	21.728	21.779	12.111	13.436	12.035	9.905	16.
15	5.053	6.324	12.210	11.893	10.376	25.074	24.843	9.993	12.195	9.329	7.648	19.
16	10.999	8.838	11.096	8.198	7.012	19.751	19.208	13.319	13.563	14.274	13.262	14.
17	10.196	7.087	11.913	7.208	4.712	22.587	21.827	12.074	13.337	12.551	12.337	17.
18	11.606	13.021	15.179	12.739	9.692	25.558	23.292	18.148	15.750	17.670	15.218	20.
19	8.912	7.660	12.737	8.378	6.710	23.815	23.064	12.590	11.898	12.800	12.375	19.
20	12.508	11.923	13.513	10.970	9.923	20.322	18.743	17.143	17.648	16.741	13.423	15.
21	8.236	7.891	13.270	10.156	8.299	24.395	23.384	13.784	13.214	13.060	11.104	19.
22	11.610	6.693	9.311	9.006	8.839	23.980	22.814	7.109	14.448	6.470	10.153	17.
23	10.878	7.994	11.640	11.544	11.474	25.517	24.184	10.264	15.258	9.192	10.836	19.
24	19.186	13.666	18.938	16.341	17.724	28.455	30.238	12.371	17.841	14.477	20.404	25.
25	15.130	11.543	16.581	14.699	14.626	24.430	26.637	11.334	18.669	13.130	14.956	20.
26	24.632	17.875	18.638	17.225	19.001	23.547	24.957	14.747	25.654	16.124	20.283	20.
27	22.421	17.164	14.717	14.228	16.106	20.797	20.285	14.280	23.554	15.665	20.055	17.
28	10.151	8.728	13.313	10.807	8.420	22.916	22.201	14.270	12.376	14.201	11.263	17.
29	12.434	7.712	10.547	5.157	3.760	21.034	19.707	11.409	15.343	11.868	12.858	16.
30	11.051	9.450	13.201	12.498	11.484	21.647	22.092	11.906	13.913	12.281	9.077	16.
31	12.237	8.649	13.561	10.266	8.552	21.984	21.641	13.152	13.454	13.325	10.376	17.
32	9.983	4.574	12.445	9.281	9.923	23.398	23.950	8.051	12.903	9.463	11.684	18.
33	10.980	7.866	16.157	13.438	12.834	27.496	27.997	11.882	11.306	12.329	13.112	22.
34	30.811	29.097	25.077	26.501	26.829	17.093	14.794	31.538	32.998	31.955	28.208	14.
35	24.343	20.319	17.011	16.884	18.381	11.598	9.814	21.875	25.201	22.665	20.713	7.

注：1. 姑姑庵组；2. 西屯汉代组；3. 郑州汉代组；4. 陶家寨组；5. 上孙家寨汉代组；6. 朝阳组；7. 三道湾组；8. 郑州唐代 24. 昙石山组；25. 长阳组；26. 本溪组；27. 平洋组；28. 东灰山组；29. 上孙家寨卡约组；30. 朱开沟组；31. 龙头山组；32.

表 5.3　秦汉—宋元时期古代居民与现代汉族各组欧氏距离（男性）

	13	14	15	16	17	18	19	20	21	22	23	24
00												
611	0.000											
332	27.804	0.000										
275	30.499	6.644	0.000									
328	25.506	7.238	9.663	0.000								
056	28.841	7.096	8.573	6.515	0.000							
574	27.408	10.957	12.458	10.300	7.730	0.000						
313	30.267	7.078	7.986	7.504	3.363	7.691	0.000					
332	23.719	8.994	12.214	9.143	9.371	8.795	8.835	0.000				
250	29.180	6.033	7.859	8.954	5.392	6.760	3.871	7.458	0.000			
728	30.525	10.345	8.912	12.870	9.884	14.870	9.988	13.246	10.215	0.000		
096	30.547	9.749	9.252	14.176	11.359	14.511	11.078	12.822	9.724	5.701	0.000	
171	39.221	16.922	16.467	17.657	17.250	24.277	18.097	23.995	19.989	16.666	18.819	0.00
799	33.492	13.467	12.169	12.964	13.679	20.431	14.674	18.738	16.447	14.588	17.100	10.9
590	35.345	21.501	20.930	22.082	20.974	27.664	21.825	23.859	23.206	15.053	19.073	18.2
261	31.206	20.254	19.258	19.236	19.100	24.733	20.059	21.196	21.582	13.623	17.412	19.4
896	28.063	7.117	8.395	7.260	6.539	8.744	6.933	11.130	7.304	12.747	13.720	18.8
330	28.034	9.059	10.134	8.947	4.716	9.983	6.465	9.896	7.665	7.513	9.716	17.7
684	29.148	9.629	7.107	10.085	11.143	15.516	11.112	14.382	12.036	11.670	13.721	17.1
415	29.319	8.702	9.056	9.866	7.596	11.440	7.794	12.372	8.588	10.837	12.849	18.6
757	31.918	6.846	6.536	9.816	8.434	14.737	8.808	13.818	9.800	8.402	9.086	11.6
869	35.038	9.011	8.634	12.472	10.290	15.044	10.263	17.010	10.872	12.632	13.046	13.1
548	12.783	27.027	29.493	24.093	29.032	29.140	29.753	23.861	29.471	30.312	30.922	36.8
584	19.953	19.798	21.797	17.937	21.198	23.735	21.697	17.791	22.049	19.950	21.825	27.8

组；9. 郑州宋代组；10. 紫薇组；11. 三灵组；12. 山嘴子组；13. 耶律羽之组；14. 华南组；15. 香港组；16. 湖南组；17.
殷墟中小墓②组；33. 西村周组；34. 新店子组；35. 双塔组。

	25	26	27	28	29	30	31	32	33	34	35
	0.000										
	16.850	0.000									
	17.471	9.178	(								
	15.663	24.048		0.000							
	14.778	18.209		).681	0.000						
	12.411	19.883	1(	684	12.252	0.000					
	15.596	20.952	20.6	79	9.008	7.649	0.000				
	9.961	17.939	16.927	43	9.059	9.546	10.346	0.000			
	13.677	22.88			12.754	10.899	9.587	7.539	0.000		
			28.890	27.651	28.498	26.506	28.537	30.483	34.021	0.000	
			31.071	19.477	18.424	19.960	21.702	25.866	14.111	0.000	

西安组；18.太原组；19.青岛组；20.长春组；21.华北组；22.九龙山—南塬唐代组；23.九龙山—南塬宋代组；

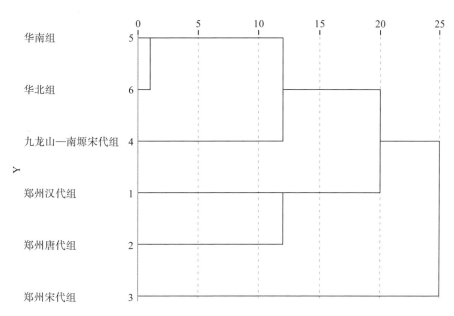

图 5.2　汉、唐、宋古代居民与现代华北、华南汉族关系聚类图（男性）

区宋代居民的体质特征处于现代汉族与唐代居民之间，但是相比于华南汉族（13.436），也更接近华北汉族了（13.214）。这反映出，我国现代北方汉族的体质特征到宋代在有些地区已经基本形成了，但在有些地区还在形成过程中，体现了汉族体质特征的形成有一种地域的不平衡性。北方汉族率先在西北地区形成，是有其深厚基础的，从新石器时代开始，甘青地区的古西北类型居民在与现代汉族各组的对比中，就与华北组最为接近，古西北类型居民是现代北方汉族形成的重要基石。

郑州汉代组和郑州唐代组居民的颅面特征比较接近，他们与现代汉族的华南组的距离更近，到了宋代，郑州地区居民开始更接近华北组，这种变化应该与融入了更多北方其他民族（如鲜卑、乌桓、氐、羌等）的基因有关，北方各族为现代华北汉族体质面貌的塑造起了重要的作用。

第三节　秦汉—宋元时期人群的迁移

秦汉—宋元时期，人群的迁徙主要涉及三个方面：欧罗巴人种的东进、秦汉之际中原地区汉族向四方的迁移，以及汉晋之后北方人群的南迁。

一、欧罗巴人种的东进

青铜—早期铁器时代新疆地区的古代居民与现代中亚和南西伯利亚人群遗传关系最近，与现代新疆地区各民族还有一定的遗传距离，对现代汉族居民的体质特征没有实质性的影响。到了汉代，通过对距今 2200—2000 年的山普拉遗址、尼雅遗址和圆沙遗址古代人群的线粒体 DNA 分析显示，塔里木盆地古代人群的母系遗传结构与现代新疆地区居民已经十分接近，二者在母系方面有着一定的继承性①。

秦汉—宋元时期，新疆地区的古代居民不仅在体质特征上有所变化，融合了越来越多的蒙古人种因素，其在分布范围上也越过了新疆东部欧罗巴人种的边界，持续向东推进。

目前在新疆以外地区发现的欧罗巴人种成分的人骨材料，多属于唐代。如宁夏固原九龙山、南塬两处墓地北朝—隋唐时期的墓葬中，发现 10 例欧罗巴人种的头骨，研究者将其命名为九龙山—南塬 C 组，颅面特征与新疆吐鲁番盆地的阿拉沟组距离最近，与欧罗巴人种的中亚两河类型关系密切。九龙山—南塬墓地北朝—隋唐时期墓葬共出土人骨 48 例，C 组 10 例个体所占比例约为 20.80%，可以窥测这一时期迁移至此的西来人口或已有相当规模了②。宁夏固原地区还发现一座唐代墓葬，墓主人为大唐左亲卫史道洛与其妻康氏，虽然颅骨损毁较严重，但根据短颅、复杂的颅顶缝、明显的眉间突度与鼻根凹陷、突度较高的鼻骨、较深的犬齿窝、水平方向明显突出的面部等形态特征，可以推测其种族的西源性、短颅性质可能与中亚两河类型有关③。

唐都长安是一个国际化的大都市，生活着国内外的各色人种。在西安北郊安伽墓中发现的 1 例人骨标本，表现出明显的高加索人种特征，与中亚的短颅化类型相似④。在南郊开发紫薇田园都市楼盘的过程中，发现一批唐代墓葬，其

① 高诗珠，谢承志.新疆塔里木盆地古代人群线粒体 DNA 分析［C］//周慧.中国北方古代人群线粒体 DNA 研究.北京：科学出版社，2010：21-47.
② 韩康信，谭婧泽.固原九龙山—南塬出土高加索人种头骨［C］//韩康信，谭婧泽.宁夏古人类学研究报告集.北京：科学出版社，2009：227-246.
③ 韩康信，谭婧泽.固原唐代史道洛墓人骨研究［C］//韩康信，谭婧泽.宁夏古人类学研究报告集.北京：科学出版社，2009：158-170.
④ 韩康信.北周安伽墓人骨鉴定［M］//陕西省考古研究所.西安北周安伽墓.北京：文物出版社，2003：92-102.

中有一例老年男性个体 M477 应归属为欧罗巴人种，M477 颅型偏短偏阔，接近中亚两河类型[①]。西北大学新校区出土的唐代居民除了与现代亚洲蒙古人种的南亚类型、东亚类型关系密切外，较大的鼻根指数和较小的鼻颧角，可能"受到少量来自欧罗巴人种因素的影响"[②]。

固原和西安发现的几组具有现代欧罗巴人种特征的人骨标本，都比较接近中亚两河类型。中亚两河类型于公元前几个世纪随着索墩布拉克文化的东扩出现在我国的伊犁河流域，是一种短颅型的欧洲人种。关于中亚两河类型的起源，目前还不是很清楚。韩康信先生假设中亚两河类型是在铁器时代初期开始形成的，安德罗诺沃型的纤弱化是其形成的主要条件，到公元前后，随着人群的迁徙流动，西进的蒙古人种的基因逐渐渗透到正在形成中的中亚两河类型中[③]。近年对中亚和南亚地区古代人群的 DNA 研究显示，公元前 1500 年，哈萨克草原上已经有许多带有东亚血统的个体。表明中亚两河类型形成的根本原因，可能就是亚洲蒙古人种因素的融入[④]。

除了宁夏与陕西，在山西太原也发现了欧罗巴人种的墓葬。虞弘墓发现于太原市晋源区王郭村，年代为隋代。根据墓志记载，虞弘原为鱼国人，鱼国地望应位于今中亚地区[⑤]。根据 mtDNA 的分析结果，虞弘夫人的单倍型 G 型主要分布在东亚人群中，而虞弘的单倍型类群 U5 则是西部欧亚大陆特有的单倍型。这表明，就目前的发现而言，太原地区是西部欧亚特有的单倍型类群到达的最东端[⑥]。

在宁夏、陕西、山西等地发现的具有欧罗巴人种因素的古代居民，可能与汉唐时期中亚、西域地区众多人群的大量东迁有关，例如以商业贸易著称的粟特人[⑦]，因为姻亲臣属关系内迁的龟兹人[⑧]等。在陕西榆林统万城隋唐时期人骨

①　陈靓. 西安紫薇田园都市唐墓人骨种系初探［J］. 考古与文物，2008（5）：95-105.

②　陈靓. 西北大学新校区唐墓出土人骨的人种学研究［J］. 西部考古（第二辑），2007：211-217.

③　韩康信. 新疆古代居民种族人类学的初步研究［J］. 新疆社会科学，1985（6）：61-71.

④　Vagheesh M. Narasimhan, Nick Patterson, et al. The formation of human populations in South and Central Asia[J]. Science, 2019, 365(6457).

⑤　山西省考古研究所，太原市考古研究所，太原市晋源区文物旅游局. 太原隋代虞弘墓清理简报［J］. 文物，2001（1）：27-52.

⑥　谢承志. 新疆塔里木盆地周边地区古代人群及山西虞弘墓主人 DNA 分析［D］. 吉林大学博士学位论文，2007.

⑦　薛正宗. 唐代粟特人的东迁及其社会生活［J］. 新疆大学学报（哲学社会科学版），1997，25（4）：62-66.

⑧　钱伯泉. 汉唐龟兹人的内迁及其扩散［J］. 西域研究，2001（2）：11-18.

中,有 2 例个体表现出少量受到欧罗巴人群影响的混血特征[1]。在城址周边的八大梁北朝墓葬中,M1 墓室壁画的墓主人为粟特信徒形象[2]。也有研究认为统万城及临近地区出土的唐宋墓志中,部分何姓、康姓墓主可能是粟特人的后裔[3]。这些东迁的人群在迁入之初基本都保持着族内通婚,但在汉地生活日久,汉化日深,逐渐开始与汉族通婚,慢慢融入汉族人群之中[4]。

二、秦汉时期移民

秦汉时期,广袤的疆域和强大的中央集权制度,使得大规模的人群迁徙有了实现的必要和可能。这一阶段的移民政策,在很大程度上改变了先秦时期人口和人种类型的分布,加速了不同人群体质特征的融合。

秦汉时期的移民以政治和军事目的为主,以发展经济为辅。政治性移民主要是为了稳定统治,将地方豪族迁离原籍,大部分迁入京畿地区,加以控制[5]。这些强宗巨族人口众多,从各地迁来定居关中,他们种系特征如何,对当地居民的体质特征是否造成了影响,暂时还没有人骨材料支持我们更好地讨论这些问题。但是另一种政治性移民——罪迁和劳役,也许秦代山任组居民能提供一些线索。2003 年,秦始皇陵考古队在山任村附近清理一处秦代窑址时发现百余具人骨,这是继赵背户墓地、东五小区墓地和姚池头刑徒墓地以后发现的又一处修陵人墓地。秦始皇继位之初即开始为自己修建陵墓,统一六国后,"天下徒送诣七十余万人"[6],这些修陵人必然不可能仅出自秦国本土。作为修陵人的山任组,其体质特征总体来说与现代亚洲蒙古人种的东亚类型趋近,但个体之间存在差异,暗示了人种来源的多元化[7]。通过对山任组 50 例随机样本的

① 赵东月,吕正,邢福来,苗轶飞,陈靓.统万城遗址出土人骨颅面测量性状[J].人类学学报,2022,41(5):816-825.

② 陕西省考古研究院,榆林市文物保护研究所,榆林市考古勘探工作队等.陕西靖边县统万城周边北朝仿木结构壁画墓发掘简报[J].考古与文物,2013(3):9-18+2+113-117.

③ 陈玮.中古时期党项与粟特关系论考[J].中国史研究,2015(4):67-92.

④ 赵振华.唐代粟特人史多墓志初探[J].湖南科技学院学报,2009,30(11):79-82;毛阳光.洛阳新出土唐代粟特人墓志考释[J].考古与文物,2009(5):75-80.

⑤ 庞慧.论秦汉移民政策[J].韩山师范学院学报,2000(1):75-79.

⑥ (西汉)司马迁撰,韩兆琦评注.史记[M].长沙:岳麓书社,2012:146.

⑦ 张君.秦始皇帝陵区山任窑址出土人骨的研究[M]//秦始皇兵马俑博物馆.秦始皇帝陵园考古报告 2001—2003.北京:文物出版社,2007:340-369.

mtDNA 分析，山任组居民全部来自东亚，不仅有汉族，也有少数民族，而且在地理分布上南方略多于北方[①]。山任组居民全部为 15 岁以上的男性个体，在赵背户刑徒墓地也多为青壮年男性，仅少量女性个体与两例未成年人[②]，根据出土遗物、墓志和体质人类学研究，这些修陵人中有刑徒，有身份较低的自由民，也有管理人员，因此存在基因交流与延续的可能。

由南向北或全国各地向京畿地区的迁徙并不是秦汉时期移民潮的主流方向，秦汉时期主要的移民政策是军事性的戍边和流放，南至巴蜀、岭南，北拒长城沿线，西北抵河湟地区。这些移民与当地居民逐渐交流融合，内蒙古清水河的姑姑庵组，青海地区的上孙家寨汉代组[③]、陶家寨组[④]、大槽子组[⑤]，宁夏地区的中卫—中宁组[⑥] 等这些古代居民的体质和考古学文化特征都表现了这一历史事件。

羌人的汉化可作为这一时期汉族扩张的典型。在青铜—早期铁器时代，西北地区的古代居民尤其是羌人对中原地区居民的体质与文化都产生了重要影响，到了秦汉之际，转变为中原地区向西北地区的强势输出，羌人开始向西和西南方向迁徙，成为我国西南地区众多少数民族的祖先。王明珂先生在《华夏边缘》一书中对羌人概念的变迁有过非常精彩的总结，"羌"最早出现在商代甲骨文中，表示商人对西方异族的称号，大约在今河南西部、山西南部及陕西东部一带活动。武王灭商后，"羌"在西周的文献中消失，北方或西方异族在此时被称为"戎"。秦人征服戎人共同融入华夏集团之后，"氐羌"作为新的族群边界出现了。从殷商到东汉，羌人的分布边界由豫西、晋南地区逐步向西移动，"所过之处的人群都成了华夏"[⑦]。羌人这种边界的变迁不仅是心理认同上的，同时也是确确实实发生在体质上的，羌人逐渐西移和南迁的过程，也是他们被持续扩张的华夏或汉族人群逐渐同化融合的过程。

① 徐智.中国西北地区古代人群的 DNA 研究［D］.复旦大学博士学位论文，2008：75-91.
② 始皇陵秦俑坑考古发掘队.秦始皇陵西侧赵背户村秦刑徒墓［J］.文物，1982（3）：1-11.
③ 韩康信，谭婧泽，张帆.青海大通上孙家寨古墓地人骨的研究［M］//韩康信，谭婧泽，张帆.中国西北地区古代居民种族研究.上海：复旦大学出版社，2005：1-163.
④ 张敬雷.青海省西宁市陶家寨汉晋时期墓地人骨研究［D］.吉林大学博士学位论文，2008.
⑤ 李墨岑.青海平安大槽子东汉墓地人骨研究［D］.吉林大学硕士学位论文，2015.
⑥ 韩康信，谭婧泽.中卫—中宁汉代人骨研究［C］//韩康信，谭婧泽.宁夏古人类学研究报告集.北京：科学出版社，2009：50-83.
⑦ 王明珂.华夏边缘——历史记忆与族群认同［M］.北京：社会科学文献出版社，2006：146-162.

宁夏秦时为北地郡，汉时分属北地郡和安定郡，汉武帝时"募民徙塞下屯耕"，大兴水利[①]。宁夏地区发现的几组汉唐居民，其主体体质特征接近现代亚洲蒙古人种的东亚类型，但在颅高、面宽等一些方面表现出北亚类型成分，可能暗示了帝国农业人群与北亚游牧人群的基因交流。韩康信先生认为，从新石器时代至铁器时代，宁夏地区居民的体质特征有一种"不连续"现象，即新石器时代海原居民接近现代东亚类型，青铜—早期铁器时代临近的固原居民与现代北亚类型关系密切，到了汉唐时期，又以东亚类型为主，但混杂了一些北亚类型因素[②]。这正说明人群的迁徙和交流是一个复杂的、动态的、循环往复的过程，从人类诞生之日起，人们的移动就从未停止。在同一块土地上，不同的人群你来我往，融合消失。具体到农牧交错地带，农耕和游牧人群的分布本就犬牙交错，再加上气候的变迁和政权的更迭，使得情况更为复杂。

三、汉晋之后北方人群的南迁

秦汉早期大规模的戍边移民，随着王朝统治和民生的稳定，到西汉中期就慢慢减少了，直到西晋的"八王之乱"，才又开启了我国历史上规模最大的三次人口南迁的浪潮。

促成三次南迁的契机分别是西晋时期的"永嘉之乱"、唐后期的"安史之乱"和北宋末年的"靖康之变"。皆由战乱引起的这三次大移民，史料记载详实，研究学者众多[③]。在体质人类学方面，汉代以后出土的人骨资料发表很少，还不足以进行这方面的深入研究。Wen Bo，Li Hui 等通过对现代 28 组汉族居民的 Y-DNA 和 mt-DNA 的分析表明，几乎所有汉族群体的 Y 染色体单倍群分布都极为相似，汉族的南迁伴随着基因的扩张，北方汉族的男性居民是南方汉族主要的基因提供者，而在母系遗传方面，北方汉族和南方本地居民各贡献

---

①　中华人民共和国国务院新闻办公室 . 宁夏回族自治区的历史［DB/OL］. http://www.scio.gov.cn/ztk/dtzt/04/08/4/Document/391871/391871.htm, 2009-8-21.

②　韩康信，谭婧泽 . 固原开城东山坡元代人骨研究［C］// 韩康信，谭婧泽 . 宁夏古人类学研究报告集 . 北京：科学出版社，2009：247-274.

③　比如陈彩章 . 中国历代人口变迁之研究［M］. 上海：商务印书馆，1946；葛剑雄 . 中国人口发展史［M］. 福州：福建人民出版社，1991；曹文柱 . 中国流民史［M］. 广州：广东人民出版社，1996；葛剑雄，吴松弟，曹树基 . 中国移民史［M］. 福州：福建人民出版社，1997.

了一半的基因[1]。中原地区居民的南迁不仅对南方汉族，对现代南方很多少数民族的形成也起了重要作用。

这一时期除了中原地区北方汉族向长江以南地区迁移，长城以外的北方居民也在向南迁徙。例如汉武帝元狩二年（公元前 121 年），霍去病领军击破匈奴右部，迫使匈奴浑邪王率部 4 万余人归汉，被安置在甘肃和内蒙古河套地区的上郡、北地等郡，设立匈奴属国都尉，与汉杂居[2]。东汉建安十二年（公元207 年），曹操大破乌桓，徙渔阳、右北平、辽东三郡数十万乌桓人口到中原地区，逐渐融入汉族[3]。及至匈奴、鲜卑、羯、氐、羌五胡"乱华"，契丹建辽，女真立金，蒙古人和满人入主中原，这些南下的北方民族，都逐渐为汉族所同化，同时也改变、塑造着汉族的体质特征。

长城以北的北方各族南下中原，中原地区汉族南下江南，他们分别与当地居民交流融合，到明清时期，最终形成了今天的南北汉族。

小结

秦汉时期是我国汉民族形成的重要时期，不论是在文化面貌和心理认同上，还是在体质特征上。这一时期出土的人骨材料显示，在继承先秦时期各古人种类型的基础上，由于在国家力量主导下大规模的人群迁徙，不同地区的居民在体质上逐渐地融合，表现出更为复杂的混合性颅面特征。通过与现代汉族的对比，以青铜—早期铁器时代古西北类型为主体，混合了古中原类型的古代人群与现代北方汉族的关系密切，是现代北方汉族形成的重要基石。以青铜—早期铁器时代古中原类型为主体，混合了古华北类型的古代人群与现代南方汉族的距离最近，在历经数次南迁之后，与南方本地居民产生进一步的基因交流，共同塑造了现代南方汉族和其他少数民族的体质面貌。对汉、唐、宋古代居民体质特征的分析表明，现代汉族尤其是北方汉族的基本特征在宋代的有些地区已经基本形成了。

---

[1]　Bo Wen, Hui Li, Daru Lu, Xiufeng Song, Feng Zhang, Yungang He, Feng Li, Yang Gao, Xianyun Mao, Liang Zhang, Ji Qian, Jingze Tan, Jianzhong Jin, Wei Huang, Ranjan Deka, Bing Su, Ranajit Chakraborty&Li Jin. Genetic evidence supports demic diffusion of Han culture[J]. Nature, 2004(431): 302−305.

[2]　覃东平 . 试述汉民族形成的过程、特点和条件［J］. 贵州民族研究，1997（2）：43−48.

[3]　王景义 . 论汉民族的形成和发展［J］. 学术交流，1998（4）：119−122.

新疆境内含有欧罗巴人种因素的古代人群，已经与现代新疆居民具有十分相似的母系遗传结构。这一时期欧罗巴人种跨过了新疆东部边界，逐步进入北方和内陆地区。东进的欧罗巴人种，就目前所见的人骨材料，基本多为中亚两河类型，最东到达山西太原。相对于古代中国庞大的人口数量，这些东迁的欧罗巴人种居民基本为亚洲蒙古人种所同化，并未在汉族居民中留下显性的遗传特征。秦汉之际因为屯田戍边向北方、西北、岭南、巴蜀地区的扩张，中原地区居民与当地居民在体质上逐渐交流和融合，这不仅壮大了汉族人群，还为边疆地区少数民族体质的形成贡献了基因。西晋时期、唐代晚期和北宋末年三次战乱引起的大量人口南迁，促成了现代南方地区居民体质特征的形成，同时匈奴、鲜卑、羯、氐、羌、契丹、女真、蒙古人和满人等北方民族也为汉民族的形成不断输送新的血液。

第六章
结　语

在开篇绪论中，我们总结了前辈学者们对民族概念的百年争论、对汉民族形成问题近一个世纪的探索。文化属性和体质特征是同一个民族载体的两个不同方面，本书主要从体质人类学的角度出发，在考古发掘出土的人骨资料的基础上，研究汉民族的起源和形成过程。

对基础数据的选择方面，除了现代汉族活体观察、测量采用了男女两性居民的资料，对现代颅骨组和古代居民的研究主要使用的是已发表的男性数据。这首先是出于在进行大范围的对比研究时女性数据时有缺失的实际考虑。同时，相对于女性比较柔和的颅面形态，男性颅骨特征的变化更为明显，更有利于我们追踪人群体质特征的变迁。

在讨论汉民族如何形成、何时形成之前，我们对现代汉族的体质特征进行了分析和概括。总体来说，现代汉族在体质特征上具有同一性，属于亚洲蒙古人种的东亚类型，同时，北方地区汉族还体现了东北亚类型因素，南方地区汉族包含了南亚类型特征，导致了体质形态方面的南北差异。但是这种差异并不是界限分明的，而是逐渐过渡的。它也不是完全绝对的，而是在某些特征上会表现出与这种南北差异相悖的分布，如广东组、福建组等居民表现出北方居民普遍具有的薄唇特征，福建组、浙江组的身高值远远高于长江以南地区居民等等。这种地域性的特点正是汉族人口众多，分布广泛，交流和融合情况复杂的表现。

关于汉民族有迹可循的源头，我们将之追溯到新石器时代。虽然旧石器时代早期就有居民在我国境内生活，但直到旧石器时代晚期的山顶洞人和柳江人，其体质特征与现代居民的差别仍然很大，属于"尚在形成中的蒙古人种"。到了新石器时代，随着出土人骨资料的逐渐增多，按照不同的颅面形态特征，可以将新石器时代居民划分为不同的古人种类型。通过比较分析新石器时代人群与现代汉族居民的颅骨测量数据，我们发现现代华南汉族与中原地区的古中原类型居民关系最为密切，同时与古华南类型关系比较疏远，这也进一步表明了现代南方汉族居民并不是直接承袭新石器时代本地居民的体质特征发展而来，华南汉族的祖先也来自于北方地区。现代华北汉族与甘青地区的古西北类型居民距离最近，现代汉族整体与内蒙古长城地带的古华北类型居民也有较小的距离。考虑到古中原类型对古西北类型、古华北类型体质特征的影响，汉民族最早的源头应是新石器时代主要分布在今陕西、河南、山东一带的古中原类型居民，形成过程受其影响的古西北类型和古华北类型居民，也成为现代汉族的另外两支重要来源。

以古中原类型、古西北类型、古华北类型为主的新石器时代居民是如何一步步演变为现代汉族居民的？我们主要从颅面形态特征的变化和各类型人群地理分布的变迁两个层面来探讨。

新石器时代的人群迁移，主要表现为黄河中游和下游地区古中原类型内部的融合及其向四周的扩张，以及古西北类型可能的向西南地区的流动。到了青铜—早期铁器时代，由于人群进一步的融合，古中原类型、古西北类型和古华北类型居民比之新石器时代，与现代汉族的体质特征更为接近。在颅面特征上，古西北类型居民的颅骨最大宽增加，颅高值增大，颅形变短、变宽、变高；总面角变小，鼻颧角增大，意即面部突出程度有所增加，但是上面部扁平度也增大了；鼻型变阔。这些变化中，变短变宽的颅型以及增大的上面部扁平度，可能是受到了北亚蒙古人种因素的影响，变阔的鼻型，应该是受到了古中原类型居民的影响。古华北类型居民的颅高变低，颅型变宽；面宽稍微变窄，面角增大，鼻颧角增大；眶型变高，鼻型变宽。与古西北类型相似，变低变宽的颅型以及增大的上面部扁平度，应该是受到了具有北亚因素人群的影响；变阔的鼻型，可能是古中原类型居民北上的结果。但是变高的眶型，我们还不能确定其原因。这一时期的古中原类型居民颅型变长，面型变高窄，眶型变高，有的组别鼻型有所变化，可能受到了来自古西北类型和古华北类型人群的影响。这种相互之间的交流，使得原本属于不同古人种类型的人群开始有了一种趋同性的变化，虽然这种变化是不均衡的，但是青铜—早期铁器时代居民这种体质特征的趋同性正是现代汉族形成的人种学基础。

青铜—早期铁器时代人群的互动主要表现为三种模式：一、古中原类型居民向周边地区的扩张。向北抵达内蒙古乌兰察布盟，向南与古华南类型在湖北地区相遇，西北与甘青地区居民接触，西南已至滇中地区。古中原类型的扩张，促进了周边地区居民体质特征的变化。二、古中原类型对周边居民的吸纳。在中原地区居民向四周扩张的同时，周边地区的居民也陆续进入中原，商王和西周的统治者征讨四方，大量的人口更是源源不断地被掳掠到王畿地区，这些进入中原的人群逐渐为古中原类型居民所同化吸收。商周时期古中原类型居民对北方、西北、南方地区居民体质特征的融合，是汉民族的前身"华夏族"形成的一个重要阶段，古中原类型因其包容吸纳的能力和对周边地区的强大影响力，成为日后形成汉民族的核心。三、边疆地区居民的互动。边疆地区古东北类型和古华北类型、古华北类型和古蒙古高原类型、古西北类型和古华北类型、古蒙古高原类型以及西南地区居民之间的交流，是现代边疆地区各民族包括汉民族体质特征形成的基础。

秦汉时期，广袤的疆域和强大的中央集权制度，使得大规模的以政治目的和军事目的为主的人口迁移成为可能，在很大程度上改变了先秦时期人口和人种类型的分布。虽然也有边疆地区居民内迁、由南向北的人群移动或全国各地向京畿地区的迁徙，但这些并不是秦汉移民的主流方向。这一时期的主要移民政策是军事性的戍边和流放，通过这种方式将岭南、巴蜀、河湟地区的居民逐渐纳入汉民族的体系当中。魏晋之后，"永嘉之乱""安史之乱""靖康之变"三次战乱引起了大规模的北民南迁。不断南迁的中原地区的汉族居民与当地人群逐渐融合，不仅对南方汉族，对南方很多少数民族的形成也起了重要的作用。在中原地区居民向长江以南地区迁移的同时，长城以外的北方民族也在向南迁徙，促进了中原地区居民向现代北方汉族体质特征的转变。

经过近2000年的交流和发展，秦汉时期居民相比青铜—早期铁器时代居民，更加接近现代汉族的体质特征。继承先秦时期古西北类型，主要融合中原地区居民体质特征的古代人群，与现代北方汉族比较接近。以先秦时期古中原类型为主体，吸收西北羌人、北方游牧人群的古代居民，与现代南方汉族的体质比较接近。虽然"汉族"称谓已经出现，但汉族的体质尚未完全形成。直到宋代，我国现代北方汉族的体质特征在西北地区已经基本形成了，但在中原地区还在形成过程中。这不仅体现了汉族体质特征的形成存在地域的不平衡性，同时也反映出从新石器时代开始，西北地区古代居民对现代北方汉族形成的重要作用。到明清时期，随着人群交流的进一步加剧以及蒙古人、满人的融入，南北方汉族居民与现代汉族的体质已经基本一致。现代汉族就是这样在不断的反复的迁徙和交流中逐渐融合而成的。而且这种交流和融合一直没有停止，直到今天还在继续。

现代汉族的主体特征为东亚蒙古人种，在我国新疆地区还广泛分布着具有欧罗巴人种因素的古代人群。表现为古欧洲人类型颅面特征的人群于大约 4000 年前出现在罗布泊地区，这是目前已知的我国境内最早的欧罗巴人种居民。青铜—早期铁器时代的欧罗巴人种逐渐与蒙古人种混血，但与现代新疆地区居民和现代汉族的关系很远，与今天中亚地区和南西伯利亚地区居民距离最近，东部边界始终没有跨过哈密地区。到了秦汉时期，蒙古人种因素比重逐渐增多，塔里木盆地古代人群的母系遗传结构开始与现代新疆地区居民接近。此时具有欧罗巴人种因素的居民开始东进，隋唐之际，最东已到达山西太原地区。东进的具有欧罗巴人种成分的人群相对于汉族居民庞大的人口来说，比重非常微小，并没有对现代汉族的体质特征造成实质性的影响。

参考文献

中文文献

（西汉）司马迁撰，韩兆琦评注．史记［M］．长沙：岳麓书社，2012．

（南朝宋）范晔．后汉书［M］．北京：中华书局，1999．

阿娜尔，朱泓．鄂尔多斯查干陶勒盖墓地人骨研究［J］．内蒙古社会科学（汉文版），2017，38（5）：90-96．

阿娜尔，朱泓．内蒙古鄂托克前旗巴音哈达墓地北魏时期人骨研究［J］．边疆考古研究，2018（1）：287-296．

安特生（J. G. Andersson）著，袁复礼节译．中华远古之文化（An Early Chinese Culture）［J］．地质汇报（第五号），1923．

包金萍，郑连斌，张兴华，王志博，闫春艳，龚忱，宋瑾兰，武亚文．海南文昌乡村汉族成人体型特征的研究［J］．天津师范大学学报（自然科学版），2013，33（4）：73-77．

包金萍，郑连斌，张兴华，宇克莉，王志博，武亚文，宋瑾兰．山东乡村汉族体型研究［J］．天津师范大学学报（自然科学版），2010，30（3）：73-77．

北京大学历史系考古教研室，中国社会科学院考古研究所编辑．元君庙仰韶墓地［M］．北京：文物出版社，1983．

北京市文物工作队．北京西郊西晋王浚妻华芳墓清理简报［J］．文物，1965（12）：21-24．

布赫，赛福鼎·艾则孜等．毛泽东解决民族问题的伟大贡献［M］．北京：民族出版社，1993．

步达生（Black D.）．甘肃河南晚石器时代及甘肃史前后期之人类头骨与现代华北及其他人种之比较［J］．古生物志丁种第六号第一册，1928．

蔡富有．斯大林的 нация 定义评析［J］．中国社会科学，1986（1）：193-203．

蔡瑞霞．试论汉民族的形成与民族史的撰述［J］．中州学刊，2002（2）：105-108．

曹建恩、孙金松、杨星宇．内蒙古凉城县忻州窑子墓地发掘简报［J］．考古，2009（3）：

105-113.

曹守亮.20世纪汉民族形成问题研究［J］.文史知识，2006（6）：15-19.

曹文柱.中国流民史［M］.广州：广东人民出版社，1996.

曾满红，张文光等.南越王宫署遗址出土明代人骨骸鉴定研究［J］.广东药学院学报，
　　2006，22（3）：348-351.

曾文经.论汉民族的形成［C］//历史研究编辑部.汉民族形成问题讨论集.北京：生
　　活·读书·新知三联书店，1957：17-38.

曾雯，潘其风，赵永生，朱泓.纱帽山滇文化墓地颅骨的人类学特征［J］.人类学学报，
　　2014，33（2）：187-197.

曾雯，赵永生.山东地区古代居民体质特征演变初探［J］.东南文化，2013（4）：65-70.

常娥.内蒙古长城地带先秦时期人类遗骸的DNA研究［D］.吉林大学博士学位论文，
　　2008.

陈博宇.广州市执信中学墓地明清时期人骨研究［J］.文博学刊，2021（4）：4-20.

陈彩章.中国历代人口变迁之研究［M］.上海：商务印书馆，1946.

陈德珍，吴新智.河南长葛石固早期新石器时代人骨的研究［J］.人类学学报，1984，4
　　（3）：205-214.

陈德珍，吴新智.河南长葛石固早期新石器时代人骨的研究（续）［J］.人类学学报，
　　1985，4（4）：314-323.

陈德珍，张居中.早期新石器时代贾湖遗址人类的体质特征及与其他地区新石器时代和现
　　代人的比较［J］.人类学学报，1998，17（3）：191-208.

陈德珍.中国新石器时代居民体质类型及其承继关系［J］.人类学学报，1986，5（2）：
　　114-127.

陈戈，贾梅仙.齐家文化应属青铜时代——兼谈我国青铜时代的开始及其相关的一些问题
　　［J］.考古与文物，1990（3）：35-44.

陈洪海，格桑本，李国林.试论宗日遗址的文化性质［J］.考古，1998（5）：15-26.

陈靓，丁岩，熊建雪，李彦峰.陕西宜川县虫坪塬遗址墓葬出土人骨研究［J］.考古与文
　　物，2018（2）：118-128.

陈靓，傅家钰，夏格旺堆，拥措，席琳.西藏札达县格布赛鲁墓地2017年出土颅骨的种
　　系研究［J］.西部考古（第二十五辑），2023：242-257.

陈靓，田亚岐.陕西凤翔孙家南头秦墓人骨的种系研究［J］.西部考古（第三辑），2008：
　　164-173.

陈靓，汪洋.新疆拜城克孜尔墓地人骨的人种学研究［J］.人类学学报，2005，24（3）：
　　188-197.

陈靓，熊建雪，邵晶，孙周勇.陕西神木石峁城址祭祀坑出土头骨研究［J］.考古与文

物，2016（4）：134-142.

陈靓，朱泓，郑丽慧.内蒙古东大井东汉时期鲜卑墓葬人骨研究［J］.内蒙古文物考古，2003（1）：77-86.

陈靓.鄯善苏贝希青铜时代墓葬人骨的研究［C］//吉林大学考古系.青果集——吉林大学考古系建系十周年纪念文集.北京：知识出版社，1998：237-250.

陈靓.瓦窑沟青铜时代墓地颅骨的人类学特征［J］.人类学学报，2000，19（1）：32-42.

陈靓.西安紫薇田园都市唐墓人骨种系初探［J］.考古与文物，2008（5）：95-105.

陈靓.西北大学新校区唐墓出土人骨的人种学研究［J］.西部考古（第二辑），2007：211-217.

陈靓.新疆察布查尔县索墩布拉克墓地出土人头骨研究［J］.考古，2003（7）：79-94.

陈靓.新疆石河子南山石堆墓人骨的种系研究［J］.考古与文物，2002（1）：69-80.

陈靓.新疆尉犁县营盘墓地古人骨的研究［J］.边疆考古研究（第1辑），2002：323-341.

陈靓.宗日遗址墓葬出土人骨的研究［J］.西部考古（第一辑），2006：114-129.

陈克进.关于"民族"定义的新思考［J］.云南社会科学，1992（6）：65-69.

陈礼贤.近二十年中国汉民族起源、形成研究综述（一）［J］.广西右江民族师专学报，2001（4）：13-19.

陈礼贤.近二十年中国汉民族起源、形成研究综述（二）［J］.广西右江民族师专学报，2002（1）：5-11.

陈礼贤.近二十年中国汉民族起源、形成研究综述（三）［J］.广西右江民族师专学报，2002（2）：8-16.

陈连开.20世纪汉民族研究概述［J］.西南民族学院学报（哲学社会科学版），1998（6）：1-9.

陈连开.中国民族史研究的基本特点和发展三阶段［J］.西北民族研究，1993（2）：1-8.

陈琳国.论中国古代民族观的形成和发展［J］.北京师范大学学报（社会科学版），1995（1）：36-42.

陈山.大溪文化居民种族类型初探［C］//徐州博物馆.徐州博物馆三十年纪念文集（1960—1990）.北京：北京燕山出版社，1992：186-199.

陈山.克什克腾旗龙头山青铜时代颅骨的人类学研究［J］.人类学学报，2000，19（1）：21-31.

陈山.喇嘛洞墓地三燕文化居民人骨研究［D］.吉林大学博士学位论文，2009.

陈山.辽宁朝阳青铜短剑墓颅骨的人类学考察［C］//朱泓.东北、内蒙古地区古代人类的种族类型与DNA.长春：吉林人民出版社，2006：36-45.

陈玮.中古时期党项与粟特关系论考［J］.中国史研究，2015，4：67-92.

陈小三. 河西走廊及其临近地区早期青铜时代遗存研究 [D]. 吉林大学博士学位论文, 2012.

陈欣然. 师大科研课题破译汉族人体质密码 [N]. 天津教育报, 2013-3-22 (001).

陈星灿. 中国史前考古学史研究 1895—1949 [M]. 北京: 生活·读书·新知三联书店, 1997.

陈永霞. 辛亥革命时期汉民族史的建构 [J]. 合肥学院学报 (社会科学版), 2012 (1): 99-104.

成都文物考古研究所. 成都金沙遗址人骨研究——黄忠小区工地出土人骨研究报告 [C] // 成都文物考古研究所. 成都考古发现 (2006). 科学出版社, 2009: 409-423.

崔静, 古丽尼沙·克热木, 巴哈古丽·尼亚孜, 应荣, 王博. 新疆乌鲁木齐地区出土汉族颅骨的研究 [J]. 新疆医学院学报, 1998, 21 (4): 267-270.

崔静, 邵兴周, 王博. 新疆吐鲁番交河古城墓葬和遗址出土颅骨的初步研究 [J]. 解剖学杂志, 1996, 19 (5): 444-449.

崔静, 王博, 吐尔逊江, 甘子明. 新疆和田民乐县尼雅遗址墓葬出土颅骨种族人类学研究 [J]. 解剖学杂志, 2000, 23 (1): 84-86.

崔静, 王博. 新疆哈密寒气沟墓地出土颅骨的研究 [J]. 人类学学报, 1999, 18 (1), 75-77.

崔银秋, 段然慧, 周慧, 朱泓. 新疆古代居民的遗传结构分析 [J]. 高等学校化学学报, 2002, 23 (12): 2278-2280.

崔银秋, 许月, 杨亦代, 谢承志, 朱泓, 周慧. 新疆罗布诺尔地区铜器时代古代居民 mtDNA 多态性分析 [J]. 吉林大学学报 (医学版), 2004, 30 (4): 650-652.

戴向明. 黄河流域新石器时代文化格局之演变 [J]. 考古学报, 1998 (4): 389-418.

党汝霖, 杨玉田, 郑靖中, 李应义. 西安现代人脑颅的性差 [J]. 人类学学报, 1985, 4 (4): 372-378.

邓普迎. 陕西临潼新丰镇秦文化墓葬人骨研究 [D]. 西北大学硕士学位论文, 2010.

邓维, 郑连斌, 宇克莉, 胡莹, 时蕊, 程智, 薛虹, 王杨. 闽南语族群成人城市汉族体型研究 [J]. 南京师大学报 (自然科学版), 2013, 36 (2): 91-95.

邸永君. "民族" 一词非舶来 [N]. 中国民族报, 2004-2-20.

丁明国. 三十年来民族形成问题讨论述略 [J]. 中南民族学院学报, 1984 (2): 60-64.

丁细藩, 莫世泰, 张文光. 广西和广东现代人的面颅特征 [J]. 人类学学报, 1988, 7 (4): 324-328.

都永浩. 华夏—汉族、中华民族与中华人民 [J]. 黑龙江民族丛刊, 2010 (1): 8-16.

都永浩. 论民族及其形成的标志 [J]. 黑龙江民族丛刊, 1988 (1): 7-13.

杜靖. 1895—1950 年间的中国体质人类学研究与教学活动述略 [J]. 人类学学报, 2008,

27（2）：180-188.

范祖锜.近年来汉民族研究述要［J］.云南社会科学，1993（1）：63-67.

方启.黑龙江省宁安县三灵墓地渤海人骨研究［J］.边疆考古研究（第4辑），2005：
281-300.

方启.陕西神木县寨峁遗址古人骨研究［J］.边疆考古研究（第2辑），2004：316-336.

费孝通，林耀华.关于少数民族族别问题的研究［N］.人民日报，1956-8-10.

费孝通.中华民族的多元一体格局［J］.北京大学学报（哲学社会科学版），1989（4）：
1-19.

弗雷德里克·巴斯著，高崇译.族群与边界［J］.广西民族学院学报（哲学社会科学版），
1999，21（1）：16-27.

付昶.乌鲁木齐萨恩萨依墓地出土人骨研究［D］.重庆师范大学硕士学位论文，2010.

傅之屏，许云秀，李海，李承.成都地区现代人颅面特征［J］.四川师范大学学报（自然
科学版），1993，16（5）：83-89.

高诗珠，谢承志.新疆塔里木盆地古代人群线粒体DNA分析［C］//周慧.中国北方古代
人群线粒体DNA研究.北京：科学出版社，2010：21-47.

高诗珠.中国西北地区三个古代人群的线粒体DNA研究［D］.吉林大学博士学位论文，
2009.

高小伟.临潼湾李墓地2009—2010年出土战国至秦代墓葬人骨研究［D］.西北大学硕士
学位论文，2012.

高雅，阎春霞，金天博，赖江华，陈腾，李生斌.中国19个不同地区汉族亚群的分子遗
传学关系［J］.西安交通大学学报（医学版），2005，26（2）：111-114.

高永久，秦伟江.“民族”概念的演变［J］.南开学报（哲学社会科学版），2009（6）：
126-136.

格·叶菲莫夫.论中国民族的形成［C］//历史研究编辑部.汉民族形成问题讨论集.北
京：生活·读书·新知三联书店，1957：228-254.

葛斌文.井沟子古代人群的遗传分析［D］.吉林大学硕士学位论文，2008.

葛剑雄，吴松弟，曹树基.中国移民史［M］.福州：福建人民出版社，1997.

葛剑雄.中国人口发展史［M］.福州：福建人民出版社，1991.

龚永辉.论和谐而有中国特色的民族概念［J］.广西民族研究，2005（3）：10-23.

巩启明，高强，周春茂，王志俊.姜寨第二期文化墓葬人骨研究［M］//西安半坡博物
馆，陕西省考古研究所，临潼县博物馆.姜寨——新石器时代遗址发掘报告.北京：
文物出版社，1988：485-503.

顾玉才，陈山，张全超.辽代萧氏后族墓地出土人骨的研究［J］.边疆考古研究（第4
辑），2006：329.

顾玉才.内蒙古和林格尔县土城子遗址战国时期人骨研究［M］.北京：科学出版社，2010.

官显.评"独特的民族"论［C］//历史研究编辑部.汉民族形成问题讨论集.北京：生活·读书·新知三联书店，1957：66-83.

郭林.翼城大河口墓地出土人骨的初步研究（2009—2011）［D］.吉林大学硕士学位论文，2015.

郭真编.现代民族问题［M］.上海：上海现代书局，1929.

国家统计局.2010年第六次全国人口普查主要数据公报（第1号）［EB/OL］.https://www.stats.gov.cn/sj/tjgb/rkpcgb/qgrkpcgb/202302/t20230206_1902002.html.

海向军，何烨，何进全，汪玉堂，马斌，马卫红，白静雅，席焕久.兰州市汉族成人Heath-Carter体型研究［J］.中国老年学杂志，2013，33（11）：2612-2615.

韩锦春，李毅夫.汉文"民族"一词的出现及其初期使用情况［J］.民族研究，1984（2）：36-43.

韩锦春，李毅夫编.汉文"民族"一词考源资料［M］.民族理论研究室，1985.

韩康信，常兴照.广饶古墓地出土人类学材料的观察与研究［J］.海岱考古（第一辑），1989：390-403.

韩康信，董新林.香港马湾岛东湾仔北史前遗址出土人骨鉴定［J］.考古，1999（6）：18-25.

韩康信，潘其风.安阳殷墟中小墓人骨的研究［C］//中国社会科学院历史研究所，中国社会科学院考古研究所.安阳殷墟头骨研究.北京：文物出版社，1985：50-81.

韩康信，潘其风.大汶口文化居民的种属问题［J］.考古学报，1980（3）：387-402.

韩康信，潘其风.古代中国人种成分研究［J］.考古学报，1984（2）：245-263.

韩康信，潘其风.广东佛山河宕新石器时代晚期墓葬人骨［J］.人类学学报，1982（1）：42-52.

韩康信，潘其风.陕县庙底沟二期文化墓葬人骨的研究［J］.考古学报，1979（2）：255-270.

韩康信，潘其风.新疆昭苏土墩墓古人类学材料的研究［J］.考古学报，1987（4）：503-523.

韩康信，潘其风.殷墟祭祀坑人头骨的种系［C］//中国社会科学院历史研究所，中国社会科学院考古研究所.安阳殷墟头骨研究.北京：文物出版社，1985：82-107.

韩康信，潘其风.浙江余姚河姆渡新石器时代人类头骨［J］.人类学学报，1983，2（2）：124-131.

韩康信，松下孝幸.山东临淄周—汉代人骨体质特征研究及与西日本弥生时代人骨比较概报［J］.考古，1997（4）：32-42.

韩康信，谭婧泽，张帆．甘肃玉门火烧沟古墓地人骨的研究［M］//韩康信，谭婧泽，张帆．中国西北地区古代居民种族研究．上海：复旦大学出版社，2005：191-283.

韩康信，谭婧泽，张帆．青海大通上孙家寨古墓地人骨的研究［M］//韩康信，谭婧泽，张帆．中国西北地区古代居民种族研究．上海：复旦大学出版社，2005：1-163.

韩康信，谭婧泽．固原北周田弘墓人骨研究［C］//韩康信，谭婧泽．宁夏古人类学研究报告集．北京：科学出版社，2009：171-181.

韩康信，谭婧泽．固原九龙山—南塬出土高加索人种头骨［C］//韩康信，谭婧泽．宁夏古人类学研究报告集．北京：科学出版社，2009：227-246.

韩康信，谭婧泽．固原九龙山—南塬古墓地人骨鉴定报告［C］//韩康信，谭婧泽．宁夏古人类学研究报告集．北京：科学出版社，2009：182-226.

韩康信，谭婧泽．固原唐代史道洛墓人骨研究［C］//韩康信，谭婧泽．宁夏古人类学研究报告集．北京：科学出版社，2009：158-170.

韩康信，谭婧泽．闽宁村西夏人骨鉴定报告［C］//韩康信，谭婧泽．宁夏古人类学研究报告集．北京：科学出版社，2009：297-313.

韩康信，谭婧泽．彭阳古城王大户村春秋战国墓人骨的鉴定与种系［C］//韩康信，谭婧泽．宁夏古人类学研究报告集．北京：科学出版社，2009：41-49.

韩康信，谭婧泽．彭阳张街春秋战国墓两具人骨［C］//韩康信，谭婧泽．宁夏古人类学研究报告集．北京：科学出版社，2009：30-40.

韩康信，谭婧泽．吴忠明珠园唐墓人骨［C］//韩康信，谭婧泽．宁夏古人类学研究报告集．北京：科学出版社，2009：146-157.

韩康信，谭婧泽．吴忠西郊唐墓人骨鉴定研究［C］//韩康信，谭婧泽．宁夏古人类学研究报告集．北京：科学出版社，2009：104-145.

韩康信，谭婧泽．银川沙滩明清时代伊斯兰墓葬人骨鉴定［C］//韩康信，谭婧泽．宁夏古人类学研究报告集．北京：科学出版社，2009：314-326.

韩康信，谭婧泽．中卫宣河、长乐汉代人骨［C］//韩康信，谭婧泽．宁夏古人类学研究报告集．北京：科学出版社，2009：84-103.

韩康信，谭婧泽．中卫—中宁汉代人骨研究［C］//韩康信，谭婧泽．宁夏古人类学研究报告集．北京：科学出版社，2009：50-83.

韩康信，张君，赵凌霞．察吾呼三号、四号墓地人骨的体质人类学研究［M］//新疆文物考古研究所．新疆察吾呼．北京：东方出版社，1999：299-337.

韩康信，张君．陕西紫阳县马家营石棺墓人骨的鉴定［M］//陕西省考古研究所，陕西省安康水电站库区考古队．陕南考古报告集．西安：三秦出版社，1994：347-357.

韩康信，张振标，曾凡．闽侯昙石山遗址的人骨［J］．考古学报，1976（1）：121-129.

韩康信．阿拉沟古代丛葬墓人骨研究［M］//韩康信．丝绸之路古代居民种族人类学研究．

乌鲁木齐：新疆人民出版社，1993：71-175.

韩康信.北周安伽墓人骨鉴定［M］//陕西省考古研究所.西安北周安伽墓.北京：文物
　　出版社，2003：92-102.

韩康信.甘肃永昌沙井文化人骨种属研究［M］//甘肃省文物考古研究所.永昌西岗柴湾
　　岗——沙井文化墓葬发掘报告.兰州：甘肃人民出版社，2001：235-264.

韩康信.固原开城东山坡元代人骨研究［C］//韩康信，谭婧泽.宁夏古人类学研究报告
　　集.北京：科学出版社，2009：247-274.

韩康信.孔雀河古墓沟墓地人骨研究［M］//韩康信.丝绸之路古代居民种族人类学研究.
　　乌鲁木齐：新疆人民出版社，1993：33-58.

韩康信.楼兰城郊古墓人骨人类学特征的研究［M］//韩康信.丝绸之路古代居民种族人
　　类学研究.乌鲁木齐：新疆人民出版社，1993：345-351.

韩康信.宁夏海原菜园村新石器时代墓地人骨的性别年龄鉴定与体质类型［C］//中国社
　　会科学院考古研究所.中国考古学论丛——中国社会科学院考古研究所建所40周年
　　纪念.北京：科学出版社，1993：170-180.

韩康信.宁夏彭堡于家庄墓地人骨种系特点之研究［J］.考古学报，1995（1）：109-125.

韩康信.青海民和阳山墓地人骨［M］//青海省文物考古研究所.民和阳山.北京：文物
　　出版社，1990：160-173.

韩康信.青海循化阿哈特拉山古墓地人骨研究［J］.考古学报，2000（3）：395-420.

韩康信.山东兖州王因新石器时代人骨的鉴定报告［M］//中国社会科学院考古研究所.
　　山东王因——新石器时代遗址发掘报告.北京：科学出版社，2000：388-413.

韩康信.山东诸城呈子新石器时代人骨［J］.考古，1990（7）：644-654.

韩康信.沈阳郑家洼子的两具青铜时代人骨［J］.考古学报，1975（1）：157-164.

韩康信.塔什库尔干塔吉克自治县香宝宝古墓出土人头骨［M］//韩康信.丝绸之路古代
　　居民种族人类学研究.乌鲁木齐：新疆人民出版社，1993：371-377.

韩康信.西乡县何家湾仰韶文化居民头骨［C］//陕西省考古研究所.陕南考古报告集.西
　　安：三秦出版社，1994：192-200.

韩康信.新疆古代居民的种族人类学研究和维吾尔族的体质特点［J］.西域研究，1991
　　（2）：1-13.

韩康信.新疆古代居民种族人类学的初步研究［J］.新疆社会科学，1985（6）：61-71.

韩康信.新疆哈密焉不拉克古墓人骨种系成分研究［J］.考古学报，1990（3）：371-390.

韩康信.新疆洛浦山普拉古墓人骨的种系问题［J］.人类学学报，1988，7（3）：239-
　　248+287.

韩康信.中国新石器时代种族人类学研究［C］//田昌五，石兴邦.中国原始文化论
　　集——纪念尹达八十诞辰.北京：文物出版社，1989：40-55.

韩涛，张群，赵惠杰，张雯欣，张全超 . 宁夏海原石砚子墓地人骨研究［J］. 文博，2018
　　（4）：96-104+72.

韩巍 . 山西大同北魏时期居民的种系类型分析［J］. 边疆考古研究（第4辑），2006：
　　270-280.

韩巍 . 陕西澄城良辅墓地汉代人骨研究［D］. 吉林大学硕士学位论文，2005.

郝时远 . 对西方学界有关族群（ethnic group）释义的辨析［J］. 广西民族学院学报（哲学
　　社会科学版），2002，24（4）：10-17.

郝时远 . 中文"民族"一词源流考辨［J］. 民族研究，2004（6）：60-69.

郝时远 . 重读斯大林民族（нация）定义——读书笔记之一：斯大林民族定义及其理论来
　　源［J］. 世界民族，2003（4）：1-8.

郝时远 . 重读斯大林民族（нация）定义——读书笔记之二：苏联民族国家体系的构建与
　　斯大林对民族定义的再阐发［J］. 世界民族，2003（5）：1-9.

郝时远 . 重读斯大林民族（нация）定义——读书笔记之三：苏联多民族国家模式中的国
　　家与民族［J］. 世界民族，2003（6）：1-11.

郝亚明 . 民族概念体系中的若干二元对立存在［J］. 内蒙古社会科学（汉文版），2012
　　（5）：82-88.

郝亚明 . 试论民族概念界定的困境与转向［J］. 民族研究，2011（2）：1-9.

何博 . 民族概念的中国化内涵［J］. 玉溪师范学院学报，2011（2）：47-50.

何惠琴，徐永庆 . 新疆哈密五堡古代人类颅骨测量的种族研究［J］. 人类学学报，2002，
　　21（2）：102-110.

何嘉宁 . 内蒙古凉城县饮牛沟墓地1997年发掘出土人骨研究［J］. 考古，2011（11）：
　　80-86.

何嘉宁 . 陕西华县东阳墓地2001年出土周—秦—汉人骨鉴定及研究［M］//华县东阳 . 北
　　京：科学出版社，2006：438-461.

何润 . 论斯大林的民族定义［J］. 民族研究，1998（6）：4-12.

何叔涛 . 汉语"民族"概念的特点与中国民族研究的话语权——兼谈"中华民族""中国
　　各民族"与当前流行的"族群"概念［J］. 民族研究，2009（2）：11-20.

何叔涛 . 略论民族定义及民族共同体的性质［J］. 民族研究，1993（1）：19-23.

何叔涛 . 民族概念的含义与民族研究［J］. 民族研究，1988（5）：17-22.

河北省文物研究所 . 河北阳原县姜家梁新石器时代遗址的发掘［J］. 考古，2001（2）：
　　13-27.

贺国安 . 斯大林民族理论模式驳议［J］. 民族研究，1989（4）：1-13.

贺乐天，王永强，魏文斌 . 新疆哈密拉甫却克墓地人的颅面部测量学特征［J］. 人类学学
　　报，2022，41（6）：1017-1027.

黑龙江省文物考古工作队.密山县新开流遗址［J］.考古学报，1979（4）：491-518.

洪秀媛.甘谷毛家坪沟东墓葬区出土人骨的研究［D］.西北大学硕士学位论文，2014.

侯侃.山西榆次高校新校区明清墓葬人骨研究［D］.吉林大学硕士学位论文，2013.

胡承志.云南元谋发现的猿人牙齿化石［J］.地质学报，1973（1）：65-69.

胡春佰，陈永志，张红星，李春雷.内蒙古察右前旗旗杆山东汉晚期鲜卑墓葬颅骨研究
　　［J］.文物春秋，2021（2）：11-22+96.

胡兴宇，罗传富，胡佳.泸州地区颅骨角度的测量［J］.解剖学杂志，1995，18（1）：
　　70-74.

胡阳全.近二十年国内汉民族研究综述［J］.广西右江民族师专学报，2000（2）：8-13.

华辛芝.斯大林民族理论评析［J］.世界民族，1996（4）：1-11.

黄新美，曾志民.广东顺德近代人的颅骨研究［J］.解剖学通报，1984，7（3）：252-
　　256.

黄新美，刘建安.广东南海县鱿鱼岗新石器时代晚期墓葬人骨［J］.人类学学报，1988，
　　7（2）：102-105.

黄新美，韦贵要，刘月玲等.广州莲花山水上居民体质特征调查［J］.人类学学报，
　　1985，4（2）：173-181.

黄兴涛."民族"一词究竟何时在中文里出现？［J］.浙江学刊，2002（1）：168-170.

黄仲盈.中国特色民族定义的历史演化［J］.广西民族研究，2006（4）：3-15.

霍巍.论横断山脉地带先秦两汉时期考古学文化的交流与互动［J］.藏学学刊第二辑：
　　155-169.

吉开将人.民族起源学说在20世纪中国［J］.复旦学报（社会科学版），2012（5）：30-
　　40.

吉琨璋，宋建忠，田建文.山西横水西周墓地研究三题［J］.文物，2006（8）：45-49.

吉林大学边疆考古研究中心，北京市文物研究所.北京市石景山区老山汉墓出土人骨的研
　　究报告［J］.文物，2004（8）：91-96.

贾东海.关于60年来"民族"概念理论研究的述评［J］.西北民族大学学报（哲学社会
　　科学版），2009（6）：1-11.

贾兰坡，颜誾.西团山人骨的研究报告［J］.考古学报，1963（2）：101-109.

贾莹，朱泓，金旭东，赵殿坤.通化万发拨子明代墓葬出土人骨的研究［C］//东北、内
　　蒙古地区古代人类的种族类型与DNA.长春：吉林人民出版社，2006：235-241.

贾莹，朱泓，金旭东，赵殿坤.通化万发拨子墓葬颅骨人种的类型［J］.社会科学战线，
　　2006（2）：286-289.

贾莹，朱泓.前郭尔罗斯蒙古族自治县查干吐末辽墓出土人骨研究［C］//东北、内蒙古
　　地区古代人类的种族类型与DNA.长春：吉林人民出版社，2006：195-211.

贾莹．山西浮山桥北及乡宁内阳垣先秦时期人骨研究［D］．吉林大学博士学位论文，
　　2006.

姜东，单颖，赵宝东，刘素伟，刘学元．辽西地区汉族成人的体型特征［J］．中国组织工
　　程研究与临床康复，2007，11（39）：7747-7749.

姜东，赵宝东，刘素伟，单颖．Heath-Carter法分析辽西农村汉族成人的体型特征［J］．
　　中国临床康复，2005，9（48）：146-148.

姜义华编．港台及海外学者论中国近代文化［M］．重庆：重庆出版社，1987.

蒋海升．意识形态概念与学术生长——以"民族"为例［J］．山东社会科学，2007，144
　　（8）：5-11.

蒋晓春．中国青铜时代起始时间考［J］．考古，2010（6）：76-82.

焦南峰．凤翔南指挥西村周墓人骨的初步研究［J］．考古与文物，1985（3）：103.

金炳镐，栾爱峰，李泰周．新中国60年民族概念理论的发展——新中国60年民族理论发
　　展系列论文之二［J］．黑龙江民族丛刊，2010（2）：1-7.

金炳镐，孙军．民族概念：民族纲领政策的理论基础——纪念中国共产党建党90周年民
　　族理论系列论文之二［J］．黑龙江民族丛刊，2011（2）：1-5.

金炳镐．试论斯大林民族定义的特点［J］．广西民族研究，1987（1）：95-98.

金利新．山东汉族成人的Heath-Carter法体型研究［J］．人类学学报，2003，22（1）：
　　37-44.

金天明，王庆仁．"民族"一词在我国的出现及其使用问题［J］．社会科学辑刊，1981
　　（4）：87-92.

敬东．关于"民族"一词的概念问题［J］．民族研究，1980（4）：7-12.

考古研究所体质人类学组．陕西华阴横阵的仰韶文化人骨［J］．考古，1977（4）：247-
　　256.

赖旭龙，杨淑娟，唐先华等．仰韶文化人类遗骸古DNA的初步研究［J］．中国地质大学
　　学报，2004（29）：15-20.

雷虹霁．中国民族史学与中华民族形成史研究的新思考：20世纪的学术回顾与理论反思
　　［J］．黑龙江民族丛刊，2002（4）：72-76.

李超．汉语"民族"一词见于西晋永嘉年间［J］．世界民族，2011（4）：95-96.

李春香，崔银秋，周慧．利用分子遗传学方法探索新疆地区人类起源和迁徙模式［J］．自
　　然科学进展，2007，17（6）：817-821.

李达．民族问题［M］．上海：上海南强书局，1929.

李法军，盛立双，朱泓．天津北辰张湾明代沉船出土人骨鉴定与初步分析［J］．边疆考古
　　研究，2016（2）：393-417.

李法军．河北阳原姜家梁新石器时代人骨研究［M］．北京：科学出版社，2008.

李法军.陶寺居民人类学类型的研究［J］.文物春秋，2001（4）：8-53.

李法军.重庆万州大坪墓群人骨鉴定［J］.四川文物，2005（3）：79+90.

李法军编著.生物人类学［M］.广州：中山大学出版社，2007.

李法军等.鲤鱼墩——一个华南新石器时代遗址的生物考古学研究［M］.广州：中山大学出版社，2013.

李帆.西方近代民族观念和"华夷之辨"的交汇——再论刘师培对拉克伯里"中国人种、文明西来说"的接受与阐发［J］.北京师范大学学报（社会科学版），2008（2）：66-72.

李峰.西周的灭亡——中国早期国家的地理和政治危机［M］.上海：上海古籍出版社，2007.

李峰.西周的政体［M］.北京：三联书店出版社，2010.

李光谟.从一份自撰简历说起［M］//李光谟.从清华园到史语所——李济治学生涯琐记.北京：清华大学出版社，2004：14.

李海军等.甘肃泾川更新世晚期人类头骨研究［J］.科学通报，2009，54（21）：3357-3363.

李红杰.中国北方古代人群Y染色体遗传多样性研究［D］.吉林大学博士学位论文，2012.

李辉，潘悟云，文波等.客家人起源的遗传学分析［J］.遗传学报，2003，30（9）：873-880.

李辉.分子人类学所见历史上闽越族群的消失［J］.广西民族大学学报（哲学社会科学版），2007，29（2）：42-47.

李济.中国民族的形成［M］.上海：上海人民出版社，2008.

李龙海.汉民族形成之研究［M］.北京：科学出版社，2010.

李墨岑.青海平安大槽子东汉墓地人骨研究［D］.吉林大学硕士学位论文，2015.

李鹏.破译汉族人体质密码［N］.北京科技报，2013-3-25（032）.

李胜男，赵永斌，高诗珠等.陶家寨墓地M5号墓主线粒体DNA片段分析［J］.自然科学进展，2009，19（11）：1159-1163.

李胜男.青海西宁陶家寨墓地M5号墓古人群线粒体DNA研究［D］.吉林大学硕士学位论文，2009.

李世龙，孟凡东.斯大林民族定义形成的历史条件析论［J］.黑龙江民族丛刊，2008（5）：13-17.

李水城.东风西渐——中国西北史前文化之进程［M］.北京：文物出版社，2009.

李水城.西北地区新石器时代考古研究［M］//李水城.东风西渐——中国西北史前文化之进程.北京：文物出版社，2009：1-25.

李毅夫 . 谈谈建立中国民族概念体系的问题［J］. 民族研究，1986（4）：12-17.

李永霞，李咏兰，陆舜华，李玉玲，顾捷，国海，陈琛，郑连斌 . 江西石江乡汉族的体型研究［J］. 沈阳师范大学学报（自然科学版），2011，29（3）：439-443.

李咏兰，陆舜华，郑连斌，李传刚，孔祥薇，李永霞，傅媛 . 汉族湘语族群体质特征［J］. 解剖学报，2012，43（5）：694-702.

李咏兰，陆舜华，郑连斌，李玉玲，李永霞，国海，曹瑜，陈琛 . 江西汉族体质特征［J］. 解剖学报，2012，43（1）：114-122.

李咏兰，陆舜华，郑连斌，张瑜珂，李传刚，赵曼，栾天抒［J］. 浙江汉族的体质特征，2013，44（5）：701-716.

李玉玲，陆舜华，陈琛，高广嵩，曹瑜，国海，郑连斌 . 广东粤语族群汉族体质特征［J］. 解剖学报，2012，43（6）：837-844.

李玉玲，陆舜华，顾捷，郑连斌，李永霞，陈琛，国海，孔祥薇 . 江西景德镇地区汉族人群体质特征调查［J］. 南昌大学学报（理科版），2011，35（5）：464-471.

李玉玲，陆舜华，李咏兰，傅媛，李永霞，孔祥薇，李传刚，郑连斌 . 湖南宁乡汉族成人特质特征［J］. 解剖学杂志，2013，36（3）：398-404.

李玉玲，陆舜华，栗淑媛，郑连斌，曹瑜，陈琛，国海 . 内蒙古兴安盟城市汉族的体型研究［J］. 内蒙古大学学报（自然科学版），2011，42（6）：681-685.

李玉玲，陆舜华，栗淑媛，郑连斌，曹瑜，陈琛，国海 . 内蒙古兴安盟汉族体质调查［J］. 人类学学报，2012，31（1）：71-81.

李振宏 . 新中国成立 60 年来的民族定义研究［J］. 民族研究，2009（5）：12-23.

李振锡 . 论斯大林民族定义的重新认识和修改［J］. 民族研究，1986（5）：4-12.

李志丹 . 新疆吐鲁番胜金店墓地人骨研究［D］. 吉林大学硕士学位论文，2015.

梁明康，朱钦，蒋葵，朱芳武，李坤，黄卫生 . 广西汉族成人的体型研究［J］. 广西医科大学学报，2008，25（4）：501-505.

梁启超 . 新民说［M］. 北京：朝华出版社，2017.

梁启超 . 中国历史上民族之研究［M］// 梁任公近著第一辑 . 上海：商务印书馆，1923：43.

辽宁省文物考古研究所，朝阳市博物馆 . 朝阳袁台子——战国西汉遗址和西周至十六国时期墓葬［M］. 北京：文物出版社，2010.

辽宁省文物考古研究所 . 辽宁牛河梁红山文化"女神庙"与积石冢群发掘简报［J］. 文物，1986（8）：1-17.

廖振安 . 民族的形成、发展和消亡［J］. 内蒙古社会科学，1982（5）：45-48.

林惠祥 . 中国民族史［M］. 上海：上海书店出版社，1984.

林耀华 . 关于"民族"一词的使用和译名的问题［J］. 历史研究，1963（2）：171-190.

刘宝山.甘青地区史前居民族群的成因分析［J］.青海民族学院学报（社会科学版），
　　2009，35（1）：56-60.

刘宁.顺山屯青铜时代居民的人种学研究［J］.辽海文物学刊，1994（1）：131-139.

刘宁.新疆地区古代居民的人种结构研究［D］.吉林大学博士学位论文，2010.

刘文，罗安鹄，朱芳武等.柳州大龙潭鲤鱼嘴新石器时代遗址的人骨［J］.广西民族研
　　究，1994（3）：22-37.

刘武，吴秀杰，汪良.柳江人头骨形态特征及柳江人演化的一些问题［J］.人类学学报，
　　2006，25（3）：177-194.

刘武，吴秀杰.中更新世晚期中国古人类化石的形态多样性及其演化意义［J］.人类学学
　　报，2022，41（4）：563-575.

刘武，杨茂有，王野城.现代中国人颅骨测量特征及其地区性差异的初步研究［J］.人类
　　学学报，1991，10（2）：96-106.

刘武，叶健.DNA与人类起源和演化——现代分子生物学技术在人类学研究中的应用
　　［J］.人类学学报，1995，14（3）：266-281.

刘武.华北新石器时代人类牙齿形态特征及其在现代中国人起源与演化上的意义［J］.人
　　类学学报，1995，14（4）：360-380.

刘武.蒙古人种及现代中国人的起源与演化［J］.人类学学报，1997，16（1）：55-73.

刘学峰，辽宁汉族成人头面部形态特征［D］.辽宁医学院硕士学位论文，2011.

刘玉林等.甘肃泾川发现的人类化石和旧石器［J］.人类学学报，1984，3（1）：11-18.

柳亚子.民权主义、民族主义［N］.复报，1907（9）.

龙友国，邱祥智，龙思方，余跃生，戎聚全.中国17个汉族人群3个STR基因座的遗传
　　关系研究［J］.右江民族医学院学报，2007，29（3）：336-338.

吕思勉.中国民族史［M］.长春：吉林人民出版社，2013.

吕正.云南昭通段家坪子墓地出土人骨颅面形态研究［D］.西北大学硕士学位论文，
　　2023.

马静.甘肃汉族体质特征与群体遗传学指标研究［D］.西北民族大学硕士学位论文，
　　2011.

马戎.从王桐龄《中国民族史》谈起——我国30年代三本《中国民族史》的比较研究
　　［J］.北京大学学报（哲学社会科学版），2002（3）：125-135.

马戎.关于"民族"定义［J］.云南民族学院学报（哲学社会科学版），2000，17（1）：
　　5-13.

马戎.民族关系的社会学研究［M］//马戎.民族与社会发展.北京：民族出版社，2001：
　　31-71.

马寅.关于民族定义的几个问题——民族的译名、形成、特征和对我国少数民族的称呼

［J］. 中央民族大学学报（哲学社会科学版），1983（3）：3-11.

毛阳光. 洛阳新出土唐代粟特人墓志考释［J］. 考古与文物，2009（5）：75-80.

么乃亮，张旭，都惜青. 辽宁法库叶茂台七号辽墓出土人骨研究［J］. 东北史地，2016
　　（3）：16-19.

孟庆福，王义民，朱泓. 中国新石器时代居民体质特征的多元统计分析［J］. 社会科学战
　　线，1992（4）：316-322.

莫楚屏，李天元. 曾侯乙墓人骨研究［M］// 湖北省博物馆. 曾侯乙墓（附录四）. 北京：
　　文物出版社，1989：585-617.

缪鸾和，马曜，王叔武. 不能用近代民族的特征去衡量前资本主义时期的民族［N］. 光
　　明日报，1957-2-15.

纳日碧力戈. 民族与民族概念辩正［J］. 民族研究，1990（5）：11-17.

纳日碧力戈. 民族与民族概念再辩正［J］. 民族研究，1995（3）：9-16.

纳日碧力戈. "民族"百年回眸［J］. 广西民族研究，2002（2）：17-23.

南川. 也谈族别问题［N］. 光明日报，1956-8-24.

内蒙古文物工作队，乌盟文物工作站. 契丹女尸——豪欠营辽墓清理与研究［M］. 呼和
　　浩特：内蒙古人民出版社，1985.

内蒙古文物考古研究所. 内蒙古察右前旗庙子沟遗址考古纪略［J］. 文物，1989（12）：
　　29-39+28.

聂颖. 伊犁恰甫其海水库墓地出土颅骨人类学研究［D］. 吉林大学硕士学位论文，2014.

潘其风，韩康信. 东汉北方草原游牧民族人骨的研究［J］. 考古学报，1982（1）：117-
　　136.

潘其风，韩康信. 吉林骚达沟石棺墓人骨的研究［J］. 考古，1985（10）：948-956.

潘其风，韩康信. 柳湾墓地的人骨研究［M］// 青海省文物管理处考古队，中国社会科学
　　院考古研究所. 青海柳湾. 北京：文物出版社，1984 年：261-303.

潘其风，韩康信. 内蒙古桃红巴拉古墓和青海大通匈奴墓人骨的研究［J］. 考古，1984
　　（4）：367-375+392.

潘其风，韩康信. 我国新石器时代居民种系分布研究［J］. 考古与文物，1980（2）：84-
　　89.

潘其风. 20 世纪我国古人类学研究的历史回顾［J］. 四川文物，2008（2）：25-36.

潘其风. 北京延庆军都山东周墓地出土人骨的观察与研究［M］// 北京市文物考古研究
　　所. 军都山墓地——葫芦沟与西梁垙. 北京：文物出版社，2009：675-760.

潘其风. 大甸子墓葬出土人骨的研究［M］// 中国社会科学院考古研究所. 大甸子——夏
　　家店下层文化遗址与墓地发掘报告. 北京：科学出版社，1998：224-322.

潘其风. 大南沟新石器时代墓葬出土人骨的观察鉴定与研究［M］// 辽宁省文物考古研

究所，赤峰市博物馆.大南沟——后红山文化墓地发掘报告.北京：科学出版社，1998：145-150.

潘其风.河南武陟大司马遗址出土人骨［J］.文物，1999（11）：72-77.

潘其风.侯马乔村墓地出土人骨的人类学研究［M］//山西省考古研究所.侯马乔村墓地（1959—1996）.北京：科学出版社，2004：1218-1299.

潘其风.毛庆沟墓葬人骨的研究［C］//田广金，郭素新.鄂尔多斯式青铜器.北京：文物出版社，1985：316-341.

潘其风.碾子坡遗址墓葬出土人骨的研究［M］//中国社会科学院考古研究所.南邠州·碾子坡.北京：世界图书出版社，2007：423-489.

潘其风.平洋墓葬人骨的研究［M］//黑龙江省文物考古研究所.平洋墓葬.北京：文物出版社，1990：187-235.

潘其风.上马墓地出土人骨的初步研究［M］//山西省考古研究所.上马墓地.北京：文物出版社，1994：398-483.

潘其风.中国古代居民种系分布初探［C］//苏秉琦.考古学文化论集（一）.文物出版社，1987：221-232.

潘其风.朱开沟墓地人骨的研究［M］//内蒙古自治区文物考古研究所，鄂尔多斯博物馆.朱开沟——青铜时代早期遗址发掘报告.北京：文物出版社，2000：340-389.

庞慧.论秦汉移民政策［J］.韩山师范学院学报，2000（1）：75-79.

彭建英.论我国古代民族观的演变［J］.西北民族学院学报（哲学社会科学版），1996（3）：56-62.

彭书琳，张文光，魏博源.广西贵县罗泊湾西汉墓殉葬人骨［J］.考古，1986（6）：563-570+584.

彭英明.关于我国民族概念历史的初步考察——兼谈对斯大林民族定义的辩证理解［J］.民族研究，1985（2）：5-11.

彭英明.试论民族的稳定性［J］.中南民族大学学报（人文社会科学版），1981（1）：75-83.

祁进玉.国内近百年来民族和族群研究评述［J］.广西民族研究，2005（2）：71-81.

钱伯泉.汉唐龟兹人的内迁及其扩散［J］.西域研究，2001（2）：11-18.

茹莹.汉语"民族"一词在我国的最早出现［J］.世界民族，2001（6）：1.

山西省考古研究所，太原市考古研究所，太原市晋源区文物旅游局.太原隋代虞弘墓清理简报［J］.文物，2001（1）：27-52.

陕西省考古研究院，榆林市文物保护研究所，榆林市考古勘探工作队等.陕西靖边县统万城周边北朝仿木结构壁画墓发掘简报［J］.考古与文物，2013（3）：9-18+2+113-117.

尚虹，韩康信，王守功．山东鲁中南地区周—汉代人骨研究［J］．人类学学报，2002，21（1）：1-11.

尚虹．山东广饶新石器时代人骨及其与中国早全新世人类之间关系的研究［D］．中国科学院研究生院博士学位论文，2002.

尚虹．中国新石器时代人类体质的分布格局［C］// 董为．第九届中国古脊椎动物学学术年会论文集．北京：海洋出版社，2004年：153-163.

绍兴周，王博．吐鲁番盆地古墓人颅的种系研究——洋海古墓［J］．新疆文物，1991（3）：44-53.

石川祯浩．辛亥革命时期的种族主义与中国人类学的兴起［C］// 中国史学会．辛亥革命与20世纪的中国．北京：中央文献出版社，2002：998-1020.

史继忠．汉族的形成及其历史地位［J］．贵州民族研究，1993（2）：21-25.

始皇陵秦俑坑考古发掘队．秦始皇陵西侧赵背户村秦刑徒墓［J］．文物，1982（3）：1-11.

思明．识别民族成分应该根据的主要原则［N］．光明日报，1957-2-15.

四川省文物考古研究院，日本九州大学考古研究室，甘孜藏族自治州文化旅游局，炉霍县文化旅游局．炉霍县宴尔龙石棺葬墓地发掘报告［C］// 四川省考古研究院．西南地区北方谱系青铜器及石棺葬文化研究．北京：科学出版社，2013：11-33.

四川省文物考古研究院，日本九州大学考古研究室，甘孜藏族自治州文化旅游局，炉霍县文化旅游局．四川炉霍呷拉宗遗址考古发掘简报［C］// 四川省考古研究院．西南地区北方谱系青铜器及石棺葬文化研究．北京：科学出版社，2013：36-71.

孙江．拉克伯里"中国文明西来说"在东亚的传布与文本之比较［J］．历史研究，2010（1）：116-137.

孙蕾，曹艳鹏，张海．河南平粮台和郝家台遗址龙山文化的颅骨形态学分析［J］．江汉考古，2021（5）：128-133.

孙蕾，楚小龙，朱泓．河南荥阳薛村遗址早商人骨种系研究［J］．华夏考古，2013（1）：55-64.

孙蕾，冯春艳，韩涛，杨树刚．河南焦作聂村商代晚期墓地人骨研究［J］．华夏考古，2020（1）：123-128.

孙蕾，高振龙，周立刚，韩朝会．淇县宋庄东周墓殉人颅骨的形态学［J］．人类学学报，2020，39（3）：420-434.

孙蕾，孙凯．明代周懿王墓及袝葬墓人骨研究［J］．华夏考古，2019（2）：33-38.

孙蕾，武志江．渑池笃忠遗址仰韶文化晚期人骨研究［J］．华夏考古，2010（3）：100-109.

孙蕾，杨树刚．焦作温县南平皋遗址东周人骨研究［J］．中原文物，2016（2）：113-119.

孙蕾，张小虎，朱泓．河南尉氏新庄遗址二里头人骨种系初探［J］．文物春秋，2017

（5）：18-26.

孙雷.信阳城阳城址八号墓颅骨形态学分析［J］.华夏考古，2020（5）：52-59.

孙雷.郑州汉唐宋墓葬出土人骨研究［D］.吉林大学博士学位论文，2013.

孙青.对斯大林民族定义的再认识［J］.民族研究，1986（2）：4-12.

孙尚辉，欧永章.南京现代人颅骨的测量［J］.人类学学报，1988，7（3）：215-218.

孙中山.三民主义［M］.长沙：岳麓书社，2000.

孙中山.孙中山选集（卷一）［M］.北京：人民出版社，1981.

覃东平.试述汉民族形成的过程、特点和条件［J］.贵州民族研究，1997（2）：43-48.

谭婧泽，李黎明，张建波，傅雯卿，管海娟，敖雪，王玲娥，巫新华，韩康信，金力，
　　李辉.新疆西南部青铜时代欧亚东西方人群混合的颅骨测量学证据［J］.科学通报，
　　2012，57（28-29）：2666-2673.

谭明华.汉民族共同经济生活的基本特征探析［J］.广西民族学院学报（哲学社会科学
　　版），1987（4）：21-29.

唐书明，唐学敏.欧洲中世纪到近代“民族”概念的演变与启示［J］.贵州民族学院学报
　　（哲学社会科学版），2011（2）：47-52.

田继周.夏代的民族和民族关系［J］.民族研究，1985（4）：27-34.

万诚，周慧，崔银秋等.河北阳原县姜家梁遗址新石器时代人骨DNA的研究［J］.考古，
　　2001（7）：654-661.

汪洋.藁城台西商代居民的人种学研究［J］.文物春秋，1996（4）：13-21.

汪洋.广富林良渚先民体质及文化适应研究［D］.复旦大学博士学位论文，2008.

王安琦，张全超，朱永明.新疆和静县巴音布鲁克机场墓葬群出土人骨研究［J］.边疆考
　　古研究，2022（1）：304-318.

王博.新疆楼兰铁板河女尸种族人类学研究［J］.新疆大学学报（哲学社会科学版），
　　1994，22（4）：68-71.

王东明.关于“民族”与“族群”概念之争的综述［J］.广西民族学院学报（哲学社会科
　　学版），2005，27（2）：89-97.

王昉.陕西神木大保当汉代墓葬人骨再分析［D］.吉林大学硕士学位论文，2014.

王海晶，常娥，葛斌文等.饮牛沟墓地古人骨线粒体DNA的研究［J］.吉林大学学报
　　（理学版），2005（6）：847-852.

王景义.论汉民族的形成和发展［J］.学术交流，1998（4）：119-122.

王雷.民族定义与汉民族的形成［J］.中国社会科学，1982（5）：143-158.

王令红，孙凤喈.太原地区现代人头骨的研究［J］.人类学学报，1988，7（3）：206-
　　214.

王令红.香港地区现代人头骨的研究——性别和地区类型的判别分析［J］.人类学学报，

1989，8（3）：222-230.

王令红.中国新石器时代和现代居民的时代变化和地理变异——颅骨测量性状的统计分析研究［J］.人类学学报，1986，5（3）：243-258.

王路思.侯马公路货运枢纽中心虒祁墓地人骨研究［D］.吉林大学硕士学位论文，2014.

王明辉，张旭，巫新华.新疆塔什库尔干吉尔赞喀勒墓地人骨初步研究［J］.北方文物，2019（4）：42-52.

王明辉，朱泓.民和核桃庄史前文化墓地人骨研究［M］//青海省文物考古研究所，青海省文物管理处，西北大学文博学院.民和核桃庄.北京：科学出版社，2004：281-320.

王明辉.前掌大墓地人骨研究报告［M］//中国社会科学院考古研究所.滕州前掌大墓地.北京：文物出版社，2005：674-727.

王明辉.青海民和喇家遗址出土人骨研究［J］.北方文物，2017（4）：42-50.

王明珂.华夏边缘——历史记忆与族群认同［M］.北京：社会科学文献出版社，2006.

王明珂.英雄祖先与兄弟民族［M］.北京：中华书局，2009.

王明珂.游牧者的抉择［M］.南宁：广西师范大学出版社，2008.

王齐家，刘配泉，范松青等.湖南省江华瑶族自治县瑶族体质人类学初步研究［J］.人类学学报，1983，2（4）：359-367.

王汝信，鲍明新.青岛汉族颅骨某些角度的测量［J］.人类学学报，1984，3（1）：32-36.

王汝信，鲍明新.青岛汉族颅骨某些角度的测量（续）［J］.人类学学报，1984，3（4）：330-333.

王汝信，鲍明新.青岛出土颅骨某些径的测量［J］.人类学学报，1989，8（1）：90-91.

王书真，王汝信，鲍明新.青岛汉族颅骨几项指数及其分级［J］.聊城师院学报（自然科学版），1996，9（2）：88-90.

王松龄.关于我国古代民族的形成问题［J］.四平师范学报（哲学社会科学版），1980（3）：9-13.

王桐龄.中国民族史［M］.长春：吉林出版集团，2010.

王伟.山西绛县横水西周墓地人骨研究［D］.吉林大学硕士学位论文，2012.

王一如，申明清，孔德铭，朱泓，孙蕾.河南安阳杨河固遗址东周墓葬出土人骨研究［J］.江汉考古，2018（6）：110-117.

王一如.沟湾遗址新石器时代人骨研究［D］.吉林大学硕士学位论文，2015.

魏博源，朱文，钟耳顺，陈文.广西冲塘新石器时代遗址及其人类颅骨和石器［J］.广西医科大学学报，1997，14（1）：37-39.

魏东，王永笛，吴勇.新疆喀什下坂地墓地青铜时代人群颅骨的测量性状［J］.人类学学报，2020，39（3）：404-419.

魏东，张桦，朱泓.郑州西山遗址出土人类遗骸研究［J］.中原文物，2015（2）：111-
　　119.

魏东，朱泓.成都金沙遗址雍锦湾墓地人骨鉴定报告［J］.四川文物，2008（2）：44-47.

魏东.察右前旗呼和乌素战国—汉代墓葬出土颅骨的人类学特征［J］.边疆考古研究（第
　　1辑），2002：342-351.

魏东.额济纳旗绿城青铜时代墓葬出土的人骨研究［J］.边疆考古研究（第3辑），2004：
　　284-292.

魏东.圩墩遗址新石器时代居民的人种学研究［J］.文物春秋，2000（5）：11-16.

魏东.新疆哈密地区青铜—早期铁器时代居民人种学研究［D］.吉林大学博士学位论文，
　　2009.

魏坚.内蒙古中南部汉代墓葬［M］.北京：中国大百科全书出版社，1998.

魏坚.试论庙子沟文化［C］//吉林大学考古系.青果集——吉林大学考古专业成立二十
　　周年考古论文集.北京：知识出版社，1993：85-100.

魏明经.论民族的产生及中国各民族的演变过程［C］//历史研究编辑部.汉民族形成问
　　题讨论集.北京：生活·读书·新知三联书店，1957：176-204.

乌小花.论"民族"与"族群"的界定［J］.广西民族研究，2003（1）：12-16.

邬剑.民族形成上限问题之再探讨［J］.内蒙古社会科学，1983（3）：11-17.

吴广平.汉民族形成新论［J］.吉首大学学报（社会科学版），1988（1）：34-45.

吴金.我对民族概念问题的一些理解和意见［J］.民族研究，1986（5）：16-17.

吴金鼎.山东人体质之研究［M］.国立"中研院"历史语言研究所单刊（甲种之七），
　　1931年.

吴磊，于春洋.论民族、民族国家与现代民族国家——以中国本土学术话语中的"民族"
　　为中心［J］.广西民族研究，2014（4）：13-18.

吴汝康，董兴仁.湖北郧县猿人牙齿化石［J］.古脊椎动物与古人类，1980（2）：142-
　　149.

吴汝康，吴新智，张振标等.海南岛少数民族人类学考察［M］.北京：海洋出版社，
　　1993.

吴汝康.古人类学［M］.北京：文物出版社，1989.

吴汝康.广西柳江发现的人类化石［J］.古脊椎动物与古人类，1959，1（3）：97-104.

吴汝祚.甘青地区原始文化的概貌及其相互关系［J］.考古，1961（1）：12-19.

吴新智.广东增城金兰寺遗址新石器时代人类头骨［J］.古脊椎动物与古人类，1978，16
　　（3）：201-204.

吴新智.山顶洞人的种族问题［J］.古脊椎动物与古人类，1960，2（2）：141-148.

吴新智. 陕西大荔县发现的早期智人古老类型的一个完好头骨 [J]. 中国科学，1981
　（2）：200-206.

吴秀杰，范雪春等. 福建漳平奇和洞发现的新石器时代早期人类头骨 [J]. 人类学学报，
　2014，33（4）：448-459.

吴秀杰，傅仁义，黄慰文. 辽宁海城小孤山新石器时代人类头骨研究 [J]. 第四纪研究，
　2008，28（6）：1081-1089.

吴秀杰，刘武，董为，阙介民，王燕芳. 柳江人头骨化石的 CT 扫描与脑形态特征 [J].
　科学通报，2008，53（13）：1570-1575.

吴主惠著，蔡茂丰译. 汉民族的研究 [M]. 台湾：台湾商务印书馆，1982.

夏鼐. 中国文明的起源 [M]. 北京：中华书局，2009.

夏元敏，巩启明，高强，周春茂. 姜寨第一期文化墓葬人骨研究 [M] // 西安半坡博物
　馆，陕西省考古研究所，临潼县博物馆. 姜寨——新石器时代遗址发掘报告. 北京：
　文物出版社，1988：465-484.

肖晓鸣. 吉林大安后套木嘎遗址人骨研究 [D]. 吉林大学博士学位论文，2014.

谢承志. 新疆塔里木盆地周边地区古代人群及山西虞弘墓主人 DNA 分析 [D]. 吉林大学
　博士学位论文，2007.

谢端琚. 甘青地区史前考古 [M]. 北京：文物出版社，2002.

谢骏义等. 甘肃武山发现的人类化石 [J]. 史前研究，1987（4）：47-51.

谢维扬. 论华夏族的形成 [J]. 社会科学战线，1982（3）：116-125.

新疆博物馆，北京自然博物馆，新疆地质局区测绘队. 阿图什发现人头骨的调查及初步研
　究 [J]. 新疆文物，1998（3）：81-85.

熊坤新，卓然木·巴吾东. 改革开放以来理论界关于民族概念问题研究述评 [J]. 大连民
　族学院学报，2008（6）：496-500.

熊坤新. 斯大林民族定义之我见 [J]. 世界民族，1998（2）：8-16.

熊锡元. 对斯大林民族定义的一点看法 [J]. 民族研究，1986（4）：17-18.

徐国昌，杨雷，席焕久，温有锋，裴林国. 河南汉族人群头部 7 项长度指标与身高的相关
　性 [J]. 解剖学报，2012，43（4）：553-558.

徐杰舜. 汉民族发展史 [M]. 武汉：武汉大学出版社，2012.

徐杰舜. 再论族群与民族 [J]. 西北第二民族学院学报（哲学社会科学版），2008（2）：
　109-113.

徐鲁亚. 关于“民族”一词的译法 [J]. 民族翻译，2009（1）：56-59.

徐旭生. 中国古史的传说时代 [M]. 北京：科学出版社：1960.

徐智. 中国西北地区古代人群的 DNA 研究 [D]. 复旦大学博士学位论文，2008.

许文生，吴定良. 华北平原中国人之体质测量 [M]. 中国人类学志（第 2 册），1938.

薛虹，郑连斌，宇克莉，王志博，张晓瑞，荣文国，王杨，赵大鹏．江苏淮安汉族成人头面部形态特征的年龄变化［J］．内蒙古大学学报，2012，43（3）：291-296.

薛薇．SPSS 统计分析方法及应用［M］．北京：电子工业出版社，2005.

薛正宗．唐代粟特人的东迁及其社会生活［J］．新疆大学学报（哲学社会科学版），1997，25（4）：62-66.

牙含章．关于"民族"一词的使用和翻译情况［N］．人民日报，1962-6-14.

牙含章，孙青．建国以来民族理论战线的一场论战——从汉民族形成问题谈起［J］．民族研究，1979（2）：3-8.

严文明．略论仰韶文化的起源和发展阶段［M］//严文明．仰韶文化研究．北京：文物出版社，1989：122-165.

严文明．内蒙古中南部原始文化的有关问题［C］//内蒙古考古文物研究所．内蒙古中南部原始文化研究文集．北京：海洋出版社，1991：3-12.

阎文柱，姜东，刘素伟，张海龙，席焕久．辽宁农村汉族成人体质特征分析［J］．解剖学报，2010，41（5）：756-760.

颜訚，吴新智，刘昌芝，顾玉珉．西安半坡人骨的研究［J］．考古，1960（9）：36-47.

颜訚．宝鸡新石器时代人骨的研究报告［J］．古脊椎动物与古人类，1960，2（1）：33-43.

颜訚．从人类学上观察中国旧石器时代晚期与新石器时代的关系［J］．考古，1965（10）：513-516.

颜訚．大汶口新石器时代人骨的研究报告［J］．考古学报，1972（1）：91-122.

颜訚．甘肃齐家文化墓葬中头骨的初步研究［J］．考古学报，1955（1）：193-197.

颜訚．西夏侯新石器时代人骨的研究报告［J］．考古学报，1973（2）：91-126.

杨荆楚．汉民族成为世界第一大民族浅析［J］．云南社会科学，1989（1）：69-75.

杨俊国，杨俊强．清代新疆晋商初探［J］．晋中学院学报，2008，25（1）：33-35.

杨堃．关于民族和民族问题的几点意见［J］．民族研究，1986（4）：11-12.

杨雷，徐国昌，席焕久，裴林国．河南汉族成人头面部形态特征研究［J］．天津师范大学学报（自然科学版），2012，32（1）：60-64.

杨庆镇．民族的概念和定义［J］．民族研究，1990（6）：17.

杨思机．"少数民族"概念的产生与早期演变——从 1905 年到 1937 年［J］．民族研究，2011（3）：1-11.

杨希枚．河南安阳殷墟墓葬中人体骨骼的整理和研究［C］//中国社会科学院历史研究所，中国社会科学院考古研究所．安阳殷墟头骨研究．北京：文物出版社，1985：21-48.

杨玉田，郑靖中，党汝霖，李应义．西安现代人面颅［J］．人类学学报，1987，6（3）：222-226.

杨则俊.关于汉民族形成问题的一些意见——与范文澜同志和格·叶菲莫夫同志商榷〔C〕//历史研究编辑部.汉民族形成问题讨论集.北京:生活·读书·新知三联书店,1957:84-131.

叶江.对50余年前汉民族形成问题讨论的新思索〔J〕.民族研究,2009(2):1-10.

叶江.民族概念三题〔J〕.民族研究,2010(1):1-9.

易振华.河北宣化白庙墓地青铜时代居民的人种学研究〔J〕.北方文物,1998(4):8-17.

俞东郁,白利赞,池亨根.长春地区现代人颅骨的测量与观察(二)面颅测量〔J〕.延边医学院学报,1981,4(1):8-16.

俞东郁,池亨根,白利赞.长春地区现代人颅骨的测量与观察(三)颅腔容积〔J〕.延边医学院学报,1981,4(1):17-26.

宇克莉,郑连斌,包金萍,李咏兰,荣文国,齐晓琳,冯晨露,倪晓璐.屯堡人的体质特征〔J〕.解剖学报,2013,44(6):835-842.

宇克莉,郑连斌,胡莹,王杨,薛虹,程智,邓维,时蕊.福建汉族闽东语族群的体质特征〔J〕.解剖学报,2013,44(6):824-834.

宇克莉,郑连斌,赵大鹏,王志博,王杨,荣文国,张晓瑞,薛虹.汉族江淮方言族群的体质特征〔J〕.解剖学报,2013,44(1):124-132.

原海兵,王晓毅,朱泓.山西省岢岚县窑子坡遗址战国至汉代颅骨的人类学研究〔J〕.边疆考古研究(第11辑),2012:439-461.

原海兵,谢涛,何锟宇.成都市天回镇老官山汉墓出土颅骨的观察与测量〔J〕.边疆考古研究,2018(1):261-286.

原海兵,朱泓,赵欣,王亚娟.牛河梁红山文化人群的生物考古学探索〔J〕.边疆考古研究(第15辑),2014:307-313.

原海兵.殷墟中小墓人骨的综合研究〔D〕.吉林大学博士学位论文,2010.

云南省博物馆.云南丽江人类头骨的初步研究〔J〕.古脊椎动物与古人类,1977,15(2):157-161.

张达明.论斯大林民族定义的历史地位、局限性及其修改问题〔J〕.东北师范大学学报,1996(5):45-50.

张帆.中国古代人群的mtDNA多态性研究〔D〕.复旦大学博士学位论文,2005.

张宏彦.中国史前考古学导论〔M〕.北京:高等教育出版社,2003.

张怀瑶,党汝霖,王正耀.湖南人颅骨常数及颅型的调查〔J〕.解剖学通报,1965(4):8-13.

张建波.新疆于田流水墓地青铜时代人骨的体质人类学研究〔D〕.复旦大学硕士学位论文,2010.

张建军.斯大林民族定义与汉民族形成〔J〕.黑龙江民族丛刊,2009(1):67-72.

张敬雷，李法军，盛立双，朱泓.天津市蓟县桃花园墓地人骨研究［J］.文物春秋，2008
（2）：34-38.

张敬雷.青海省西宁市陶家寨汉晋时期墓地人骨研究［D］.吉林大学博士学位论文，
2008.

张君，韩康信.尉迟寺新石器时代墓地人骨的观察与鉴定［J］.人类学学报，1998，17
（1）：22-31.

张君.河南商丘潘庙古代人骨种系研究［C］//中国社会科学院考古研究所.考古求知集.
北京：中国社会科学出版社，1997：486-498.

张君.湖北枣阳市雕龙碑新石器时代人骨分析报告［J］.考古，1998（2）：76-84.

张君.秦始皇帝陵区山任窑址出土人骨的研究［M］//秦始皇兵马俑博物馆.秦始皇帝陵
园考古报告2001—2003.北京：文物出版社，2007：340-369.

张君.青海李家山卡约文化墓地人骨种系研究［J］.考古学报，1993（3）：381-413.

张君.谢尔塔拉墓地的人骨初析［M］//中国社会科学院考古研究所，呼伦贝尔民族博物
馆，海拉尔区文物管理所.海拉尔谢尔塔拉墓地.北京：科学出版社，2006：109-
121.

张君.新疆拜城县多岗墓地人骨的种系研究［J］.边疆考古研究（第12辑），2012：397-
422.

张君.新疆且末县加瓦艾日克墓地人骨的主要研究结论［C］//2002年现代人类学国际研
讨会论文集，2002：61-63.

张林虎.新疆伊犁吉林台库区墓葬人骨研究［M］.北京：科学出版社，2016.

张龙春.秦汉时期中原移民对岭南的开发及影响［J］.乌鲁木齐职业大学学报，2005，14
（4）：44-47.

张谋，魏鸿鸣，马守正.建国五十年来关于民族形成问题的研究［J］.黑龙江民族丛刊，
1998（4）：28-32.

张芄胤，徐智，许渤松，韩康信，周慧，金力，谭婧泽.青海大通上孙家寨古代居民
mtDNA遗传分析［J］.人类学学报，2013，32（2）：204-218.

张鹏.中国古代民族观研究的回顾与思考［J］.青岛大学师范学院学报，2006（1）：63-
69.

张强禄.白龙江流域新石器时代文化谱系的初步研究［J］.考古，2005（2）：54-70.

张强禄.马家窑文化与仰韶文化的关系［J］.考古，2001（1）：47-60.

张全超，曹建恩，朱泓.内蒙古和林格尔县将军沟墓地人骨研究［J］.人类学学报，2006
（4）：276-284.

张全超，曹建恩，朱泓.内蒙古清水河县姑姑庵汉代墓地人骨研究［J］.人类学学报，
2011，30（1）：64-73.

张全超，陈国庆．内蒙古赤峰市上机房营子遗址夏家店上层文化时期人骨研究［J］．北方文物，2010（2）：25-28.

张全超，陈靓．新疆喀什地区晋唐时期古代居民的人种学研究［J］．边疆考古研究（第2辑），2004：368-377.

张全超，郭林．辽宁阜新县界力花遗址出土人骨研究［J］．考古，2014（6）：18-20.

张全超，韩涛，张群等．内蒙古凉城县忻州窑子墓地东周时期的人骨［J］．人类学学报，2016，35（2）：198-211.

张全超，胡延春，朱泓．磴口县纳林套海汉墓人骨研究［J］．内蒙古文物考古，2010（2）：136-142.

张全超，李墨岑，朱泓．内蒙古准格尔旗寨子塔遗址出土人骨研究［J］．边疆考古研究（第14辑），2013：315-322.

张全超，孙志超，张群，赵永军，朱泓．黑龙江省尼尔基库区的清代达斡尔人骨［J］．人类学学报，2015，34（3）：367-376.

张全超，王伟，李墨岑，张群，王立新，段天璟，朱泓．吉林省白城市双塔遗址东周时期人骨研究［J］．人类学学报，2015，34（1）：75-86.

张全超，王长明，朱泓．黑龙江讷河大古堆墓地出土人骨研究［J］．北方文物，2012（3）：12-15.

张全超，张群，孙金松，党郁，曹建恩等．内蒙古凉城县水泉墓地战国时期人骨研究［J］．边疆考古研究，2016（1）：263-271.

张全超，周蜜．内蒙古兴和县叭沟墓地汉魏时期鲜卑族人骨研究［C］// 东北、内蒙古地区古代人类的种族类型与 DNA．长春：吉林人民出版社，2006：67-79.

张全超，朱泓．先秦时期内蒙古中南部地区居民的迁徙与融合［J］．中央民族大学学报（哲学社会科学版），2010，37（3）：301-313.

张全超．内蒙古和林格尔县新店子墓地人骨研究［D］．吉林大学博士学位论文，2005.

张兴华，郑连斌，宇克莉，包金萍，王志博，武亚文，宋瑾兰．山东寿光汉族体质特征［J］．人类学学报，2011，30（2）：206-217.

张兴华，郑连斌，宇克莉，赵大鹏，王志博，王杨，荣文国，张晓瑞，薛虹．安徽滁州汉族体质特征［J］．解剖学杂志，2013，36（1）：95-101.

张旭．内蒙古大堡山墓地出土人骨研究［M］．北京：文物出版社，2022.

张雪莲，仇士华，钟建，梁中合．山东滕州市前掌大墓地出土人骨的碳、氮稳定同位素分析［J］．考古，2012（9）：83-96.

张雅军，张旭，赵欣，仝涛，李林辉．从头骨形态学和古 DNA 探究公元 3~4 世纪西藏阿里地区人群的来源［J］．人类学学报，2020，39（3）：435-449.

张雅军，张旭．新疆且末县加瓦艾日克墓地人骨研究［J］．人类学学报，2021，40（6）：

981-992.

张亚军.山东临淄后李官周代墓葬人骨研究［C］//山东省文物考古研究所，土井浜遗址人类学博物馆.探索渡来系弥生人大陆区域的源流.日本山口县：アリフク印刷株式会社，2000：164-171.

张燕，赵东月，刘化石，高寒.四川会理县猴子洞遗址 2017 年出土人骨研究［J］.四川文物，2021（6）：104-116.

张银运，刘武.中国直立人与早期智人的牙齿形态鉴别［J］.人类学学报，2005，21（2）：87-101.

张振标，陈德珍.下王岗新石器时代居民的种族类型［J］.史前研究，1984（1）：68-76.

张振标.吉林省朝鲜族体质特征［J］.人类学学报，1986，5（2）：153-161.

张振标，王令红，欧阳莲.中国新石器时代居民体征类型初探［J］.古脊椎动物与古人类，1982，20（1）：72-80.

张振标，王善才.湖北长阳青铜时代人骨的研究［J］.人类学学报，1992，11（3）：230-240.

张振标，张建军.广西壮族体质特征［J］.人类学学报，1983，2（3）：261-271.

张振标.从野店人骨论山东三组新石器时代居民的种族类型［J］.古脊椎动物与古人类，1980，18（1）：65-75.

张振标.福建历史时期人骨的种族特征［J］.人类学学报，1996，15（4）：324-334.

张振标.我国新石器时代居民体型特征分化趋向［J］.古脊椎动物与古人类，1981，19（1）：87-97.

张振标.现代中国人体质特征及其类型的分析［J］.人类学学报，1988，7（4）：314-323.

张正明.试论汉民族的形成［C］//历史研究编辑部.汉民族形成问题讨论集.北京：生活·读书·新知三联书店，1957：44-65.

张忠培.齐家文化研究（下）［J］.考古学报，1987（2）：153-177.

章冠英.关于汉民族何时形成的一些问题的商榷［C］//历史研究编辑部.汉民族形成问题讨论集.北京：生活·读书·新知三联书店，1957：205-227.

赵东月，豆海锋，刘斌.陕西旬邑孙家遗址战国时期居民体质特征研究［J］.北方文物，2022（5）：70-78+100.

赵东月，吕正，邢福来，苗轶飞，陈靓.统万城遗址出土人骨颅面测量性状［J］.人类学学报，2022，41（5）：816-825.

赵东月，朱泓，康利宏，李志丹.云南怒江石岭岗遗址人骨研究［J］.江汉考古，2016（2）：104-113.

赵东月，朱泓，闫锐.云南宾川白羊村新石器时代遗址人骨研究［J］.南方文物，2016（1）：160-165.

赵惠杰，韩涛，张全超．宁夏彭阳县张湾金代砖雕墓人骨研究［J］．北方文物，2020
（2）：66-70.

赵桐茂等．免疫球蛋白同种异型 Gm 因子在四十个中国人群中的分布［J］．人类学学报，
1987，6（1）：1-9.

赵欣，葛斌文，张全超等．从分子生物学角度看河北蔚县三关墓地古代居民的遗传结构
［J］．文物，2009（1）：3-8+33.

赵欣．辽西地区先秦时期居民的体质人类学与分子考古学研究［D］．吉林大学博士学位
论文，2009.

赵亚峰．夏、商、周三族种系构成研究［D］．吉林大学硕士学位论文，2007.

赵一清．山顶洞人二女性种族属源问题的研究［J］．古脊椎动物与古人类，1961（1）：
55-57.

赵永斌，于长春，周慧．汉族起源与发展的遗传学探索［J］．吉林师范大学学报（自然科
学版），2012（4）：45-49.

赵永斌．中国汉族北方母系起源的遗传学初探［D］．吉林大学博士学位论文，2011.

赵永生．甘肃临潭磨沟墓地人骨研究［D］．吉林大学博士学位论文，2013.

赵振华．唐代粟特人史多墓志初探［J］．湖南科技学院学报，2009，30（11）：79-82.

郑大华．论中国近代民族主义的思想来源及形成［J］．浙江学刊，2007（1）：5-15.

郑兰爽．韩城梁带村芮国墓地出土人骨研究［D］．西北大学硕士学位论文，2012.

郑丽慧，朱泓，陈靓．内蒙古七郎山魏晋时期鲜卑墓葬人骨研究［C］//东北、内蒙古地
区古代人类的种族类型与 DNA．长春：吉林人民出版社，2006：112-120.

郑丽慧．内蒙古四子王旗城卜子元代墓葬出土人骨的人种学研究［C］//东北、内蒙古地
区古代人类的种族类型与 DNA．长春：吉林人民出版社，2006：212-234.

郑连斌，宋瑾兰，包金萍，张兴华，龚忱，闫春艳，王志博，武亚文．海南文昌汉族体质
特征［J］．人类学学报，2012，31（3）：279-288.

郑连斌，武亚文，张兴华，黎霞，廖颖，胡莹，王志博，龚忱．四川汉族体质特征［J］．
解剖学报，2011，42（5）：695-702.

郑连斌，宇克莉，包金萍，荣文国，齐晓琳，倪晓璐，冯晨露．云南汉族体质特征［J］．
云南大学学报（自然科学版），2013，35（5）：703-718.

郑连斌，张兴华，包金萍，武亚文，王志博，龚忱，闫春艳，宋瑾兰．海南汉族体质特征
［J］．解剖学报，2012，43（6）：855-863.

郑连斌，张兴华，胡莹，武亚文，王志博，龚忱，闫春艳．四川邛崃汉族头面部形态特征
的年龄变化［J］．中山大学学报（医学科学版），2011，32（6）：729-734.

郑晓瑛．甘肃酒泉青铜时代人类头骨种系类型的研究［J］．人类学学报，1993，12（4）：
327-336.

郑振香.殷墟发掘六十年概述［J］.考古，1988（10）：929-941.

中共中央国务院关于进一步加强民族工作，加快少数民族和民族地区经济社会发展的决
　　定［N］.光明日报，2005-6-1.

中国大百科全书总编辑委员会，考古学编辑委员会.中国大百科全书·考古学卷［M］.
　　北京：中国大百科全书出版社，1986.

中国社会科学院考古研究所，广西壮族自治区文物工作队，桂林甑皮岩遗址博物馆，桂
　　林市文物工作队.桂林甑皮岩［M］.北京：文物出版社，2003.

中国社会科学院考古研究所，内蒙古自治区文物考古研究所，内蒙古自治区呼伦贝尔民
　　族博物馆，内蒙古自治区呼伦贝尔市海拉尔博物馆.哈克遗址2003—2005年考古发
　　掘报告［M］.北京：文物出版社，2010.

中华人民共和国国务院新闻办公室.宁夏回族自治区的历史［DB/OL］.http://www.scio.
　　gov.cn/ztk/dtzt/04/08/4/Document/391871/391871.htm，2009-8-21.

中桥孝博，冈崎健治，高椋浩史.川西高原青铜时代的人［C］//四川省考古研究院.西
　　南地区北方谱系青铜器及石棺葬文化研究.北京：科学出版社，2013：164-191.

中桥孝博，高椋浩史，栾丰实.山东北阡遗址出土之大汶口时期人骨［J］.东方考古（第
　　10辑），2013：13-51.

中桥孝博，栾丰实.丁公遗址出土的龙山文化人骨——头盖骨［C］//栾丰实，宫本一夫.
　　海岱地区早期农业和人类学研究.北京：科学出版社，2008：187-199.

周传斌.1900—2000：中国民族理论的一个世纪［J］.中南民族大学学报（人文社会科学
　　版），2004，24（1）：66-70.

周传斌.论中国特色的民族概念［J］.广西民族研究，2003（4）：19-30.

周春茂，闫毓民.零口遗址新石器时代女性人骨及其损伤研究［C］//陕西省考古研究所.
　　中国史前考古学研究——祝贺石兴邦先生考古半世纪暨八秩华诞文集.西安：三秦出
　　版社，2004：178-195.

周春茂.零口战国墓颅骨的人类学特征［J］.人类学学报，2002，21（3）：199-209.

周泓.我国对民族概念的使用、认识和确定［J］.新疆师范大学学报（哲学社会科学版），
　　1996（1）：78-83.

周金娃.陕北靖边五庄果墚遗址龙山时代早期人骨及相关考古学问题的研究［D］.西北
　　大学硕士学位论文，2012.

周蜜，李永宁.丹江库区龙口墓群出土人骨的初步研究［J］.江汉考古，2010（1）：108-
　　112.

周蜜，田桂萍.湖北郧县李泰家族墓群与马檀山墓地明清时期人骨研究［J］.江汉考古，
　　2015（6）：95-105.

周蜜，张成明.近年在丹江口地区发现的新石器时代—东周时期人类遗骸及相关研

究［C］//董为.第十三届中国古脊椎动物学学术年会论文集.北京：海洋出版社，
　　2012：139-146.

周蜜.内蒙古阿鲁科尔沁旗辽代耶律羽之墓地人骨研究［J］.边疆考古研究（第4辑），
　　2005：301-319.

周双利，李民佑.略论汉民族与汉民族语的形成［J］.中国社会科学院研究生院学报，
　　1985（5）：68-74.

周星，王铭铭.社会文化人类学讲演集［C］.南开：天津人民出版社，1997.

周亚威，刘明明，陈朝云，韩国河.河南荥阳官庄遗址东周人骨研究［J］.华夏考古，
　　2018（3）：97-106.

周亚威，刘明明，冯春艳，韩长松.徐堡遗址龙山文化居民颅骨的形态学研究［J］.人类
　　学学报，2018，37（1）：18-28

周亚威，王一鸣，樊温泉，沈小芳.郑韩故城北城门遗址清代居民颅骨的形态学分析
　　［J］.天津师范大学学报（自然科学版），2019，39（4）：76-80.

周亚威.北京延庆西屯墓地人骨研究［D］.吉林大学博士学位论文，2014.

朱泓，胡春佰，齐溶青，李强.内蒙古准格尔旗西黑岱墓地人骨研究［J］.华夏考古，
　　2017（2）：128-142.

朱泓，贾莹，金旭东等.通化万发拨子遗址春秋战国时期丛葬墓颅骨的观察与测量［J］.
　　边疆考古研究（第3辑），2004：293-300.

朱泓，贾莹.九台关马山石棺墓颅骨的人种学研究［J］.考古，1991（2）：147-156.

朱泓，王成生.彰武平安堡青铜时代居民的种族类型［J］.考古，1994（2）：159-169.

朱泓，王明辉，方启.河南禹州市瓦店新石器时代人骨研究［J］.考古，2006（4）：87-94.

朱泓，王培新.吉林农安县邢家店北山墓地的古代人骨［J］.考古，1989（4）：368-
　　374+392.

朱泓，魏东.内蒙古敖汉旗水泉遗址出土的青铜时代人骨［C］//朱泓主编.东北、内蒙
　　古地区古代人类的种族类型与DNA.长春：吉林人民出版社，2006.

朱泓，张全超.内蒙古林西县井沟子遗址西区墓地人骨研究［J］.人类学学报，2007
　　（2）：97-106.

朱泓，赵东月，刘旭.云南永胜堆子遗址战国秦汉时期人骨研究［J］.边疆考古研究（第
　　16辑），2015：315-327.

朱泓，赵东月.中国新石器时代北方地区居民人种类型的分布与演变［J］.边疆考古研究
　　（第18辑），2016：331-349.

朱泓，周慧，林雪川.老山汉墓女性墓主人的种族类型、DNA分析和颅像复原［J］.吉
　　林大学社会科学学报，2004（2）：21-27.

朱泓."僰人悬棺"颅骨的人种学分析［J］.南方民族考古，1987（1）：133-141.

朱泓.本溪庙后山青铜时代居民的种系归属［C］//朱泓.中国古代居民的体质人类学研究.北京：科学出版社，2014：168-175.

朱泓.察右后旗三道湾汉代鲜卑族颅骨的人种学研究［C］//朱泓.中国古代居民的体质人类学研究.北京：科学出版社，2014：369-384.

朱泓，刘振陆.朝阳魏晋时期鲜卑墓葬人骨研究［J］.辽海文物学刊，1996（2）：79-89.

朱泓.从扎赉诺尔汉代居民的体质差异探讨鲜卑族的人种构成［J］.北方文物，1989（2）：45-51+63.

朱泓.东灰山墓地人骨的研究［M］//甘肃省文物考古研究所，吉林大学北方考古研究室.民乐东灰山考古.北京：科学出版社，1998：172-183.

朱泓.关于殷人与周人的体质类型比较［J］.华夏考古，1989（1）：103-108.

朱泓.合水九站青铜时代颅骨的人种学分析［J］.考古与文物，1992（2）：46-55.

朱泓.吉林省大安县渔场墓地汉晋时期人骨研究［J］.边疆考古研究（第2辑），2004：353-361.

朱泓.建立具有自身特点的中国古人种学研究体系［C］//朱泓.中国古代居民的体质人类学研究.北京：科学出版社，2014：i-v.

朱泓.内蒙古察右前旗庙子沟新石器时代颅骨的人类学特征［J］.人类学学报，1994，13（2）：126-133.

朱泓.内蒙古凉城东周时期墓葬人骨研究［J］.考古学集刊，1991（7）：169-191.

朱泓.内蒙古宁城山嘴子辽墓契丹族颅骨的人类学特征［J］.人类学学报，1991，10（4）：278-287+377.

朱泓.内蒙古长城地带的古代种族［J］.边疆考古研究（第1辑），2002：301-313.

朱泓.契丹人种初窥［J］.辽海文物学刊，1990（2）：67-76.

朱泓.契丹人种考［C］//吉林大学边疆考古研究中心.新果集——庆祝林沄先生七十华诞论文集.北京：科学出版社，2009：703-708.

朱泓.契丹族的人种类型及其相关问题［J］.内蒙古大学学报（哲学社会科学版），1991（2）：36-41.

朱泓.人种学上的匈奴、鲜卑与契丹［J］.北方文物，1994（2）：7-13.

朱泓.山东济宁潘庙汉代墓葬人骨研究［J］.人类学学报，1990（3）：260-264+285.

朱泓.蔚县夏家店下层文化颅骨的人种学研究［J］.北方文物，1987（1）：4-13+22.

朱泓.小黑石沟夏家店上层文化居民的人类学特征［C］//朱泓.东北、内蒙古地区古代人类的种族类型与DNA.长春：吉林人民出版社，2006：1-14.

朱泓.杏花村遗址古代人骨研究［M］//国家文物局，山西省考古研究所，吉林大学考古系.晋中考古.北京：文物出版社，1998：207-213.

朱泓.兖州西吴寺龙山文化颅骨的人类学特征［J］.考古，1990（10）：908-914.

朱泓 . 游邀遗址夏代居民的人类学特征［M］// 忻州考古队 . 忻州游邀考古 . 北京：科学出版社，2004：188-214.

朱泓 . 中国东北地区的古代种族［J］. 文物季刊，1998（1）：54-64.

朱泓 . 中国南方地区的古代种族［J］. 吉林大学社会科学学报，2002（3）：5-12.

朱泓 . 中国西北地区的古代种族［J］. 考古与文物，2006（5）：60-65.

朱泓 . 中原地区的古代种族［C］// 吉林大学边疆考古研究中心 . 庆祝张忠培先生七十岁论文集 . 北京：科学出版社，2004：549-557.

朱泓 . 邹县、兖州商周时期墓葬人骨的研究报告［J］. 华夏考古，1990（4）：30-39.

朱泓主编 . 体质人类学［M］. 北京：高等教育出版社，2004.

朱继平 . 从商代东土的人文地理格局谈东夷族群的流动与分化［J］. 考古，2008（3）：53-61.

朱晓汀 . 黄河上游及其邻近地区先秦时期居民的体质类型分析［D］. 吉林大学硕士学位论文，2007.

朱晓汀 . 江苏邳州梁王城遗址西周墓地出土人骨研究［J］. 东南文化，2016（6）：46-55+127-128.

邹孟君 . 华夏族起源考论［J］. 华南师范大学学报（社会科学版），1985（1）：7-21.

英文文献

Betty DJ, Chin-Atkins AN, Croft L, et al. Multiple independent origins of the COII/tRNA(Lys) intergenic 9-bp mtDNA deletion in aboriginal Australians[J]. Am J Hum Genet, 1996, 58(2): 428–433.

Bo Wen, Hui Li, Daru Lu, Xiufeng Song, Feng Zhang, Yungang He, Feng Li, Yang Gao, Xianyun Mao, Liang Zhang, Ji Qian, Jingze Tan, Jianzhong Jin, Wei Huang, Ranjan Deka, Bing Su, Ranajit Chakraborty&Li Jin. Genetic evidence supports demic diffusion of Han culture[J]. Nature, 2004(431): 302–305.

Chen F, Wang SY. Zhang RZ, et al. Analysis of mitochondrial DNA polymorphisms in Guangdong Han Chinese[J]. Forensic Sci Int Genet, 2008, 2(2): 150–153.

Coon. The Living Races of Man[M]. New York: Alfred A. Knope Inc, 1965.

Davidson Black. A study of Kansu and Honan Aeneolithic skulls and specimens from later Kansu prehistoric sites in comparison with north China and other recent crenia[J]. Palaeontologia Sinica, ser D Vol1, 1928: 1–83.

DingYC, Wooding S, Harpending HC, et al. Population structure and history in East Asia[J]. Proc Natl Acad Sci USA, 2000, 97(25): 14003–14006.

Gan RJ, Pan SL, Mustavich LF, et al. Pinghua population as an exception of Han Chinese's coherent genetic struture[J]. Journal of human genetics, 2008, 5(4): 303–313.

Gao SZ, Yang YD, Xu Y, et al. Tracing the genetic history of the Chinese people: mitochondrail DNA analysis of a Neolithic population from the Lajia site[J]. American Journal of Physical Anthropology, 2007, 133(4): 1128–1136.

Gordon. Harrower. A study of the crania of the Hylam Chinese[J]. Biometrika, 1928, 20B(3–4): 245–278.

Horai S, Murayama K, Hayasaka K, et al. mtDNA polymorphism in East Asian Populations, with special reference to the peopling of Japan[J]. Am J Hum Genet, 1996, 59(3): 579–590.

Nathan Glazer, Daniel P. Moynihan. Ethnicity-Theory And Experience[M]. Cambridge: Havard Univercity Press, 1975.

Nishimaki Y, Sato K, Fang L, et al. Sequence polymorphism in the mtDNA HV1 region in Japanese and Chinese[J]. Leg Med(Tokyo), 1999(1): 238–249.

Su B, Xiao J, Underhill P et al. Y-Chromosome evidence for a northward migration of modern humans intoEastern Asiaduring the last Ice Age[J]. Am J Hum Genet, 2000, 65(6): 1718–1724.

Tsai LC, Lin CY, Lee JCI, et al. Sequence polymorphism of mitochondrial D-loop DNA in the Taiwanese Han population[J]. Forensic Sci Int, 2001, 119(2): 239–247.

Vagheesh M. Narasimhan, Nick Patterson, et al. The formation of human populations in South and Central Asia[J]. Science, 2019, 365(6457).

Wang WZ, Wang CY, Cheng YT, et al. Tracing the origins of Hakka and Chaoshanese by mitochondrial DNA[J]. Am J Phys Anthropol, 2010, 141(1): 124–130.

Weidenreich F. On the earliest representatives of modern mankind recovered on the soil of East Asia[J]. Pek Nat Hist Bull, 1939, 13: 161–174.

Weidenreich F. The dentition of Sinanthropus pekinensis: a comparative odontography of the hominids[M]. Palaeontologica Sinica, N.S.D., No.1, 1937: 1–180.

Weidenreich F. The mandible of Sinanthropus pekinensis: a comparative study[M]. Palaeontologica Sinica, Series. D., Vol.VII, 1936: 1–162.

Weidenreich F. The skull of Sinanthropus pekinensis: a comparative study on a primitive hominid skull[M]. Palaeontologica Sinica, N.S.D., No.10, 1943: 1–484.

Wen B, Li H, Lu D, et al. Genetic evidence supports demic diffusion of Han culture[J]. Nature, 2004, 431(7006): 302–305.

Wu Xinzhi and Zhang Zhenbiao. "Homo sapiens remains from late paleolithic and neolithic China", in Paleoanthropology and Paleolithic Archaeology in the People's Republic of

China[M]. Eds. Wu Rukang and John W. Olsen, 1985: 107–133, Orlando: Academic Press.

Wuxiujie, Burner M. The endocranial anatomy of Maba[J]. American Journal of Physical Anthropology, 2016, 160: 633–643.

Xu Z, Zhang F, Xu BS, et al. Mitochondrial DNA evidence for a diversified origin of workers building mausoleum for First Emperor of China[J]. PLos One, 2008, 3(10): e2375.

Yao YG, Kong QP, Bandelt HJ, et al. Phylogeographic differentiation of Mitochondrial DNA in Han Chinese[J]. Am J Hum Genet, 2002, 70(3): 635–651.

Zhang F, Ning C, Scott A, et al. The genomic origins of the Bronze Age Tarim Basin Mummies[J]. Nature, 2021(599): 256–261.

附表1 现代汉族男性头面部形态观察（个体数：n；百分比：%）

观察项目	类型	海南 n	海南 %	广东 n	广东 %	福建 n	福建 %	湖南 n	湖南 %	浙江 n	浙江 %	江西 n	江西 %	四川 n	四川 %	山东 n	山东 %	内蒙古 n	内蒙古 %	云南 n	云南 %	江苏 n	江苏 %	安徽 n	安徽 %	贵州 n	贵州 %	辽宁 n	辽宁 %	甘肃 n	甘肃 %
上眼睑褶	有	294	88.02	349	64.39	249	73.45	224	64.70	182	55.15	250	70.62	266	77.78	315	73.60	270	67.33	234	65.73	309	83.51	296	84.09	183	72.91	96	64.43	164	61.65
	无	40	11.98	193	35.61	90	26.55	122	35.30	148	44.85	104	29.38	76	22.22	113	26.40	131	32.67	122	34.27	61	16.49	56	15.91	68	27.09	53	35.57	102	38.35
蒙古褶	有	112	33.53	56	10.33	89	26.25	39	11.30	30	9.09	173	48.87	122	35.67	120	28.04	163	40.65	84	23.60	96	25.95	110	31.25	50	19.92	70	46.67	119	44.74
	无	222	66.47	486	89.67	250	73.75	307	88.70	300	90.91	181	51.13	220	64.33	308	71.96	238	59.35	272	76.40	274	74.05	242	68.75	201	80.08	80	53.33	147	55.26
眼裂高度	狭窄	217	64.97	298	54.98	215	63.42	195	56.40	169	51.21	104	29.38	279	81.58	301	70.33	193	48.13	187	52.53	168	45.41	218	61.93	129	51.39	20	13.33	—	—
	中等	113	33.83	182	33.58	112	33.04	116	33.50	127	38.48	196	55.37	60	17.54	106	24.77	164	40.90	148	41.57	186	50.27	126	35.80	105	41.83	114	76.00	—	—
	较宽	4	1.20	62	11.44	12	3.54	35	10.10	34	10.30	54	15.25	3	0.88	21	4.91	44	10.97	21	5.90	16	4.32	8	2.27	17	6.77	16	10.67	—	—
眼裂倾斜度	内角高	3	0.90	42	7.75	8	2.36	15	4.30	9	2.73	8	2.26	1	0.29	11	2.57	33	8.23	23	6.46	7	1.89	1	0.28	7	2.79	19	12.67	—	—
	水平	17	5.09	236	43.54	127	37.46	149	43.10	80	24.24	184	51.98	18	5.26	149	34.81	137	34.16	170	47.75	106	28.65	188	53.41	111	44.22	67	44.67	—	—
	外角高	314	94.01	264	48.71	204	60.18	182	52.60	241	73.03	162	45.76	323	94.44	268	62.62	231	57.61	163	45.79	257	69.46	163	46.31	133	52.99	64	42.67	—	—
鼻根高度	低	52	15.57	100	18.45	56	16.52	95	27.50	34	10.30	72	20.34	74	21.64	228	53.27	126	31.42	49	13.76	40	10.81	39	11.08	32	12.75	11	7.33	71	26.69
	中等	263	78.74	233	42.99	266	78.47	150	43.40	205	62.12	179	50.56	251	73.39	186	43.46	208	51.87	253	71.07	308	83.24	288	81.82	194	77.29	103	68.67	173	65.04
	较高	19	5.69	209	38.56	17	5.01	101	29.20	91	27.58	103	29.10	17	4.97	14	3.27	67	16.71	54	15.17	22	5.95	25	7.10	25	9.96	36	24.00	22	8.27
鼻背侧面观	凸型	27	8.08	31	5.72	23	6.78	14	4.00	19	5.76	28	7.91	14	4.09	20	4.67	60	14.96	32	8.99	59	15.95	58	16.48	18	7.17	20	13.33	—	—
	直型	268	80.24	465	85.79	295	87.02	322	93.10	302	91.52	322	90.96	296	86.55	342	79.91	300	74.81	305	85.67	277	74.86	269	76.42	196	78.09	109	72.67	—	—
	凹型	39	11.68	46	8.49	21	6.19	10	2.90	9	2.73	4	1.13	32	9.36	66	15.42	41	10.22	19	5.34	31	8.38	24	6.82	36	14.34	21	14.00	—	—
	波形	0	0.00	0	0.00	0	0.00	0	0.00	0	0.00	0	0.00	0	0.00	0	0.00	0	0.00	0	0.00	3	0.81	1	0.28	1	0.40	0	0.00	—	—
颧部突出度	突出	47	14.07	176	32.47	41	12.09	45	13.00	67	20.30	57	16.10	78	22.81	79	18.46	138	34.41	73	20.51	67	18.11	46	13.07	61	24.30	25	16.67	—	—
	中等	86	25.75	278	51.29	43	12.68	110	31.80	97	29.39	177	50.00	52	15.20	120	28.04	133	33.17	122	34.27	68	18.38	66	18.75	81	32.27	75	50.00	—	—
	微弱	201	60.18	88	16.24	255	75.22	191	55.20	166	50.30	120	33.90	212	61.99	229	53.50	130	32.42	161	45.22	235	63.51	240	68.18	109	43.43	50	33.33	—	—
鼻基部	上翘	206	61.68	130	23.99	168	49.56	109	31.50	115	34.85	47	13.28	286	83.63	320	74.77	187	46.63	105	29.49	193	52.16	171	48.58	81	32.27	38	25.33	—	—
	水平	121	36.23	383	70.66	159	46.90	230	66.50	207	62.73	295	83.33	51	14.91	101	23.60	175	43.64	231	64.89	157	42.43	161	45.74	150	59.76	80	53.33	—	—
	下垂	7	2.10	29	5.35	12	3.54	7	2.00	8	2.42	12	3.39	5	1.46	7	1.64	39	9.73	20	5.62	20	5.41	20	5.68	20	7.97	32	21.33	—	—
鼻翼高度	低	34	10.18	71	13.10	27	7.96	36	10.40	13	3.94	36	10.17	55	16.08	114	26.64	126	31.42	34	9.55	24	6.49	41	11.65	27	10.76	33	22.00	26	9.77
	中等	231	69.16	311	57.38	260	76.70	216	62.40	231	70.00	211	59.60	219	64.04	212	49.53	206	51.37	268	75.28	303	81.89	269	76.42	193	76.89	104	69.33	133	50.00
	高	69	20.66	160	29.52	52	15.34	94	27.20	86	26.06	107	30.23	68	19.88	102	23.83	69	17.21	54	15.17	43	11.62	42	11.93	31	12.35	13	8.67	107	40.23

观察项目	类型	海南 n	海南 %	广东 n	广东 %	福建 n	福建 %	湖南 n	湖南 %	浙江 n	浙江 %	江西 n	江西 %	四川 n	四川 %	山东 n	山东 %	内蒙古 n	内蒙古 %	云南 n	云南 %	江苏 n	江苏 %	安徽 n	安徽 %	贵州 n	贵州 %	辽宁 n	辽宁 %	甘肃 n	甘肃 %
鼻孔最大径	横	102	30.54	210	38.75	80	23.60	168	48.60	125	37.88	101	28.53	52	15.20	130	30.37	135	33.67	139	39.04	87	23.51	59	16.76	120	47.81	17	11.33	—	—
	倾斜	209	62.57	208	38.38	217	64.01	91	26.30	47	14.24	200	56.50	248	72.51	271	63.32	148	36.91	187	52.53	221	59.73	223	63.35	113	45.02	121	80.67	—	—
	纵	23	6.89	124	22.88	42	12.39	87	25.10	158	47.88	53	14.97	42	12.28	27	6.31	118	29.43	30	8.43	62	16.76	70	19.89	18	7.17	12	8.00	—	—
鼻翼宽	狭窄	4	1.20	98	18.15	5	1.47	13	3.80	6	1.82	49	13.84	12	3.51	25	5.84	110	27.43	21	5.90	29	7.84	5	1.42	8	3.19	9	6.00	—	—
	中等	59	17.66	260	48.15	48	14.16	70	20.20	5	1.52	161	45.48	99	28.95	17	3.97	177	44.14	136	38.20	130	35.14	112	31.82	119	47.41	94	62.67	—	—
	宽阔	271	81.14	182	33.70	286	84.37	263	76.00	319	96.67	144	40.68	231	67.54	386	90.19	114	28.43	199	55.90	211	57.03	235	66.76	124	49.40	47	31.33	—	—
耳垂类型	圆形	174	52.10	244	45.02	178	52.51	91	26.30	182	50.56	148	41.81	152	33.85	193	45.09	174	43.39	178	50.00	165	44.59	161	45.74	119	47.41	56	37.33	80	30.08
	方形	25	7.49	161	29.70	18	5.31	55	15.90	148	41.11	57	16.10	135	30.07	48	11.21	94	23.44	34	9.55	22	5.95	26	7.39	23	9.16	50	33.33	56	21.05
	三角形	135	40.42	137	25.28	143	42.18	200	57.80	30	8.33	149	42.09	162	36.08	187	43.69	133	33.17	144	40.45	183	49.46	165	46.88	109	43.43	44	29.33	130	48.87
上唇皮肤部高度	低	15	4.49	37	6.83	23	6.78	43	12.40	228	69.09	23	6.50	33	9.65	2	0.47	2	0.50	8	2.25	16	4.34	11	3.13	59	23.51	—	—	—	—
	中等	262	78.44	355	65.50	288	84.96	272	78.60	94	28.48	234	66.10	294	85.96	293	68.46	280	69.83	209	58.71	323	87.53	281	79.83	187	74.50	—	—	—	—
	高	57	17.07	150	27.68	28	8.26	31	9.00	8	2.42	97	27.40	15	4.39	133	31.07	119	29.68	139	39.04	30	8.13	60	17.05	5	1.99	—	—	—	—
红唇厚度	薄唇	130	38.92	356	65.68	181	53.39	214	61.80	77	23.33	239	67.51	123	35.96	264	61.68	—	—	94	26.40	184	49.73	128	36.36	88	35.06	—	—	—	—
	中唇	170	50.90	94	17.34	136	40.12	126	36.40	245	74.24	60	16.95	163	47.66	157	36.68	—	—	182	51.12	149	40.27	160	45.45	115	45.82	—	—	—	—
	厚唇	34	10.18	92	16.97	22	6.49	6	1.70	8	2.42	55	15.54	56	16.37	7	1.64	—	—	80	22.47	37	10.00	64	18.18	48	19.12	—	—	—	—
发色	黑色	315	94.31	529	97.60	339	100.00	341	98.60	328	99.70	351	99.15	337	98.83	422	98.60	393	98.00	320	89.89	370	100.00	348	98.86	245	97.61	116	77.33	238	89.47
	棕黑	19	5.69	12	2.21	0	0.00	5	1.40	1	0.30	3	0.85	4	1.17	4	0.93	8	2.00	34	9.55	0	0.00	3	0.85	6	2.39	29	19.33	6	2.26
	棕色	0	0.00	1	0.18	0	0.00	0	0.00	0	0.00	0	0.00	0	0.00	2	0.47	0	0.00	2	0.56	0	0.00	1	0.28	0	0.00	5	3.33	22	8.27
眼色	黑褐色	96	28.74	195	35.98	148	43.66	165	47.70	204	61.82	117	33.05	53	15.50	151	35.28	112	27.93	113	31.74	99	26.76	130	36.93	68	27.09	116	77.33	122	45.86
	褐色	222	66.47	238	43.91	181	53.39	157	45.40	95	28.79	220	62.15	278	81.29	250	58.41	235	58.60	228	64.04	246	66.49	197	55.97	167	66.53	29	19.33	142	53.38
	浅褐色	16	4.79	109	20.11	10	2.95	24	6.90	31	9.39	17	4.80	11	3.22	27	6.31	52	12.97	15	4.21	25	6.76	24	6.82	16	6.37	5	3.33	2	0.75
	蓝色		0.00	0	0.00	0	0.00	0	0.00	0	0.00		0.00	0	0.00	0	0.00	2	0.50	0	0.00	0	0.00	1	0.28	0	0.00	0	0.00	0	0.00
肤色	暗黄色	74	22.16	242	44.65	46	13.57	114	32.90	100	30.30	68	19.21	71	20.76	156	36.45	150	37.41	76	21.35	81	21.89	53	15.06	52	20.72	—	—	20	7.52
	黄色	257	76.95	210	38.75	287	84.66	139	40.20	157	47.58	166	46.89	266	77.78	232	54.21	136	33.92	277	77.81	287	77.57	299	84.94	199	79.28	—	—	187	70.30
	浅黄	3	0.90	87	16.05	6	1.77	93	26.90	73	22.12	114	32.20	5	1.46	37	8.64	95	23.69	3	0.84	2	0.54	0	0.00	0	0.00	—	—	59	22.18
	粉白	0	0.00	3	0.55	0	0.00	0	0.00	0	0.00	6	1.69	0	0.00	3	0.70	20	4.99	0	0.00	0	0.00	0	0.00	0	0.00	0	0.00	0	0.00

附表 2 现代汉族女性头面部形态观察（个体数：n；百分比：%）

观察项目	类型	海南 n	海南 %	广东 n	广东 %	福建 n	福建 %	湖南 n	湖南 %	浙江 n	浙江 %	江西 n	江西 %	四川 n	四川 %	山东 n	山东 %	内蒙古 n	内蒙古 %	云南 n	云南 %	江苏 n	江苏 %	安徽 n	安徽 %	贵州 n	贵州 %	辽宁 n	辽宁 %	甘肃 n	甘肃 %
上眼睑皱褶	有	277	89.64	469	62.62	296	83.85	294	75.20	203	56.86	256	72.93	289	80.95	261	74.57	315	72.75	245	69.41	299	82.60	317	92.96	219	85.55	116	77.33	196	70.00
	无	32	10.36	280	37.38	57	16.15	97	24.80	154	43.14	95	27.07	68	19.05	89	25.43	118	27.25	108	30.59	63	17.40	24	7.04	37	14.45	34	22.67	84	30.00
蒙古褶	有	114	36.89	101	13.48	100	28.33	52	13.30	35	9.80	152	43.30	153	42.86	158	45.14	208	48.04	77	21.81	116	32.04	104	30.50	49	19.14	85	56.67	168	60.00
	无	195	63.11	648	86.52	253	71.67	339	86.70	322	90.20	199	56.70	204	57.14	192	54.86	225	51.96	276	78.19	246	67.96	237	69.50	207	80.86	65	43.33	112	40.00
眼裂高度	狭窄	150	48.54	334	44.59	171	48.44	170	43.50	193	54.06	92	26.21	241	67.51	158	45.14	173	39.95	166	47.03	137	37.85	171	50.15	107	41.80	15	10.00	—	—
	中等	144	46.60	287	38.32	142	40.23	155	39.60	131	36.69	177	50.43	98	27.45	148	42.29	197	45.50	157	44.48	197	54.42	138	40.47	128	50.00	105	70.00	—	—
	较宽	15	4.85	128	17.09	40	11.33	66	16.90	33	9.24	82	23.36	18	5.04	44	12.57	63	14.55	30	8.50	28	7.73	32	9.38	21	8.20	30	20.00	—	—
眼裂倾斜度	内角高	0	0.00	24	3.20	9	2.55	14	3.60	10	2.80	4	1.14	0	0.00	2	0.57	30	6.93	29	8.22	5	1.38	1	0.29	3	1.17	19	12.67	—	—
	水平	8	2.59	326	43.52	87	24.65	134	34.30	86	24.09	175	49.86	10	2.80	57	16.29	127	29.33	148	41.93	79	21.82	55	16.13	85	33.20	67	44.67	—	—
	外角高	301	97.41	399	53.27	257	72.80	243	62.10	261	73.11	172	49.00	347	97.20	291	83.14	276	63.74	176	49.86	278	76.80	285	83.58	168	65.63	64	42.67	—	—
鼻根高度	低	103	33.33	334	44.59	143	40.51	203	51.90	91	25.56	147	41.88	134	37.54	254	72.57	256	59.12	125	35.41	119	32.87	91	26.69	110	42.97	49	32.67	154	55.00
	中等	201	65.05	324	43.26	196	55.52	164	41.90	231	64.89	170	48.43	219	61.34	92	26.29	163	37.64	212	60.06	237	65.47	247	72.43	138	53.91	80	53.33	110	39.29
	较高	5	1.62	91	12.15	14	3.97	24	6.10	34	9.55	34	9.69	4	1.12	4	1.14	14	3.23	16	4.53	6	1.66	3	0.88	8	3.13	21	14.00	16	5.71
鼻背侧面观	凸型	5	1.62	8	1.07	3	0.85	3	0.80	5	1.40	9	2.56	69	19.33	3	0.86	16	3.70	9	2.55	24	6.63	9	2.64	10	3.91	16	10.67	—	—
	直型	194	62.78	512	68.36	283	80.17	322	82.40	292	81.79	285	81.20	282	78.99	210	60.00	313	72.29	284	80.45	251	69.34	243	71.26	177	69.14	96	64.00	—	—
	凹型	110	35.60	229	30.57	67	18.98	66	16.90	60	16.81	57	16.24	6	1.68	137	39.14	104	24.02	60	17.00	86	23.76	89	26.10	69	26.95	38	25.33	—	—
	波形	0	0.00	0	0.00	0	0.00	0	0.00	0	0.00	0	0.00	0	0.00	0	0.00	0	0.00	0	0.00	1	0.28	0	0.00	0	0.00	0	0.00	—	—
颧部突出度	突出	106	34.30	366	48.87	90	27.86	76	19.40	104	29.13	144	41.03	144	40.34	137	39.14	230	53.12	144	40.79	105	29.01	106	31.09	132	51.56	41	27.33	—	—
	中等	83	26.86	346	46.19	35	10.84	199	50.90	151	42.30	175	49.86	57	15.97	102	29.14	101	23.33	111	31.44	78	21.55	80	23.46	78	30.47	87	58.00	—	—
	微弱	120	38.83	37	4.94	198	61.30	116	29.70	102	28.57	32	9.12	156	43.70	111	31.71	102	23.56	98	27.76	179	49.45	155	45.45	46	17.97	22	14.67	—	—
鼻基部	上翘	203	65.70	324	43.26	197	55.81	172	44.00	192	53.78	84	23.93	322	90.20	308	88.00	252	58.20	168	47.59	222	61.33	185	54.25	131	51.17	60	40.00	—	—
	水平	100	32.36	405	54.07	152	43.06	212	54.20	158	44.26	260	74.07	35	9.80	42	12.00	165	38.11	179	50.71	136	37.57	151	44.28	120	46.88	77	51.33	—	—
	下垂	6	1.94	20	2.67	4	1.13	7	1.80	7	1.96	7	1.99	0	0.00	0	0.00	16	3.70	6	1.70	4	1.10	5	1.47	5	1.95	13	8.67	—	—
鼻翼高度	低	54	17.48	151	20.16	56	15.43	71	18.20	41	11.48	77	21.94	126	35.29	148	42.29	160	36.95	60	17.00	40	11.05	62	18.18	63	24.61	44	29.33	135	48.21
	中等	214	69.26	413	55.14	265	73.00	257	65.70	266	74.51	202	57.55	201	56.30	158	45.14	221	51.04	271	76.77	290	80.11	260	76.25	184	71.88	94	62.67	115	41.07
	高	41	13.27	185	24.70	42	11.57	63	16.10	50	14.01	72	20.51	30	8.40	44	12.57	52	12.01	22	6.23	32	8.84	19	5.57	9	3.52	12	8.00	30	10.71

观察项目	类型	海南		广东		福建		湖南		浙江		江西		四川		山东		内蒙古		云南		江苏		安徽		贵州		辽宁		甘肃	
		n	%	n	%	n	%	n	%	n	%	n	%	n	%	n	%	n	%	n	%	n	%	n	%	n	%	n	%	n	%
鼻孔最大径	横	171	55.34	390	52.07	109	30.88	218	55.80	153	42.86	135	38.46	100	28.01	105	30.00	155	35.80	144	40.79	116	32.04	96	28.15	132	51.56	17	11.33	—	—
	倾斜	127	41.10	237	31.64	220	62.32	87	22.30	38	10.64	181	51.57	225	63.03	229	65.43	158	36.49	187	52.97	215	59.39	223	65.40	115	44.92	119	79.33	—	—
	纵	11	3.56	122	16.29	24	6.80	86	22.00	166	46.50	35	9.97	32	8.96	16	4.57	120	27.71	22	6.23	31	8.56	22	6.45	9	3.52	14	9.33	—	—
鼻翼宽	狭窄	21	6.80	190	25.37	7	1.98	24	6.10	23	6.44	56	15.95	60	16.81	57	16.29	168	38.80	33	9.35	37	10.22	14	4.11	20	7.81	27	18.12	—	—
	中等	107	34.63	390	52.07	113	32.01	139	35.50	16	4.48	186	52.99	88	24.65	28	8.00	212	48.96	173	49.01	179	49.45	143	41.94	141	55.08	82	55.03	—	—
	宽阔	181	58.58	169	22.56	233	66.01	228	58.30	318	89.08	109	31.05	209	58.54	265	75.71	53	12.24	147	41.64	146	40.33	184	53.96	95	37.11	40	26.85	—	—
耳垂类型	圆形	154	49.84	244	32.58	179	50.71	106	27.10	203	51.79	149	42.45	126	35.29	105	30.00	133	30.72	169	47.88	160	44.20	123	36.07	135	52.73	68	45.33	62	22.14
	方形	25	8.09	289	38.58	18	5.10	77	19.70	154	39.29	92	26.21	32	8.96	34	9.71	93	21.48	32	9.07	31	8.56	22	6.45	16	6.25	25	16.67	66	23.57
	三角形	130	42.07	216	28.84	156	44.19	208	53.20	35	8.93	110	31.34	199	55.74	211	60.29	207	47.81	152	43.06	171	47.24	196	57.48	105	41.02	57	38.00	152	54.29
上唇皮肤部高度	低	31	10.03	112	14.95	34	9.63	107	27.40	300	84.03	58	16.52	104	29.13	14	4.00	6	1.39	8	2.27	28	7.73	11	3.23	83	32.42	—	—	—	—
	中等	261	84.47	562	75.03	309	87.54	275	70.30	56	15.69	247	70.37	250	70.03	307	87.71	367	84.76	256	72.52	317	87.57	312	91.50	170	66.41	—	—	—	—
	高	17	5.50	75	10.01	10	2.83	9	2.30	1	0.28	46	13.11	3	0.84	29	8.29	60	13.86	89	25.21	17	4.70	18	5.28	3	1.17	—	—	—	—
红唇厚度	薄唇	154	49.84	587	78.37	209	59.21	276	70.60	148	41.46	258	73.50	157	43.98	239	68.29	—	—	130	36.83	192	53.04	166	48.68	96	37.50	—	—	—	—
	中唇	144	46.60	110	14.69	138	39.09	110	28.10	206	57.70	47	13.39	180	50.42	106	30.29	—	—	185	52.41	153	42.27	157	46.04	123	48.05	—	—	—	—
	厚唇	11	3.56	52	6.94	6	1.70	5	1.30	3	0.84	46	13.11	20	5.60	5	1.43	—	—	38	10.76	17	4.70	18	5.28	37	14.45	—	—	—	—
发色	黑色	302	97.73	700	93.46	344	97.45	375	95.90	356	99.72	337	96.01	344	97.18	328	93.71	412	95.15	317	89.80	360	99.45	339	99.41	243	94.92	103	68.67	207	73.93
	棕黑	7	2.27	49	6.54	8	2.27	16	4.10	1	0.28	14	3.99	10	2.82	17	4.86	16	3.70	34	9.63		0.00	1	0.29	10	3.91	27	18.00	43	15.36
	棕色	0	0.00	0	0.00	1	0.28	0	0.00	0	0.00	0	0.00	0	0.00	5	1.43	5	1.15	2	0.57	2	0.55	1	0.29	3	1.17	20	13.33	30	10.71
眼色	黑褐色	131	42.39	426	56.88	122	34.56	263	67.30	242	67.79	174	49.57	77	21.57	139	39.71	141	32.56	130	36.83	114	31.49	108	31.67	89	34.77	103	55.08	188	67.14
	褐色	170	55.02	261	34.85	226	64.02	123	31.50	102	28.57	172	49.00	273	76.47	196	56.00	266	61.43	216	61.19	239	66.02	219	64.22	154	60.16	80	42.78	89	31.79
	浅褐色	8	2.59	62	8.28	5	1.42	5	1.30	13	3.64	5	1.42	7	1.96	14	4.00	26	6.00	7	1.98	9	2.49	14	4.11	13	5.08	4	2.14	3	1.07
	蓝色	0	0.00	0	0.00	0	0.00	0	0.00	0	0.00	0	0.00	0	0.00	1	0.29	0	0.00	0	0.00	0	0.00	0	0.00	0	0.00	0	0.00	0	0.00
肤色	暗黄色	24	7.77	70	9.35	23	6.52	47	12.00	32	8.96	21	5.98	35	9.80	37	10.57	29	6.70	23	6.52	40	11.05	18	5.28	17	6.64	—	—	18	6.43
	黄色	266	86.08	325	43.39	307	86.97	147	37.60	187	52.38	141	40.17	307	85.99	223	63.71	162	37.41	303	85.84	309	85.36	309	90.62	229	89.45	—	—	182	65.00
	浅黄	19	6.15	333	44.46	23	6.52	197	50.40	134	37.54	184	52.42	15	4.20	75	21.43	200	46.19	27	7.65	13	3.59	14	4.11	10	3.91	—	—	80	28.57
	粉白	0	0.00	21	2.80	0	0.00	0	0.00	4	1.12	5	1.42	0	0.00	15	4.29	42	9.70	0	0.00	0	0.00	0	0.00	0	0.00	—	—	0	0.00

附表3 现代汉族头面部形态观察（个体数：n；百分比：%）

观察项目	类型	海南 n	海南 %	广东 n	广东 %	福建 n	福建 %	湖南 n	湖南 %	浙江 n	浙江 %	江西 n	江西 %	四川 n	四川 %	山东 n	山东 %	内蒙古 n	内蒙古 %	云南 n	云南 %	江苏 n	江苏 %	安徽 n	安徽 %	贵州 n	贵州 %	辽宁 n	辽宁 %	甘肃 n	甘肃 %
上眼睑皱褶	有	571	88.80	818	63.36	545	78.76	518	70.28	385	56.04	506	71.77	555	79.40	576	74.04	585	70.14	479	67.56	608	83.06	613	88.46	402	79.29	212	70.90	360	65.93
	无	72	11.20	473	36.64	147	21.24	219	29.72	302	43.96	199	28.23	144	20.60	202	25.96	249	29.86	230	32.44	124	16.94	80	11.54	105	20.71	87	29.10	186	34.07
蒙古褶	有	226	35.15	157	12.16	189	27.31	91	12.35	65	9.46	325	46.10	275	39.34	278	35.73	371	44.48	161	22.71	212	28.96	214	30.88	99	19.53	155	51.67	287	52.56
	无	417	64.85	1134	87.84	503	72.69	646	87.65	622	90.54	380	53.90	424	60.66	500	64.27	463	55.52	548	77.29	520	71.04	479	69.12	408	80.47	145	48.33	259	47.44
眼裂高度	狭窄	367	57.08	632	48.95	386	55.78	365	49.53	362	52.69	196	27.80	520	74.39	459	59.00	366	43.88	353	49.79	305	41.67	389	56.13	236	46.55	35	11.67	—	—
	中等	257	39.97	469	36.33	254	36.71	271	36.77	258	37.55	373	52.91	158	22.60	254	32.65	361	43.29	305	43.02	383	52.32	264	38.10	233	45.96	219	73.00	—	—
	较宽	19	2.95	190	14.72	52	7.51	101	13.70	67	9.75	136	19.29	21	3.00	65	8.35	107	12.83	51	7.19	44	6.01	40	5.77	38	7.50	46	15.33	—	—
眼裂倾斜度	内角高	3	0.47	66	5.11	17	2.46	29	3.93	19	2.77	12	1.70	1	0.14	13	1.67	63	7.55	52	7.33	12	1.64	2	0.29	10	1.97	38	12.67	—	—
	水平	25	3.89	562	43.53	214	30.92	283	38.40	166	24.16	359	50.92	28	4.01	206	26.48	264	31.65	318	44.85	185	25.27	243	35.06	196	38.66	134	44.67	—	—
	外角高	615	95.65	663	51.36	461	66.62	425	57.67	502	73.07	334	47.38	670	95.85	559	71.85	507	60.79	339	47.81	535	73.09	448	64.65	301	59.37	128	42.67	—	—
鼻根高度	低	155	24.11	434	33.62	199	28.76	298	40.43	125	18.22	219	31.06	208	29.76	482	61.95	382	45.80	174	24.54	159	21.72	130	18.76	142	28.01	60	20.00	225	41.21
	中等	464	72.16	557	43.14	462	66.76	314	42.61	436	63.56	349	49.50	470	67.24	278	35.73	371	44.48	465	65.59	545	74.45	535	77.20	332	65.48	183	61.00	283	51.83
	较高	24	3.73	300	23.24	31	4.48	125	16.96	125	18.22	137	19.43	21	3.00	18	2.31	81	9.71	70	9.87	28	3.83	28	4.04	33	6.51	57	19.00	38	6.96
鼻背侧面观	凸型	32	4.98	39	3.02	26	3.76	17	2.31	24	3.49	37	5.25	83	11.87	23	2.96	76	9.11	41	5.78	83	11.34	67	9.67	28	5.52	36	12.00	—	—
	直型	462	71.85	977	75.68	578	83.53	644	87.38	594	86.46	607	86.10	578	82.69	552	70.95	613	73.50	589	83.07	528	72.13	512	73.88	373	73.57	205	68.33	—	—
	凹型	149	23.17	275	21.30	88	12.72	76	10.31	69	10.04	61	8.65	38	5.44	203	26.09	145	17.39	79	11.14	117	15.98	113	16.31	105	20.71	59	19.67	—	—
	波形	0	0.00	0	0.00	0	0.00	0	0.00	0	0.00	0	0.00	0	0.00	0	0.00	0	0.00	0	0.00	4	0.55	1	0.14	1	0.20	0	0.00	—	—
颧部突出度	突出	153	23.79	542	41.98	131	19.79	121	16.42	171	24.89	201	28.51	222	31.76	216	27.76	368	44.12	217	30.61	172	23.50	152	21.93	193	38.07	66	22.00	—	—
	中等	169	26.28	624	48.33	78	11.78	309	41.93	248	36.10	352	49.93	109	15.59	222	28.53	234	28.06	233	32.86	146	19.95	146	21.07	159	31.36	162	54.00	—	—
	微弱	321	49.92	125	9.68	453	68.43	307	41.66	268	39.01	152	21.56	368	52.65	340	43.70	232	27.82	259	36.53	414	56.56	395	57.00	155	30.57	72	24.00	—	—
鼻基部	上翘	409	63.61	454	35.17	365	52.75	281	38.13	307	44.69	131	18.58	608	86.98	628	80.72	439	52.64	273	38.50	415	56.69	356	51.37	212	41.81	98	32.67	—	—
	水平	221	34.37	788	61.04	311	44.94	442	59.97	365	53.13	555	78.72	86	12.30	143	18.38	340	40.77	410	57.83	293	40.03	312	45.02	270	53.25	157	52.33	—	—
	下垂	13	2.02	49	3.80	16	2.31	14	1.90	15	2.18	19	2.70	5	0.72	7	0.90	55	6.59	26	3.67	24	3.28	25	3.61	25	4.93	45	15.00	—	—
鼻翼高度	低	88	13.69	222	17.20	83	11.82	107	14.52	54	7.86	113	16.03	181	25.89	262	33.68	286	34.29	94	13.26	64	8.74	103	14.86	90	17.75	77	25.67	161	29.49
	中等	445	69.21	724	56.08	525	74.79	473	64.18	497	72.34	413	58.58	420	60.09	370	47.56	427	51.20	539	76.02	593	81.01	529	76.33	377	74.36	198	66.00	248	45.42
	高	110	17.11	345	26.72	94	13.39	157	21.30	136	19.80	179	25.39	98	14.02	146	18.77	121	14.51	76	10.72	75	10.25	61	8.80	40	7.89	25	8.33	137	25.09

观察项目	类型	海南		广东		福建		湖南		浙江		江西		四川		山东		内蒙古		云南		江苏		安徽		贵州		辽宁		甘肃	
		n	%	n	%	n	%	n	%	n	%	n	%	n	%	n	%	n	%	n	%	n	%	n	%	n	%	n	%	n	%
鼻孔最大径	横	273	42.46	600	46.48	189	27.31	386	52.37	278	40.47	236	33.48	152	21.75	235	30.21	290	34.77	283	39.92	203	27.73	155	22.37	252	49.70	34	11.33	—	—
	倾斜	336	52.26	445	34.47	437	63.15	178	24.15	85	12.37	381	54.04	473	67.67	500	64.27	306	36.69	374	52.75	436	59.56	446	64.36	228	44.97	240	80.00	—	—
	纵	34	5.29	246	19.05	66	9.54	173	23.47	324	47.16	88	12.48	74	10.59	43	5.53	238	28.54	52	7.33	93	12.70	92	13.28	27	5.33	26	8.67	—	—
鼻翼宽	狭窄	25	3.89	288	22.34	12	1.73	37	5.02	29	4.22	105	14.89	72	10.30	82	10.54	278	33.33	54	7.62	66	9.02	19	2.74	28	5.52	36	12.04	—	—
	中等	166	25.82	650	50.43	161	23.27	209	28.36	21	3.06	347	49.22	187	26.75	45	5.78	389	46.64	309	43.58	309	42.21	255	36.80	260	51.28	176	58.86	—	—
	宽阔	452	70.30	351	27.23	519	75.00	491	66.62	637	92.72	253	35.89	440	62.95	651	83.68	167	20.02	346	48.80	357	48.77	419	60.46	219	43.20	87	29.10	—	—
耳垂类型	圆形	328	51.01	488	37.80	357	51.59	197	26.73	385	51.20	297	42.13	278	34.49	298	38.30	307	36.81	347	48.94	325	44.40	284	40.98	254	50.10	124	41.33	142	26.01
	方形	50	7.78	450	34.86	36	5.20	132	17.91	302	40.16	149	21.13	167	20.72	82	10.54	187	22.42	66	9.31	53	7.24	48	6.93	39	7.69	75	25.00	122	22.34
	三角形	265	41.21	353	27.34	299	43.21	408	55.36	65	8.64	259	36.74	361	44.79	398	51.16	340	40.77	296	41.75	354	48.36	361	52.09	214	42.21	101	33.67	282	51.65
上唇皮肤部高度	低	46	7.15	149	11.54	57	8.24	150	20.35	528	76.86	81	11.49	137	19.60	16	2.06	8	0.96	16	2.26	44	6.02	22	3.17	142	28.01	—	—	—	—
	中等	523	81.34	917	71.03	597	86.27	547	74.22	150	21.83	481	68.23	544	77.83	600	77.12	647	77.58	465	65.59	640	87.55	593	85.57	357	70.41	—	—	—	—
	高	74	11.51	225	17.43	38	5.49	40	5.43	9	1.31	143	20.28	18	2.58	162	20.82	179	21.46	228	32.16	47	6.43	78	11.26	8	1.58	—	—	—	—
红唇厚度	薄唇	284	44.17	943	73.04	390	56.36	490	66.49	225	32.75	497	70.50	280	40.06	503	64.65	—	—	224	31.59	376	51.37	294	42.42	184	36.29	—	—	—	—
	中唇	314	48.83	204	15.80	274	39.60	236	32.02	451	65.65	107	15.18	343	49.07	263	33.80	—	—	367	51.76	302	41.26	317	45.74	238	46.94	—	—	—	—
	厚唇	45	7.00	144	11.15	28	4.05	11	1.49	11	1.60	101	14.33	76	10.87	12	1.54	—	—	118	16.64	54	7.38	82	11.83	85	16.77	—	—	—	—
发色	黑色	617	95.96	1 229	95.20	683	98.70	716	97.15	684	99.71	688	97.59	681	97.99	750	96.40	805	96.52	637	89.84	730	99.73	687	99.13	488	96.25	219	73.00	445	81.50
	棕黑	26	4.04	61	4.73	8	1.16	21	2.85	2	0.29	17	2.41	14	2.01	21	2.70	24	2.88	68	9.59	0	0.00	4	0.58	16	3.16	56	18.67	49	8.97
	棕色	0	0.00	1	0.08	1	0.14	0	0.00	0	0.00	0	0.00	0	0.00	7	0.90	5	0.60	4	0.56	2	0.27	2	0.29	3	0.59	25	8.33	52	9.52
眼色	黑褐色	227	35.30	621	48.10	270	39.02	428	58.07	446	64.92	291	41.28	130	18.60	290	37.28	253	30.34	243	34.27	213	29.10	238	34.34	157	30.97	219	64.99	310	56.78
	褐色	392	60.96	499	38.65	407	58.82	280	37.99	197	28.68	392	55.60	551	78.83	446	57.33	501	60.07	444	62.62	485	66.26	416	60.03	321	63.31	109	32.34	231	42.31
	浅褐色	24	3.73	171	13.25	15	2.17	29	3.93	44	6.40	22	3.12	18	2.58	41	5.27	78	9.35	22	3.10	34	4.64	38	5.48	29	5.72	9	2.67	5	0.92
	蓝色	0	0.00	0	0.00	0	0.00	0	0.00	0	0.00	0	0.00	0	0.00	1	0.13	2	0.24	0	0.00	0	0.00	1	0.14	0	0.00	0	0.00	0	0.00
肤色	暗黄色	98	15.24	312	24.17	69	9.97	161	21.85	132	19.21	89	12.62	106	15.16	193	24.81	179	21.46	99	13.96	121	16.53	71	10.25	69	13.61	—	—	38	6.96
	黄色	523	81.34	535	41.44	594	85.84	286	38.81	344	50.07	307	43.55	573	81.97	455	58.48	298	35.73	580	81.81	596	81.42	608	87.73	428	84.42	—	—	369	67.58
	浅黄	22	3.42	420	32.53	29	4.19	290	39.35	207	30.13	298	42.27	20	2.86	112	14.40	295	35.37	30	4.23	15	2.05	14	2.02	10	1.97	—	—	139	25.46
	粉白	0	0.00	24	1.86	0	0.00	0	0.00	4	0.58	11	1.56	0	0.00	18	2.31	62	7.43	0	0.00	0	0.00	0	0.00	0	0.00	—	—	0	0.00

附表 4　现代汉族男性测量数据（长度：mm；指数：%）

项　目	海南	广东	福建	浙江	江西	江苏	湖南	安徽	贵州	四川	云南	山东	内蒙古	辽宁	甘肃	河南
头长	181.55	187.75	190.80	191.40	188.50	187.90	189.00	186.35	187.00	186.50	188.80	189.50	183.60	179.50	180.40	184.80
头宽	161.55	150.55	155.90	156.70	157.80	154.75	155.75	155.75	148.30	152.50	151.50	154.30	159.00	154.80	150.44	147.80
额最小宽	109.65	98.15	105.70	110.70	105.60	113.60	108.75	108.45	107.10	107.20	108.15	107.55	105.20	113.17	115.90	107.20
面宽	148.20	141.90	142.30	146.10	146.10	144.65	144.50	146.65	140.80	143.65	145.55	146.90	146.90	134.43	140.30	132.20
鼻宽	40.40	37.85	38.90	40.30	39.30	36.75	38.25	38.00	38.20	37.15	39.70	40.35	38.30	38.20	38.00	38.10
耳上头高	132.00	128.15	128.90	128.10	127.30	128.55	124.25	125.15	133.10	125.00	129.15	130.30	131.20	135.30	—	—
形态面高	127.95	122.35	130.90	121.90	123.90	120.80	121.15	120.55	116.40	133.40	115.30	124.50	127.30	126.60	119.50	122.70
鼻高	56.15	52.10	58.15	54.00	53.80	51.05	52.00	51.75	51.90	60.50	50.10	54.80	56.30	54.50	47.98	53.00
身高	1 657.65	1 650.70	1 677.55	1 669.00	1 631.60	1 681.90	1 640.40	1 683.40	1 626.10	1 638.30	1 667.40	1 686.45	1 668.30	1 696.01	1 664.50	1 669.30
头长宽指数	88.98	80.19	81.71	81.87	83.71	82.36	82.41	83.58	79.30	81.77	80.24	81.42	86.60	86.24	83.39	79.98
头长高指数	72.71	68.26	67.56	66.93	67.53	68.41	65.74	67.16	71.18	67.02	68.41	68.76	71.46	75.38	—	—
头宽高指数	81.71	85.12	82.68	81.75	80.67	83.07	79.78	80.35	89.75	81.97	85.25	84.45	82.52	87.40	—	—
额顶宽度指数	67.87	65.19	67.80	70.64	66.92	73.41	69.82	69.63	72.22	70.30	71.39	69.70	66.16	73.11	77.04	72.53
形态面指数	86.34	86.22	91.99	83.44	84.80	83.51	83.84	82.20	82.67	92.86	79.22	84.75	86.66	94.17	85.17	92.81
头面宽指数	96.93	95.47	101.55	95.16	97.33	93.97	97.51	96.32	87.45	106.72	89.28	95.55	97.03	93.57	—	—
鼻指数	71.95	72.65	66.90	74.63	73.05	71.99	73.56	73.43	73.60	61.40	79.24	73.63	68.03	70.09	79.20	71.89

注：海南男性组合并了城市与乡村的测量值，可能与原文中未合并计算的指数值有微小差异。

附表 5　现代汉族女性测量数据（长度：mm；指数：%）

项目	海南	广东	福建	浙江	江西	江苏	湖南	安徽	贵州	四川	云南	山东	内蒙古	辽宁	甘肃	河南
头长	172.75	179.20	182.90	183.50	179.60	177.80	180.35	175.05	177.40	178.10	180.00	179.40	176.60	170.80	170.80	176.30
头宽	154.20	144.25	147.65	150.60	150.30	148.65	148.40	148.30	144.10	146.00	148.20	148.15	154.00	148.67	145.00	141.10
额最小宽	106.75	94.70	102.65	108.70	103.00	109.55	105.90	105.90	104.60	105.05	106.20	103.35	103.10	109.60	113.10	102.70
面宽	139.60	134.45	134.70	137.90	139.60	137.95	137.80	139.35	132.50	135.45	139.00	138.70	139.80	128.27	134.30	123.80
鼻宽	37.15	35.45	35.90	37.30	37.20	34.30	35.45	35.25	35.60	34.10	37.10	36.50	35.60	35.23	34.10	36.30
耳上头高	127.55	122.60	126.45	121.90	123.20	123.05	119.45	121.60	128.80	118.45	125.75	125.45	124.70	127.80	—	—
形态面高	119.60	114.20	123.30	114.00	117.50	113.30	113.40	113.15	109.20	124.85	106.50	115.70	119.40	118.83	111.00	114.90
鼻高	51.35	49.00	54.35	50.40	52.10	47.15	47.95	47.70	49.00	54.55	47.10	49.85	52.60	50.57	43.48	49.70
身高	1 541.35	1 533.70	1 568.15	1 559.60	1 528.00	1 569.35	1 535.85	1 566.20	1 518.10	1 523.35	1 555.90	1 575.40	1 554.70	1 586.65	1 552.00	1 561.80
头长宽指数	89.26	80.50	80.73	82.07	83.69	83.61	82.28	84.72	81.23	81.98	82.33	82.58	87.20	87.04	84.89	80.03
头长高指数	73.84	68.42	69.14	66.43	68.60	69.21	66.23	69.47	72.60	66.51	69.86	69.93	70.61	74.82	—	—
头宽高指数	82.72	84.99	85.64	80.94	81.97	82.78	80.49	82.00	89.38	81.13	84.85	84.68	80.97	85.96	—	—
额顶宽度指数	69.23	65.65	69.52	72.18	68.53	73.70	71.36	71.41	72.59	71.95	71.66	69.76	66.95	73.72	78.00	72.79
形态面指数	85.67	84.94	91.54	82.67	84.17	82.13	82.29	81.20	82.42	92.17	76.62	83.42	85.41	92.65	82.65	92.81
头面高指数	93.77	93.15	97.51	93.52	95.37	92.08	94.94	93.05	84.78	105.40	84.69	92.23	95.75	92.98	—	—
鼻指数	72.35	72.35	66.05	74.01	71.40	72.75	73.93	73.90	72.65	62.51	78.77	73.22	67.68	69.68	78.43	73.04